20 世纪中国图书馆学文库·48

理论图书馆学教程

倪 波 荀昌荣 主编

囻 國家圖書館出版社

本书据南开大学出版社 1981 年 8 月第 1 版排印

本书主编：

倪　波　荀昌荣

编写人（以姓氏笔划为序）：

马　华　张厚生　杨汴生

杨建东　罗德运　孟雪梅

荀昌荣　胡小雪　钟守真

饶伟红　柴作梓　倪　波

黄建国　谭迪昭　潘寅生

序

随着我国图书馆事业的发展，图书馆学教育也步入新阶段——办学网点和学生数量在不断增长，而教材需求也日益迫切。为此，南开大学、山西大学、中山大学、兰州大学、北京大学分校、南京工学院、南京大学、杭州大学、黑龙江大学、湘潭大学等校图书馆学情报学系和湖北高等院校图书馆工作委员会的一些中青年教师急社会之所急、集议联合、共同编写出这部《理论图书馆学教程》，以填补图书馆学教材数量的不足。他们希望把这部教材纳入由我主编的《图书馆学情报学系列教程》中，因而使我有机会读到这部颇有新意的教材。

这部教材的命名并非作者们的标新立异，而是这部教材主旨和作者心愿的概括。它之所以冠以"理论"二字，主要是作者们试图突破旧教材的结构体系，将图书馆工作的技术方法别立出去，不过多地作横向式描述，以避免与其他课程重复，而从理论高度探讨图书馆学的基础理论，使学生能纵缆图书馆学的精髓，横览图书馆学的各分支学科，提高学生的思维能力，借以推动图书馆学专业课程设置的变革。作者们还为适应目前图书馆学已发展到理论图书馆学阶段的需要，更希望学生能借此提高理论素质，加强运用理论思想的方法来进一步攀登图书馆学的理论高峰；但这部教材的内容仍应属于图书馆学结构中的理论图书馆学部分，而不指图书馆学发展进程中理论图书馆学阶段。

正因为如此,这部教材也就具有如下几点主要特色:

一、新颖性 这部教材从体例结构到内容都尽可能反映国内外的新理论、新观点和新成果,如在信息、知识与文献,图书馆学体系结构,图书馆学的演化以及比较图书馆学等章节中都力求能体现出某些比较鲜明的新颖特色。

二、先进性 作者们试图对图书馆学的传统模式有所突破。他们把图书馆学的基础理论置于信息系统之中,把图书馆与社会紧密联系起来,以探讨图书馆学在知识信息贮存和交流中的作用。

三、科学性 这部教材是在马克思主义基本原理指导下,立足于我国图书馆事业、图书馆学教育和图书馆学理论研究的历史传统与现实状况基础上来加以认识和研究的。同时,他们也认识到图书馆学形成、发展的漫长历程,并以此作为编写教材的基点和内容依据。

这部教材的作者都在教学第一线,他们以图书馆学的基础理论结合教学实际,共同研讨,集体编写而终于提供这一成果。虽然书中还可能由于探步摸索而有若干待求完善之处,但作者们的求索、创新精神应说是可贵的。这种编写形式也可能是快出书、出好书的一种途径。作为全套教程的主编,既因教材的问世而分享欢忻,也热切企望这些同志能互相切磋、彼此谅解,团结一致、再接再厉,选择适当时机,在已有的基础上,广泛听取意见,纠缪补正,不断完善,使这部教材在图书馆学教学领域中发挥应有的作用。

来新夏
一九八六年六月
于南开大学

目　　录

1

第一章　信息、知识与文献

随着科学事业的发展,信息已敲开了图书馆学的大门,并为图书馆学开拓着更加广阔的研究领域。著名的美国图书馆学家谢拉(J. H. Shera)就曾明确指出:"图书馆学已经从书籍世界发展到了信息世界"。[①]知识是信息的更高层次,大量的信息经过人脑的识别、精化等加工过程才能升华为知识。文献中信息与知识的传播与开发利用,对人类社会的物质文明建设与精神文明建设都有着极其深远的意义。利用文献来传播信息与知识,是图书馆工作的基本出发点与归宿。开展对文献的收集、整理、加工、传播和开发利用的研究,是图书馆学理论研究的基本课题。为此,我们试图从迅猛发展的文献信息交流大"坐标系"中,重新审视与探索图书馆学理论。

第一节　信　息

信息,已经成为哲学、自然科学、技术科学和社会科学等各个领域中被广泛运用的基本概念之一。信息既无所不在,又无始无

[①]　Shera,J. H.；Libraries and the Organization of Knowledge. Lond－on,Lockwood,P. 2. 1965.

终。然而,有关信息理论的研究,却远远落后于时代对信息的需求。人们对于信息的研究仅仅始于本世纪四十年代后期,应该说迄今为止仍处在"幼年时期"。正因为如此,学术界有关信息的本质和特征等的认识众说纷纭、莫衷一是,亟待深化。现概述如下:

一、什么是信息

信息论的创始人美国科学家克劳特·申农(C. E. Shan-non),曾于1948年发表了一篇题为《通信的数学理论》的著名论文,其中将"信息"定义规定为"两次不定性之差"。也就是说通讯的意义就在于减少或消除通讯者某种的不定性,那么收信者被消除的不定性的大小就表示其所收到的信息量。所谓不确定(Uncertainty),系指有大量的选择性而未被预定,它既不含没有决定性的意义,也不含没有选择的能力。后来,又将物理学中的数学统计方法拿来应用于通信领域,推导出用概率方法计算信息量的著名公式。这种用来表示信源信息量的熵公式,恰巧与第二热力学熵公式基本相同,所不同的只是其方向相反。

$$H = -K \sum_{i=1}^{n} Pilogpi (申农熵)$$

其中"H"表示"n"种信息中所含信息的平均量,"K"为有关选择的常数,$\sum_{i=1}^{"N"}$表示对从"1"到"n"种可能结果的求和,"n"为随机现象所有可能出现的情况,"pi"表示每一种情况出现的概率。log取 α 为底时 k = 1,信息单位为"比特"(bit,在二进位制中一位码元所包含的信息量)。

几乎与此同时,信息论另一位创始人美国科学家诺伯特·维纳(N. Wiener)也发表了《时间序列的内插、外推和平滑化》的论文和《控制论》的专著,他指出"信息量是一个可看作几率的量的对数的负数,实质上就是负熵。"

2

自 1948 年以来,学术界有关"信息"定义的表述,据极不完全的统计竟不下六十多种。例如:

"信息是指对消息接受者来说预先不知道的报导。"(《辞海》)

"信息意为消息、情报、知识、资料、数据等,传播学中使用的这个词,概括了上述的这些含意。"(〔美〕威尔伯·施拉姆、威廉·波特著,陈亮等译《传播学概论》,新华出版社,1984 年 9 月,第 2 页)

"我们不妨给信息下一个这样的定义:信息是关于事物运动的状态和规律。或者说,是关于事物运动的知识。"(钟义信《信息学漫谈》,科学普及出版社,1984 年 6 月,第 16 页)

"信息可定义为:生物以及具有自动控制系统的机器,通过感觉器官和相应的设备与外界进行交换的一切内容。"(严怡民主编《情报学概论》,武汉大学出版社,1983 年 7 月,第 10 页)

"用来通信的事实,在观察中得到的数据、新闻和知识。"(《韦伯斯特字典》)

"信息就是谈论的事情、新闻和知识。"(《牛津字典》)

"信息是所观察事物的知识。"(《広辞苑》)

其中具有一定代表性的观点,归纳起来不外乎以下几种类型:

(一)"不定性之消除"说

持有这一观点的以申农、维纳等人为代表,国内外许多学者也都认为,"信息是消息中不定性的消除"(哈特莱)、"信息与负熵等价"(布里渊)等。但是,应当指出的是:一方面"信息"与"信息量"并非同一概念,因而决不能简单地将"信息"和"负熵"看作是等价物;另一方面,"不定性的消除"依赖于信源的各种消息的概率分布,然而不是所有的信源都能满足这一严格的数学前提的。作为消息传递的信息来看,包括发出信息的"信源",经过一定方式传递路线的"信道",最后到达接受信息的"信宿"。上述申农等人的观点,基本上忽视了"信宿"本身的特征。如果以为不论何种"信宿"所接受到的信息都是等价的话,那么势必会导致无法估计信息的有用度和价值。正因为如此,多数学者则认为申农等人的信息论存在着一定的局限性,一般它只能解决信息的某些技术问题,而无法真正解决信息的语义(内容)、语用(价值)和有效性问题。

(二)"有序程度"说

维纳在《控制论》一书中,将信息引入控制论,表达了这样一个意向:既然热力学熵公式表示着一定系统的无序状态,那么信源信息量熵公式则表示系统的有序程度,表示系统获得信息后无序状态的减少或消除。对此,学术界也有不同的争议。因为,倘若把有序程度理解为控制系统在组织结构和功能方面的特殊属性,那么以这种属性为内容的信息也只是控制系统的特殊信息。因此,不能将特殊信息的定义,误认为是整个信息的普遍定义。

(三)"物质和能量在时空中分布的不均匀度"说

一些学者之所以将信息理解为"物质和能量在时空中分布不均匀程度的标记",是因为信息的传递离不开以一定物质为载体、以某种能量为动力,而信息过程则表现为物质和能量在时空中分布的不均匀状态。同样,学术界对此也依然存在着异议。有人认为,信息内容依赖于信源物质,当传递信息的方式确定之后,信息内容影响着载体物质的时空特性。

综上所述,有关信息定义的各种表述方式之所以存在着千差万别,一个很重要的原因是:信息论已被广泛地运用于其他各种学科,因而人们对信息的认识往往仅从信息在某个特殊领域的作用方面去探索,结果都难以得出令人满意的结论。

如何对信息概念进行科学的表述,并使其具有高度的概括性,这正是目前学术界共同探讨的问题。我们认为,信息是被反映物的属性再现。因为信息的属性在于表现它物,舍此,它没有自己的特性。换言之,信息不是事物的本身,而是由事物发出的消息、情报、指令、数据、信号等当中所包含的内容。一切事物包括自然界和人类社会都会产生信息。一个完整的信息过程,包括传递、接收、贮存、加工和利用。

人们深深感到,要圆满地回答"什么是信息",尚需认真地研究信息的本质。

二、信息的本质

关于信息的本质,维纳首先在《控制论》一书中提出"信息就是信息,不是物质也不是能量"的著名论断。然而,用"信息"来解释"信息"概念,依然不能揭示"信息"的本质。其次,在这里维纳并没有正面回答信息是什么,而只是说明信息不是什么。再次,维纳试图用哲学术语中的"物质"概念来取代一般学科中"实物"的概念,从而导致逻辑上的混乱。尽管"信息不是实物",但这丝毫并不意味着"信息不是物质"。因而,维纳这一论断倒引起了学术界极大的重视,促使人们去深入地研究信息的本质。于是关于信息本质的各种探讨便相继问世。

(一)"信息是物质的普遍属性"说

信息和信息过程存在于有机界和人类社会的一切种类和形态的物质运动之中。有人认为,信息普遍存在于整个物质世界,是物质的一种基本属性,是寓于一切运动形式之中的一类特殊的运动形式。这种运动形式与物质的反映特性不可分割,事物的属性被其他事物反映出来就形成信息。从信息的角度来观察世界,世界可以分为"原型世界"和"信息世界"这样两个巨大的层次。有人认为,运动是物质的属性,信息则是运动的外化,所以信息也是物质存在的普遍形式之一。

(二)"信息只是有机界、人类社会以及机器自控系统的特性"说信息和信息过程仅仅为有机界、人类社会和机器自控系统所特有。有人认为信息的概念不仅包括人与人之间的消息交换,而且还包括人与自动机之间、自动机与自动机之间的消息交换,以及动物界和植物界信号的交换。甚至由一个细胞传递给另一个细胞,由一个机体传递给另一个机体,也开始被看做是信息的传递。有人认为在无机自然界只存在信息的前提或可能性,或只存在潜在信息,而不存在真实的信息。实际上这一观点,是将信息限制在控制论的范畴内,认为没有被利用的就不能叫信息。

(三)"信息是物质的属性的属性"说

信息是以物质的属性或运动状态为内容的一种物质存在形式,不同于物质属性的本身——时空这类存在形式。也有人认为,信息的表征性质实际上是一种广义的表意性,因为自然信息所表征的事物的属性和内在联系,也可以说是事物固有的含义,人工信息更为明显。

(四)"信息是与物质、精神并立的'第三态'"说

信息是物质与意识成分按照一种特殊方式融合而成,它是一种"客观而不实在的东西"。信息既不能归结为物质和意识,也不依赖于物质和意识,而是一种不同于物质和意识的新质。表现为:"物质——信息——意识",或"意识——信息——物质"的循环往复过程。有人认为,同意识没有联系的信息属于物质,和意识相联系的信息是一种介于物质与意识之间的中间环节,这就是与物质、精神并立的"第三态"。有人认为,信息是一种中介特殊的质,既区别于单纯物质,又区别于纯粹意识;既不能简单地分解,又不能简单地合成。这种中介,是人类从物质到意识的反映过程中的中介,也是沟通实践与认识的中介;是人类获得古今中外各种间接知识的中介;是一切组织系统相互联系的中介。

(五)"信息是物质和精神的'关系'"说

信息并不是独立于物质和意识之外的第三态,而是不能仅仅

只划入第一性或第二性中去的、但又不是独立于第一性和第二性之外的东西。没有"关系"，就没有信息。这种"关系"，是紧紧地依赖于物质和意识的东西，然而它毕竟不是独立的"第三态"。

（六）"信息有的是物质的，也有的是精神的"说

信息作为客观内容的主观映象，既具有客观的方面，又带有主观的特征。有人认为，在技术系统中，信息仅仅是物质的，但在心理反映的形式中，特别是在人的意识反映中，信息是物质的，也是精神的。人造信息的语言，是人类思想感情、意识的物质载体，既有物质的形式，又具有精神的内容。

我们认为，信息既有物质的信息，也有精神的信息，而物质的信息与精神的信息在一定条件下又是可以相互转换的。信息的本质是物质的属性，而不是物质的实体，它作为物质的属性有一部分表现为精神现象。信息不等于意识，也不依赖于意识而存在，而且信息的渊源先于意识。从根本上来说世界统一于物质，所以从这个意义上讲一切信息最终都可归结为物质的信息。

三、信息的特征

信息的特征是由信息的本质所决定的，主要表现在如下几个方面：

（一）信息是可以永存的

信息充满着广漠的宇宙，是物质固有的普遍属性。其一，信息不仅存在于人类社会、生物界和控制论的技术装置中，也存在于没有控制技术装置的无生命界。其二，就信息的整体来说源远流长，无所谓始，无所谓终，它与整个物质世界共存。其三，世界之所以充满着生机。一个十重要的原因就是信息的传递、接收、贮存、加工和利用。

（二）信息是可以识别的

人们可以通过感觉器官直接识别信息，也可以通过各种工具

间接识别信息,不同的信息源往往可能需要有不同的识别方式。人们对各种信息的识别总是会受到一定的历史条件的局限,而在任何一个历史阶段中,仍然会有大量的信息未被人们识别和利用。尽管如此,信息毕竟是可以识别的。随着科学技术的发展,人们可识别的信息领域将会越来越宽广。

(三)信息是可以转换的

信息可以从一种形态转换成另一种形态,例如物质信息可以转换成语言、文字、图像、图表等信息形式。由于信息是可以转换的,人们可以通过印刷媒介(如报刊、书籍等)和电子媒介(如广播、电视、电影)等,加速信息的传播和利用。

(四)信息是可以存贮的

信息的贮存方式是多种多样的,例如人体对信息的贮存叫记忆,计算机利用内存贮器和对外存贮器来贮存信息,录音、录像也是一种贮存信息的方式。

(五)信息是可以浓缩的

人们可以根据各种需要,对大量的信息进行分析、综合和概括,经过一番去粗取精的加工和认真的研究,寻找出各种数据、推导出各种公式、揭示各种规律等,从而更好地去认识世界、改造世界。

(六)信息是可以传递的

信息的传递是多渠道的,例如人与人之间的信息直接传递主要靠语言、表情、动作,社会活动信息的传递主要是靠新闻媒介(目前仅指报纸、杂志、广播、电视四种渠道)。迄今为止人类社会信息的传递方式已历经了语言表达,文字交流,印刷出版,电报、电话、无线电、传真和电视等信息交换,以及电脑、人造卫星、光纤通信的利用等五个发展阶段。目前,人们正利用高效率的通讯手段来传递信息。

(七)信息是可以再生成的

首先,人们将收集来的信息,经过一定的处理后可以用语言、文字、图像、图表等形式再生成。其次,电脑已经贮存的各种信息,可以用显示、打印、绘图等形式再生成。

(八)信息是可以共享的

信息的交流和实物的交易不同。信息的交流为双方所共享,并非一方所占有;而实物交易后仅为购买者一方所有。这就是说,如果出卖一条科技信息,买方虽有所得,但卖方并无所失,只是出售者和购买者双方都可以共享这一科技信息。

四、信息的种类

信息的种类繁多,这也是由于它的本质属性所决定的。对于信息种类的认识,便于我们掌握不同信息的特征,以便更好地对信息进行收集、加工、贮存、传递和利用。按照不同的标准来划分信息,就会有不同的信息种类。

(一)按信源来划分,有无机界信息、生物信息、社会信息等。

无机界具有信息的初级形态,它的信息过程往往很难与物质的相互作用过程加以严格的区分。况且,这种信息不可能被无机自然界所利用,因而没有价值属性。在无机界,只存在信息的前提或称可能性,或只存在潜在信息,而不存在真实信息。也就是只有信息的接收、传递和贮存,而没有信息的加工,更没有可能制造。但是从某种意义上讲,在无生命的宇宙中物质的进化过程,就是潜在信息与现实信息不断相互转化的过程。生物界存在着生物信息,并被生物体用来趋利避害。在人类社会中,除了人的机体尚保留着生物信息之外,还存在着比生物信息更高的形态——社会信息。人的自然属性,归根到底应统一于社会性。

(二)按认识论来划分,有物质信息和观念信息。

物质信息存在于意识之外,不依赖于意识而存在,它被包括在物质概念的外延之中。观念信息是人们认识信息中信息的最高形式,是外界的客观反映,它属于意识范畴。物质信息,又称自然信息;观念信息,又称精神信息。也有的称之为主观信息与客观信息。客观信息表现物质的特征,是主观信息的对象和内容。主观信息表现精神的属性,是客观信息的能动反映和抽象。客观信息有无限丰富的特点,主观信息存在着有效信息和无效信息的区别。客观信息决定主观信息,主观信息反作用于客观信息。客观信息与主观信息两者之间相互交流和转化,从而构成人的认识。至于经过电脑加工的人工信息,它属于低级的主观信息。

(三)按信息的层次来划分,有形式信息、内容信息和真髓信息。

信息是有层次的,其表层为形式信息,说明信息的表征;其里层为内容信息,揭示信息的实体;只有其深层才是真髓信息,信息的深层内含有客观事物的内在联系。

(四)按知识门类来划分,有哲学信息、自然科学信息、社会科学信息等。

知识门类繁多,信息的种类也有多种多样。不论是自然科学还是社会科学,都可以划分为许多个学科,哲学也同样可以细分成若干个分支学科。各个学科无一例外地都有自己相应的信息。例如,文化信息、历史信息、经济信息、商品信息、市场信息、教育信息、语言信息、自然信息、科技信息、遗传信息、演算信息等等,举不胜举。

(五)按功能来划分,有功能信息和非功能信息。

功能信息主要包括科学信息、技术信息和生产信息等,是指人类社会赖以生存与发展所必需的信息。非功能信息主要是指用于消遣、娱乐性丰富生活的某些信息。

五、信息的功能

信息世界的发现,极大地开阔了我们的科学视野,加速了科学技术的发展。信息对于社会的物质文明与精神文明的建设起着重大的促进作用。

首先,信息是辩证唯物主义认识论的基础,是揭示客观世界发展规律的重要途径。现代科学技术的无数成果,都充分阐明了客观世界里充满着各种形式的信息。人类的认识器官对各种信息加以接受和处理,从而达到认识和改造事物的目的。人类的认识器官包括感觉器官和思维器官,感觉器官主要是用以接收来自各种渠道的信息,思维器官则是将已经收集来的信息进行贮存、加工和处理。信息的正向运动:感性认识——→信息的传递、反馈——→理性认识。信息的逆向运动:理性认识——→信息的传递、反馈——→感性认识。自从现代信息技术被运用于认识过程,人类的认识已经发生了新的飞跃。人工认识主体的出现,增强了人类的认识能力。信息科学为更深入地认识精神与物质的关系、精神属性与物质属性的关系提供了大量新的证据。

其次,信息对现实生活与未来社会已经产生和将要产生越来越大的影响。物质、能量和信息是客观世界的三大要素,在信息化社会中信息成为比物质、能源更为重要的资源。信息化社会是以信息的生产为中心,对信息的生产、贮存、加工、传递、处理(包括图书馆事业)将成为主要产业之一,使社会文化和经济都发展起来的社会。信息化社会的产生结构将是高效率、高效益,低污染、低消耗;能源结构将主要是再生能源,包括太阳能、生物能和海洋能等的再生能;原材料结构将是多功能型的,多功能的材料将代替传统的原材料;劳动力结构将是智力型,脑力劳动者将逐渐成为劳动力的主体;社会的体制结构,将呈现多样化、小型化、分散化;消费结构将呈现多样化。信息化社会是智力密集的社会,起决定作

11

用的将不是资本而是信息知识。当前，信息化已不是人们梦寐以求的理想，而是生活中的现实，并日益向广度深度不断进军。信息化是我们现代化建设不可缺少的智慧和力量，在它的背后蕴藏着高效率、高速度、高效益。

再次，信息论连同控制论和系统论对于各门具体科学都具有重大的方法论意义。信息论已经渗透到各个学科领域，促进着各个学科的飞速发展。

第二节 知识

信息仅仅是人类大脑思维的原料，而知识则是人类大脑对大量信息加工的产品。知识对现代化建设的渗入已经越来越深、越来越广，知识转化为社会财富的事例也越来越多。随着人类社会发展的进程，人类知识的领域越来越开阔。牛顿力学奠定了人们对"宏观"世界的认识，量子力学使人们的认识由宏观步入"微观"世界；广义相对论将人们的认识延伸到比太阳系更大的宇宙时空境界进入"宙观"，"宇宙"之外还有许多其它"宇宙"的存在，这就是"胀观"；希克斯场的发现，把人们的认识引入比基本粒子还要小得多的"渺观"……然而，人们的认识到此并未止步，也永远不会止步。纵观人类社会史，知识是人类社会发展的一种巨大的动力。

一、知识的起源与本质

知识是人们对自然现象与规律、社会现象与规律的认识和描述。从一定意义上来讲，知识也就是一种认识，它既包括感性认识，也包括理性认识；既包括人们通过实践直接获得的对某一事物的认识，也包括从书本上获得的认识。就这个意义来说，离开了人类的意识和思维,也就不可能有任何知识的获取与积累。

意识和思维,其含义既有相同的一面,又有区别的一面。意识和思维都是指人类对客观现实的反映,在这一点上两者的概念相同。但是"意识"这一概念含义较广,它包括认识的感性阶段和理性阶段。"思维"则不同,仅仅是指认识的理性阶段。

意识是人类的机能,是物质世界长期的、复杂的、辩证的发展产物。无机界固然没有意识,就连高等类人猿也没有意识。无机界只有物理的、化学的反应。无机界长期发展的结果、产生了生物。生物界包括植物与动物的生物反应形式,最初阶段称作刺激感应性。低等动物和整个植物界没有神经系统,仅能对直接作用于它们的环境具有刺激感应的能力。但这种刺激感应性决不是单纯的物理的、化学的反应,它能使机体适应外界条件、保持新陈代谢并维持其生存。动物的心理反应,历经了感觉、知觉、意识萌芽等三个基本阶段。这里所说的"感觉",是心理现象发展的起始阶段,是高级心理现象的基础。类人猿的意识萌芽阶段只是人类意识(抽象思维)的产生与发展的生物学准备。由动物心理发展成人类的意识,劳动起着决定的作用,其次语言是人类意识产生与发展的最直接的原因。人类意识是高级神经系统高度发展的表现,并以具有第二信号系统为特征的。这就是说,人类的意识不仅是自然的产物,而且是社会的产物。

意识是客观现实在人脑中的反映,意识对物质来说是第二性的。脱离了客观世界,就不可能有任何意识。从人是社会关系总和来说,社会实践是人的意识最根本最主要的源泉和内容。在心理学上,意识一般指自觉的心理活动,即指人对客观现实的自觉的反映。意识对物质的反映是能动的,对物质发展进程起着巨大的作用。

思维是指人脑对客观事物间接的概括和反映,包括理性认识过程,即"思考";理性认识,即"思想"。思维方式有逻辑思维、形象思维和灵感思维等。逻辑思维，是借助于概念、判断、推理反映现实的过程，用科学的抽象概念揭示事物的本质，表述认识现实的结果。形象思维，即艺术思维，是作家、艺术家从深入观察生活、吸取创作材料，到通过想象、联想和幻想，运用集中概括的方法去塑造艺术形象这一整个创作过程所进行的主要的思维活动和思维方式。迄今为止，人们对形象思维的认识还很不够，许多地方还只能意会不能言传。目前各种性能和型号的电脑，基本上都是对逻辑型左脑的模拟，而对形象信息的处理能力都很差。婴儿可以识别人的面孔，然而电脑现在还办不到。关于形象思维的研究进展，必将会推动新一代电脑的出现。灵感思维实质上是一种潜思维，人们往往会遇到一些棘手问题，无论怎么冥思苦想仍然不得其门径。但偶然在并没有认真思考它时，甚至在梦中，由于某种机遇的触发，却顿有所悟，或妙手偶得。灵感是人脑继续进行思维活动的潜意识，一旦有所获，便可通过意识进一步加工处理，或推理验证。

人类幼年时代的思维十分幼稚，那时还没有产生概念，还没有形成逻辑，缺乏概括力、抽象能力，而是一种以表象为元素的思维。大约到了智人阶段，人类才产生了概念，产生了抽象思维。人类的思维是在社会实践的基础上进行的，因此人的思维是社会性的思维。人类的大脑是思维的器官，是思维的母胎。由大脑神经细胞组成的神经"回路"，是思维的生理基础。人脑中的神经元约有一千亿个，每个神经元又有须蔓众多的树枝状突触，神经元之间通过"突触"互相连接，每个神经元约与三万个以上的神经元联系着，形成了极其错综复杂的神经信息"回路"。人脑信息"回路"的组合是一个巨大的天文数字，加上传递信息的递质的多种多样，及信息处理方式的千变万化，使得大脑的信息容量十分巨大（据说人脑的信息贮存量为一千万亿比特）从而奠定了人类思维的物质基础。大约发散型的"回路"与联想等思维方式有关收敛型的"回路"可能与抽象、概括的思维方式有关。人脑是蕴藏十分丰富的思维资源,一般人只使用了百分之五至十,甚至像卓越的科学家爱因斯坦也只用了百分之三十。就这个意义上说,要开拓我们的事业首先要开发我们的大脑,让人们的聪明才智都尽可能多地被开发出来。

二、知识的发展

一切有价值的知识都是从社会实践出发运用理论思维并经过复杂的加工制作而成的精神产品,是人类智慧的结晶。精神生产因适应物质生产的需要而产生并受其制约,但一切有价值的知识一经产生就会成为促进社会物质生产的发展和推动社会前进的巨大力量。

知识发端于人类与人猿相揖别的时代,迄今已有三百多万年的历史。这漫长的岁月可以说百分之九十九以上的岁月是在人类褓褓时期中度过的。原始社会,生产技术非常原始,那时没有文字记载,没有系统科学理论,起初也没有社会大分工。原始人的全部成就,同现代科学技术相比犹如沧海中的一粟。但我们祖先用自己的双手与智慧,却奠定了当代科学技术的基石。

原始人类的科学知识是在极其艰难困苦的条件下,从极其微薄甚至是一无所有的基础上,历经了无数艰苦卓绝的斗争,甚至以鲜血和生命为代价,一点一滴积累起来的。原始人类的科学知识为整个民族成员所共有,是在社会生活、改造自然的共同斗争中集体创造的,并在世世代代的反复实践中不断发展的。例如,原始人的自然知识,是在生产实践中逐步积累、充实、修正与综合起来的。对形态万千的自然现象,原始人深感困惑和可畏,于是便产生了虚幻的自然观——原始宗教。然而,原始宗教既是人们自然知识不足的表现,又是对自然知识不足的补充,它不具有阶段性。尽管原始人在同大自然搏斗中,曾屡遭挫折、失败,但他们毕竟是胜利者,从而充分显示出人类的聪明才智;尽管这些知识是极其有限的,但

15

毕竟是现代数学、生物学、化学、天文学等的萌芽。

公元前约四千年，人类社会先后过渡到奴隶时代，真正开始了有文字可考的历史阶段。早在原始社会里，人们在长期狩猎生活中，逐渐形成专门驯养动物的游牧部落，引起畜牧业和农业的分工，这是第一次社会大分工。它促进了劳动生产率的提高，使不同部落间的交换日益成为经常的现象，为私有制的产生创造了物质条件。原始社会瓦解时期，由于金属工具的使用，纺织和金属冶炼等业开始发展，手工业和农业分离形成第二次社会大分工。它促使劳动生产率进一步提高，从而出现了生产资料私有制和商品生产。随着商品生产的发展和市场的扩大，在奴隶社会初期出现了脱离生产、专门从事商品买卖的商人阶层，形成了第三次社会大分工。随着私有制和阶级的出现，又有体力劳动和脑力劳动的分工。脑力劳动和体力劳动的分工结果，为人类社会进入文明时代创造了条件。

"文明"是一个五彩缤纷、令人羡慕的字眼，它应该是物质文明与精神文明的综合体，而其主要标志则是科学文化的发展。公元前四千年到二千年，古代的文明中心，比较集中于古巴比伦的两河（底格里斯河、幼发拉底河）流域、古埃及的尼罗河流域、古印度的印度河流域、中国的黄河流域和古希腊。

封建社会的技术进步，一方面依靠生产的推动，另一方面又受着社会阶级的深刻影响。人民群众的生产技能和经验始终是科学技术进步的基础。当地主阶级在历史上还处于先进地位的时候，他们对科学技术的进步也曾经起过某些推动作用。但是，由于他们将科学技术知识作为聚敛财富和满足贪欲的手段，从而导致古代科学技术知识的发展畸形化，使农业生产知识相对落后于手工业技术知识，民用技术知识落后于奢侈品的生产技术知识和用于军事为目的的工业技术知识。而社会科学，由于剥削阶级企图把它当作维护自己统治的重要工具，因而往往将糟粕搀杂其中。

考察整个古代科学知识乃是直观整体化的知识,即认为世界上一切多样性、可变性的现象是由于某些永恒不变的"始基"产生的。在公元前三、四世纪以前"直观整体论"的主观思想已经形成。当时以亚里士多德的"理性的科学"为标志;公元前三世纪到五世纪,则以亚里山大里亚的科学繁荣为代表,包括欧几里得、阿基米德、托勒密等人的成就。虽然在数学、力学、天文学等少数学科领域有了相对完整的理论形式,但就总体来看,自然科学仍然没有从哲学中分化出来。中世纪,一方面"直观整体论"的自然哲学被神学所取代,另一方面新的科学革命风暴正在逐步孕育。

人类已有三百多万年的历史,从事畜牧业、农业也有一、二万年的漫长时间,而有文字记载的历史却只有五、六千年,真正把科学技术知识广泛地运用到生产上,并进一步引起社会生产与生活的巨大变革,则还不到三百年。近代科学技术是对古代科学技术知识的继承和发展,但两者毕竟有着本质的区别。这种区别主要表现在:

(一)古代科学技术知识,无论是古希腊人对自然界的天才猜测、中国丰富的农学遗产,还是阿拉伯人的科学发现,基本上都处于对现象的描述、经验的总结和猜测性的思辨阶段。而近代科学技术是把观察、实验和试验同严密的逻辑体系结合起来。

(二)古代科学技术知识,是在人类直接感观基础上以零散的形式出现的。而近代科学技术,是以严密的科学实验和试验为基础的、系统的科学理论体系。

近代科学形态是从文艺复兴开始,一直延伸到十九世纪末年。十三到十六世纪末,以意大利为中心的欧洲,继承和发展了我国的造纸法、火药、指南针、印刷术四大发明,和古希腊、古罗马的科学成就,在文艺复兴运动中推动了社会进步、促进了科学技术的发展。从文艺复兴开始到十七世纪,建立了以牛顿力学的创立为代表的近代科学,无论在科学知识、科学思想、科学方法上,都开创了一个新纪元。十八世纪机械决定论,成为科学认识的主体框架。十九世纪随着机械决定论的扩展,继物理学、天文学、化学之后,不仅像生物学、地质学等逐步形成了独特的理论体系,而且电磁学、热力学等学科相继分化独立出来。马克思主义哲学的诞生,是人类认识史上的一次伟大革命,也是自然观、科学观和方法上的伟大变革。

二十世纪初出现的现代科学,到了三十年代,随着相对论和量子力学的建立,系统思想和统计决定论这一主观思想已经形成。七十年代系统论、控制论、信息论的诞生,使得科学技术理论更加完善。八十年代学科之间的相互渗透,更加频繁与深化。生物工程、电脑人工智能、宇宙演化、DNA 分子机制等一系列最新科研成果及其进展,正在原有的科学形态内部逐渐酝酿着新的突破。在未来的科学形态中,将出现更高层次的多样化。在现代科学的综合化发展过程中,表现得最突出的莫过于自然科学与社会科学的汇流趋势。

三、知识的开发

知识的产生、发展与利用都离不开掌握它的人,也只有依靠人才能充分发挥其作用并促使其发展。知识本身始终是处在动态的发展过程中,它永远呈现出不断充实、完善、更新的状态。从某些局部时空区域来说,某些科学理论本身及其创立者,也可能成为科学进步的阻力。例如,哥白尼进一步系统阐述的"日心说",无疑推翻了"地心说"的谬误,并给反科学的宗教以沉重的打击,引起了宇宙观的革命。但是随着科学的发展,"日心说"也变成了人们进一步认识宇宙的阻力,因为太阳只是太阳系的中心,而不是宇宙的中心。为此,运用知识要讲究对知识的开发。而知识的开发,又需要用智慧。

开发知识必须具有开拓精神。人类是运用知识的主体,也只有人类通过其自觉能动性才能去开发知识特别是智能的价值。这就是说,在当前尤其要继续倡导尊重知识、尊重人才,既要重视实际经验,也要重视书本上的文化科学知识;既要重视学历文凭,更要重视实际能力水平。对于知识的开拓,应具有锐意进取的素质,提倡运用创造型的思维。

首先,开发知识必须善于综合。综合就是将各种有关知识本质的方面,按其内在联系导致再现的过程。可以采用选取具有代表性的但能够包括某些方面总体认识的全息综合,也可以采用对各个方面的知识兼收并蓄的兼容综合,还可以采用既有保留发挥又有摈弃否定的扬弃综合。

其次,开发知识必须善于推导。推导就是运用知识中具有普遍内在联系的辩证法则,唯物辩证地对知识真值作推理引导式的思维。开拓知识,就是运用这一法则以知识表征为起点,对其运用范畴作放大性的廓张推导,以知识表征为中心,向四周作合乎逻辑的辐射推导,和以知识表征为基点作链锁推导。

再次,开发知识必须善于进行跨越一般推理程序的跃迁式思维。跃迁式思维就是对知识的解读和处理,需要超脱常轨和习惯,是一种更高层次的创造性思维过程。就是说可以对两种表面看来完全不搭界的知识进行跃迁式思维,从某一知识领域"领其神"、"悟其道",开拓出另一种崭新的知识天地。古人所言"读书破万卷",对于我们来说,其中"破"字一方面犹言认真反复阅读,不仅能深刻理解书的主题、进一步领会著者的立论,而且能揭其谬、辨其伪;另一方面能从"万卷"书本知识中不断升华,独立思考、勇于探索去开拓新的研究领域。

总之,要将一般的信息转化为知识,将知识转化为智慧。在信息、知识、智慧这一推动人类开创新时代的无限资源中,智慧是最高的成果。

第三节　文献

图书馆学的一个十分重要的问题是对文献、信息与知识的收集、整理、加工和开发利用的研究。"信息"是一个大概念,它包括"知识"这一概念;而"知识"概念,又包括"情报"这一子系统概念。那么"文献"与信息、知识、情报之间的关系又是什么呢?

一、什么是文献

"文献",考其含义,迄今为止至少主要有四类:一是指古代的典籍及当时贤者(指熟悉掌故的人)。始见于《论语·八佾》:"夏礼吾能言之,杞不足征也;殷礼吾能言之,宋不足征也;文献不足故也。足,则吾能征之矣。"宋代朱熹在《四书章句集注》中对"文献"一词解释为:"文,典籍也;献,贤也。"二是指具有一定历史价值的图书文献资料。例如,中共中央有关部门成立文献编纂委员会,专门编辑有关党史文献,以及老一辈无产阶级革命家的个人文集等。三是指具有某种学术价值的专著、论文等资料。例如,按照一定的原则和体例编辑而成的科技文献等。四是指记录有知识的一切载体。此定义出自《中华人民共和国国家标准 GB3792.1—83 文献著录总则》:"文献:记录有知识的一切载体。"

"图书"与"文献"往往既有连用又有混用的现象,其实两者虽有相联系的一面,更有严格区别的一面。

首先,"图书"与"文献"在我国都是多义词。就"图书"本义来说,至少亦有四种含义:一是指地图、法令、户籍等文书,相当于档案资料。如,《史记·萧相国世家》中记载:"何独先入收秦丞相御史律令图书藏之。……汉王所以具知天下厄塞,户口多少,强弱之处,民所疾苦者,以何具得秦图书也。"二是"河图洛书"的简称,古代儒家关于《周易》和《洪范》来源的传说，如《易·系辞上》有这样的说法："河出图，洛出书，圣人则之。"三是称私章为"图书"，因为古人在图画、书法、书籍上皆以钤印存识，称"图书印"。后来人们称官印为"印"，称私印为"图书"。四是泛指书籍、期刊、画册等出版物，目前图书馆界所使用的"图书"这一概念，主要是专指这一含义。

其次，我国图书馆学界对于"图书"、"文献"的解释在文字表述上也不相同。以《图书馆专业基本科目名词简释》[①]为例：图书"是一种成熟定型的出版物。它的形式多种多样，其共同特点就是都有封面、书名页、正文、用印刷的或手写的篇页组成一个整体，并装订成册。每种图书都有一个中心主题和论述系统。"而文献是"为了把人类知识传播开来和继承下去，人们用文字、图形、符号、声频和视频等手段将其记录下来：或写在纸上，或晒在蓝图上，或摄制在感光片上，或录制在唱片上，或存贮在磁带上。这种附着在各种载体上的记录，统称为文献。"换言之，"图书"与"文献"两者的主要区别就在于：

第一，内涵的大小不同，"文献"可以包括"图书"。"图书"一般系指传统的出版物，而"文献"除包括传统的出版物外还包括各种形式的现代化的读物。

第二，载体的范畴不同，"文献"的载体包罗万象，有简策、锦帛、纸、胶卷、磁带、光盘等，而"图书"的载体一般仅限于简策、锦帛、纸，主要是纸。

第三，加工形式的不同，"文献"的加工形式，既包括印刷的或手写的，还包括利用声频、视频等手段所制作的。而"图书"的加工形式一般仅指印刷型、手写型并装订成册。

---

① 李纪友等著：《图书馆专业基本科目名词简释》，书目文献出版社，1984 年 7 月版。

第四,在使用上的不同,"图书"可供人们直接查检与阅读。而"文献"则不同,有的虽然可供直接查检与阅读,有些形式的文献则需要借助于一定的设备(如电脑、缩微阅读机、录音机、电唱机、放映机等)才能查检与阅读。

我们认为应当将"文献"理解为"记录有信息与知识的一切载体"。因为,文献不仅是知识的记录,还可能是信息的记录。知识是属于已被人们认识的领域。某些客观规律如果迄今尚未被认识,则一时仍不能被划入人类的知识范畴,而只是人们继续认识、探索的对象。勿庸怀疑,迄今尚有许许多多信息尚未被我们所认识,对我们来说未知世界还非常辽阔,正有待我们去探索。正因为如此,这类未知的信息一旦被记录下来,依然成为文献。例如,自然界的一些罕见的自然现象被人们所拍摄成照片等,但人们一时义无法认识这些信息。这些照片也应称作文献,然而它们记录的只是信息。既然如此,那么只需提"文献是记录有信息的一切载体"即可,为什么还要提"文献是记录有信息与知识的一切载体"呢?这是因为,从图书馆的收藏实际文献资源来看,其中大量的文献确实是以"记录有知识的一切载体"为主。为此,将广义信息与知识两者并提,只是为了突出"知识"而已。

二、文献的特征

文献的特征主要表现在它的信息与知识性、人工附载物的实体形态性、记录性、传播性、累积性。

(一)信息与知识性

文献总是记录有一定的信息与知识,离开信息与知识便不能称之为文献,而只是一种空白的载体。无论是古代文献还是近代文献、现代文献,无一不是有着一定范围的信息或知识。文献是信息或知识赖以广泛存贮和传播的重要媒介,也是人们赖以继承前人的知识、及吸取当代人的一切研究成果从而去探索、开拓、创造与发明的重要工具。

（二）人工附载物的实体形态性

文献总是依赖一定的人工附载物的实体形态而存在,将其内容记录在一定的人工载体上。古今中外的一切文献,毫无例外地都是以一定的具体物质材料作为其载体的。倘若离开一定的人工附载物的实体,人类的知识就难以很快地传播开去、妥善地被保存下来,甚至可能亡佚、失传。当然载体的优劣,也将会直接影响对文献的利用。而对载体的选择和利用,也必将随着科学技术的发展而日益丰富与精当。世界各国文明史上的许多珍贵文献的湮没、散失,与载体的实体形态不无关系。

（三）记录性

信息与知识并不是自然而然地附着于各种人工载体上的,而是通过人们用各种方式将其记录在各种载体上。记录方式随着时间的推移、社会的发展而变化。从人类历史上最古老的书写方式到今天运用各种现代化方式,几千年来文献的记录曾历经多次演变、创新。如果没有这些演变创新,我们今天就不可能见到如此浩繁的珍贵文献。按文献的记录形式来划分有文字型、声频型、视频型、代码型等;按文献的记录方法来划分有手写、印刷、光感、机录等。

（四）传播性

文献的传播性直接影响着其信息与知识功能的发挥,且和人工载体的实体形态密切相关。一种载体如果易于记录信息与知识、易于保存、复制再生和便于流传,那么人类从事社会实践的史实和知识,就能更好地传播和延续下来,从而使他人或后人获得一定的知识,为发展科学文化提供条件。如果某些文献的传播性能差,那么不仅其功能的发挥受到一定的影响,而且人们也很少继续创制这种文献。例如,古代两河流域的泥版楔形文字文献,虽曾在历史上起过巨大的作用,但毕竟最终被历史所淘汰。

（五）累积性

知识就是力量，知识贵在积累。人类在认识世界、改造世界的伟大实践中，总是将古今中外人类的一切成果作为自己的起点。科学研究的本质就是从已知出发去不断探索、创新，而这就需要人类世世代代进行前赴后继的努力。文献的累积性，既表现为文献便于长期保存，更表现在每种文献的诞生往往都是继承前人研究成果的产物。文献的这种累积性能正反映着科学的继承性，舍此，对文献的保存和典藏就失去了意义。

上述文献的五个特征是统一不可分割的，但其中的信息与知识性、人工附载物的实体形态性和记录性是文献的基本特征。

三、载体

载体是信息与知识赖以存在的外壳。但作为载体来说，也有广义载体（即信息与知识通用载体）与狭义载体（即文献载体）之分。

（一）信息与知识通用载体

信息与知识通用载体除人脑之外，从人们创造与利用载体的发展史来看，可分为语言——文字——电磁波……。

1. 人脑——信息与知识的创造性载体

人脑是信息与知识的一切载体中最富有创造性的载体。当然，不能将大脑皮层看成是简单的载录客体，而它更主要的是思维物质。人脑，对于信息与知识不只是单纯的接受贮存，而且更善于加工整理、创造性地思维。记忆与创造性思维同样都是人类大脑的特殊功能。现代科学知识证明，外部信息与知识在人脑中的记忆，不仅仅是在人脑中神经通路上的从不间断的电流活动，而且还依赖于人脑内的化学变化来实现。揭示人脑记忆与思维的奥秘，是人类多年来的心愿。美国密苏里大学的科学家，已能部分将脑电波图形破译成若干个词或音节。现代科学实验还证实了人脑记忆的特殊功能,将微电极植入大脑中,用电刺激大脑皮层,结果受试者能忽然"想起"很多早已遗忘的往事来,而且历历在目、非常清楚。正是由于人脑具有记忆与思维的功能,早在文字发明之前人类的祖先才能将所获取的各种知识世代相传下来。当然在文字发明以后,人脑的这种功能不仅没有被削弱,反而得到了加强。

2. 语言——信息与知识的第二主要载体

语言从一开始就表现出人类对自然与社会的认识,它是人们在共同劳动、生活中交流信息与思想、形成和传授知识的手段。语言的发展,又反过来促进人脑的进一步发展。语言,随着人类的进步不断地发展、丰富和变化,它永远不会枯竭。据统计目前世界上正在使用的口头语言总共有 5651 种,其中使用人数超过五千万的语言有十三种:汉、英、印地、俄、西班牙、德、日、法、印度尼西亚、葡萄牙、孟加拉、意大利和阿拉伯语。世界上使用人数最多的语言是汉语,而使用人数最少的语言是苏联境内的沃德语,仅几十个人。世界上普遍使用的语言是英语,英语国家有英、美、加拿大、新西兰、澳大利亚、加纳、尼日利亚、塞拉利昂、喀麦隆、斐济等,此外像印度、巴基斯坦、斯里兰卡、芬兰、瑞典、新加坡等国家和地区也通用英语。然而口头语言作为信息与知识的载体也有着它不足的一面:语言受到"空间"的限制,"话"不能传到很远的地方去,只有在当场才能听到;语言还受到"时间"的限制,"话"只有正在说的时候才能听到。

3. 文字、符号——信息与知识的第三主要载体

文字、符号是基于语言的发展与补充语言的工具。文字、符号本身也是一种载体,而不论它们被记录在何种物体上。在原始社会中晚期,便出现了最初的文字或符号。文字可以说发端于原始图画与简单的刻符。遗留至今的最古老的文字是古代埃及人古代苏美尔人于公元前所创造的象形文字。文字的出现,为信息与知识向远方与后代的传递提供了可能。诚如恩格斯指出的,社会的

历史"确切地说,这是指有文字记载的历史。"①

4.电磁波——信息与知识的第四主要载体

电磁波是在空间传播的交变电磁场,无线电波、红外线、可见光、紫外线、χ射线、γ射线等都是电磁波。其中声频为0—20KHZ(千赫兹),视频为1—6.5MHZ(兆赫兹)。人类直接利用电磁波来传递信息与知识是从十八世纪以后才开始的。美国人萨缪尔·莫尔斯(Samuel Finiey Breese Morse,1791—1872)于1937年在纽约表演了他研制成的电磁式电报机,后经改进于1844年5月24日创制了有线电报。1876年苏格兰人亚历山大·贝尔(Alexander Graham Bell,1847—1922)创制了有线电话,1895年意大利人马可尼(Guglielmo Marconi,1874—1937)发明了无线电。二十世纪二十年代长、中波无线电广播的运用;三十年代黑白电视机的出现;四十年代微波通讯的问世;五十年代彩色电视机进入社会;六十年代美国发射了实验通讯卫星;……八十年代,各国竞相铺设光纤通讯网等。作为信息与知识载体的电磁波,拉开了信息与知识交流新时代的帷幕,并有着广阔灿烂的前景。

当然作为信息与知识的广义载体,远不止于此。这里仅就人类常用的信息与知识的载体而言。

(二)文献载体

文献载体系指可供记录信息与知识的一切人工附载物。没有以一定的方式"记录"下来的信息与知识就不能构成文献,这里所说的是"记录"而不是"含有"。例如,从地下发掘出来的各种陶瓷、金石玉器等不供人们直接阅读的古代文物(古代字画、书籍另作别论),但它们也是曾经被人们利用一定的知识,运用一定的工艺所制作出来的。它们本身"含有"一定的信息与知识,后人可以通过对它们的考证与研究,获得有关古代人类社会的政治、经济、

---

① 《马克思恩格斯选集》第一卷,第251页。

26

文化等方面的丰富知识与信息。又如,任何一种仪器、车床等人工实体,它们的自身也"含有"一定范畴的知识与信息。这些"含有"知识与信息的人工实体,并不能称为文献载体。同样,依附于高频载波之上的无线电广播、电视播发,在它们还没有被记录于磁带等之前依然不能称为文献载体。这是因为不仅没有被"记录",而且像电磁波本身也不属于人工附载物。

古代文献载体的种类也很多,例如泥版文献中的泥版,金石文献中金石,以及甲骨、简策、锦帛、纸张、羊皮等。现代文献载体的种类,主要有纸张、磁性材料、感光材料等。至于通常所说的声像型文献、机读型文献等并非从载体来划分,因为它们当中都包括有磁性等材料作为载体。

第四节　文献信息交流与图书馆学

信息是人类社会赖以生存与发展的基本因素,而文献信息交流是人类进步和社会发展需要的必然产物。图书馆在文献信息交流大系统中起着极其重要的作用,而图书馆学正是研究图书馆进行文献信息交流理论和方法的学科。

一、文献信息交流的重要性

文献信息交流是整个人类社会交流的十分重要的组成部分,甚至曾一度几乎全部占据信息交流的领域。文献信息交流是科学研究必不可少的主要途径,这是因为:

(一)人类的物质文明与精神文明都可以借助于文献的形式表述出来,文献毕竟是一种可以为人们所感触到的信息、知识、情报的附载物。

(二)科学与文学艺术等的实践成果,总是以它所形成的文献作为重要象征的,也就是说科学家、文学家等的劳动成果最终都需要用文献这一形式来陈述。例如,撰写、绘画、摄影……所创制的某些具体文献,往往既可作为某些研究、设计、创作阶段的"终结",又可作为下一阶段更高层次的研究、设计、创作的新起点与参考。

(三)文献对教育、科学、技术、文化的有效保证程度,是衡量世界上任何一个国家文明潜力的重要指标之一。无数个文献的总和,将构成一个时代、一个国家、一个民族、一个地区的科学文化概貌的重要侧面。反之,每一种文献通常又构成科学文化的具体砖石。

(四)文献的发表及其在传播中得到的好评,既是确认有关研究人员、创作者实际水平、能力与对社会贡献大小的重要依据,又是对他们进行激励和鞭策的重要手段,从而使整个社会文献信息有效量与日俱增。

(五)一定数量与质量的文献,是衡量各种研究、设计、创作等项创造性劳动效率的重要指标之一。即使在生产建设领域内任何一项工程,包括生产工艺、产品设计与规格等,其中都要留下一批技术资料,有的将作为科技档案被长期保存起来。

(六)科学研究总是从已知出发去不断探索未知、发现与发明是科学研究真正的生命力所在。任何一项科学研究都需要充分利用前人和当代人的科研成果,只有在继承中去粗取精、去伪存真、由此及彼、由表及里,才能有所开拓、有所创新、有所前进。例如:美国曾对1523名科学家与工程师从文献情报中获取的情报量进行调查统计分析,结果表明,如果我们抛开通过个人相互接触所获得的情报不计之外,其中633名科学家通过各种文献而获取的情报量约占57%;而890名工程师,通过各种文献而获取的情报量约占 30% ①。又如,美国国防部曾对该部工程师们调查分析,他们的情报来源除来自个人相互接触交谈之外,通过各种文献(包括约占 10% 的私人笔记)而获取的情报共占 69% ②。

(七)信息的社会作用只有在传播中才能实现。而通过文献形式传播信息,无论在空间领域还是在时间领域,都是使信息传播发挥其更大的社会效益的最佳形式与基本手段。

二、图书馆是对文献收集、整理和开发利用的教育、科学、文化机构

文献信息交流是一个较大的系统,它包括图书馆、情报部门、档案馆、文献的出版和发行部门等,以及某些博物馆若干个子系统。在这些子系统中,图书馆占有更重要的位置。因为,情报部门的情报来源未必都以来自文献中的情报为局限;档案馆征集的主要对象,仅仅是属于文献中的档案那一部分;文献的出版机构,是以编审、出版各种知识门类的书刊为途径,去传播文献信息;文献发行部门,主要是以出售图书、录音录像带等为手段;博物馆的文物中只有字画、古籍善本、手稿、珍贵的历史文献等属于文献,而大量的其它文物并不属于文献;电影等的制作、发行、放映部门,包括故事片、科技片、新闻纪录片、戏剧片等,甚至有关声像制作与发行部门的各种音乐磁带、电视录像片等,也只是文献中的一部分;而只有图书馆,才是以向全社会进行几乎所有文献的交流为己任的重要机构。

图书馆对文献的收集、整理,只是作为实现对文献更好地开发

①　R. W. Swanson. Information. An Exploitable Commodity. Arlington, Office of Aerospace Research, 1968, CTP, 47.

②　W. M. Carlson. Structure and economics. —In: Second National Symposium on Engineering Information: a Coordinated engineering information System. New York, Oct. 27, 1965. New York, Engineers Joint Council, 1966, CTP, 44.

利用这一基本目的而存在的必要条件与手段。我们通常所说的整个图书馆工作可以概括为"藏"与"用"两个方面，而"藏"是为了"用"，也就是这个意思。所谓"藏"，包括对文献的收集、整理等；所谓"用"，包括流通、阅览、参考咨询、情报检索等读者工作全部内容，文献信息交流犹如图书馆工作的一个杠杆，通常只要按好这个"键钮"就会将整个图书馆工作搞活。

文献本身对社会并不产生影响，只有在流通过程中文献才会产生其价值。文献的真正价值主要表现于两个方面：一是文献实体形态的本身在人类文明史上的地位与作用，例如，造纸术与印刷术之所以被世界分别公认为我国古代四大发明之一，乃是由于它们加速了人类世界文明的进程，成为文献发展史上不可磨灭的一个又一个的丰碑。二是文献中所记载的信息，文献中的信息是通过各种符号、文字、图像、声音等的携带于一定的人工附载物之上。从根本上来说，任何一项具有创造型的科研成果，最终都会增加人类的文献信息总量。就这个意义而言，一个人的文献信息总量如何，必然会影响其创造力的程度；一个民族、一个地区、一个国家的文献信息总量水平，必将如实地反映其发展状况，若与其他民族、其他地区、其他国家作横向相比，必然能显示出其先进或后进来；一个时代的文献信息总量怎样，是其发展状况的重要标志之一，若将其前后作纵向相比，便可知其发展的真实程度与实际速度了。各类型的各层次图书馆，都是其相应的文献信息存贮与交流的中心。

图书馆的产生与发展，取决于文献信息的产生与发展。在历史上图书馆是社会文明的产物。我国真正的图书馆，首先是适应文献信息进一步交流与以"图书"为中心的教育制度的需要而出现的。最初的图书馆工作者本身就是学者，他们已经着手文献信息的收集、整理与交流。随着社会历史的进程，伴随着文献信息交流的日益增长，图书馆得到不断发展，其社会作用也就越来越显著。在当代图书馆已逐渐成为文献信息交流的重要机构,图书馆工作也已逐渐成为人们所崇尚的职业。文献的简单集合并不一定就是图书馆,而对文献的单一保存也决不等于图书馆的全部职能。图书馆的全部工作最终是为文献信息交流服务的,通过文献信息交流,图书馆才能实现自己的各项职能。因此,文献信息交流,是图书馆工作的出发点与归宿。对于我国图书馆事业来说,是通过文献信息交流为社会主义物质文明建设与精神文明建设服务的。

三、图书馆学是研究图书馆进行文献信息交流理论和方法的学科

"文献信息理论",作为一种学说它有着丰富的内涵,它是一门新兴的交叉学科。文献信息理论,是关于探讨文献信息的概念、范畴和它的理论体系,分析文献信息的本质和特征,考察文献信息交流产生的条件、发展过程和基本规律,以及应当如何最大限度地发掘人类的文献信息资源,最大限度地满足社会对文献信息的需求。图书馆学只是着重研究图书馆如何进行文献信息交流的理论和方法。图书馆工作归根结底就是通过对文献的收集、整理和开发利用,来完成其各项基本职能。而对文献的收集、整理和开发利用,又归根结底主要是对文献内容中所记载的信息、知识与情报等的收集、整理和开发利用。如前所述,一方面,广义的信息既包括知识又包括情报;另一方面,在图书馆的千头万绪工作中实质上文献信息交流是其"枢纽"。

避开广义信息仅就文献信息而论,文献信息的交流,一是靠存贮、处理,二是靠传递。在整个文献信息交流过程中,同样也会涉及文献信息的处理技术和文献信息的处理对象两个方面。图书馆学着重研究的是图书馆如何更好地进行文献信息的交流,亦即是着重研究图书馆对文献信息处理对象(即内容)交流的理论和方法,而不是以研究文献信息处理技术(即手段)为唯一内容。因为,研究文献信息处理技术主要是信息论、计算机科学、通讯科学等的研究职能。当然,文献信息处理技术愈高级,其文献信息的交流速度愈快,对人类社会进步的贡献也就会愈大。

图书馆进行文献信息交流的主体规模历经了局部交流与全社会交流两个阶段。具有公共服务性质的图书馆的出现导致向全社会进行文献信息的交流;图书馆进行文献信息交流的方式,也区分为"传统"方式与"现代"方式两种。"传统"的方式,主要是向读者提供直接阅读的图书、期刊等各种出版物,而且通常是以"册"为单元的,极少评析出某种图书里所包含的若干条知识、情报的价值及其在图书中的位置,因而曾有人误认为图书馆实乃是"书皮之学"。这种"提供",也往往是等待读者上门的"被动服务"方式。"现代"的方式,不仅向读者提供直接阅读的图书,而且向读者提供一切可供参考的声像、机读、缩微等各种文献;不仅向读者描述文献的形式特征与揭示以"册"、"种"等为单元的文献内容,而且还帮助读者深入文献海洋之中了解、选择对其更为有价值的资料,并以最快的速度、最优化的水平主动地提供给读者或用户。当然,这种"提供"包括使用各种现代化技术手段。

图书馆学,旨在研究图书馆进行文献信息交流的理论和方法,它不仅限于对文献信息开发的研究,而且涉及文献的收集、整理、保存等一系列的重大课题。因为图书馆学一旦离开对文献的收集、整理和保存的研究,所谓文献信息的开发利用的研究,也就无从谈起。当然,这种研究的内容,其一,图书馆如何进行文献信息交流,也就是要把握住图书馆学研究的"主旋律",并由此而深入研究图书馆工作的各个方面。其二,并不是只局限于对各个层次图书馆工作的经验描述,而是要使其上升到理论范畴。从图书馆学发展进程来看,图书馆学历经了知识的萌芽和积累阶段、经验图书馆学阶段,现在已经逻辑地发展到理论图书馆学阶段。当前应着重加强理论思维方法的研究,才有可能攀登现代科学理论的高峰。只有加强理论图书馆学的研究,才能更好地抢占现代化图书馆的制高点,拓宽我国图书馆事业现代化的发展道路,繁荣我国社会主义图书馆事业。

本章小结

对文献的收集、整理、加工、传播和开发利用的研究,是图书馆学理论研究的基本课题之一。文献中包含有大量的信息与知识,对文献中的信息与知识的传播和开发利用,对人类社会的物质文明建设与精神文明建设有着极其深远的意义。

信息,不是事物的本身,而是由事物发出的消息、情报、指令、数据、信号等当中所包括的内容。一切事物,包括自然界和人类社会都会产生信息。信息的本质是物质的属性,而不是物质的实体,它作为物质的属性有一部分则表现为精神现象。在一定的条件下,物质的信息与精神信息是可以相互转换的。从根本上来说,世界统一于物质,所以就这个意义上讲一切信息都最终可归结为物质的信息。

信息是人类大脑思维的原料,而知识则是人类大脑对大量信息加工的结晶。知识是人们对自然现象与规律、社会现象与规律等的认识和描述。人的知识是在后天的社会实践中逐渐形成的,就其本质而言知识属于认识的范畴。

文献是以一定方式记录有信息与知识的一切便于传播并供人们阅读、查检的人工附载物。文献的基本特征在于其:信息与知识性、人工附载物的实体形态性和记录性。

图书馆是对文献收集、整理和开发利用的教育、科学、文化机构。图书馆学是研究图书馆进行文献信息交流理论和方法的学科。

本章思考题

1. 什么是信息？信息的本质和特征是什么？
2. 怎样正确理解知识？如何去开发信息与知识的资源？
3. 什么是文献？文献的特征表现在哪些方面？
4. 为什么说图书馆学是研究图书馆进行文献信息交流的学科？

本章主要参考文献

1. (美)施拉姆 波特著 陈亮等译:《传播学概论》 北京 新华出版社 1984 年 9 月

2.《维拉著作选》 上海译文出版社 1978 年

3. (美)维拉著:《控制论(或关于在动物和机器中控制和通讯的科学)》 北京 科学出版社 1963 年第 2 版

4. 陈树楷 孙延军编:《信息与社会》(新技术革命丛书) 北京 科学出版社 1984 年 7 月

5. 钟义信著:《信息学漫谈》(电子应用技术丛书 5) 北京 科学普及出版社 1984 年 6 月

6. 金岳霖著:《知识论》 北京 商务印书馆 1983 年 11 月

7. (台湾)"中国图书馆学会"出版委员会编:《图书馆学(大学用书)》 台北 台湾学生书局 1980 年 10 月再版

8. (苏)米哈依诺夫等著 徐新民等译:《科学交流与情报学》科学技术文献出版社 1980 年 5 月

9. 黎难秋著:《文献的属性与分类》 载《情报学刊》 1982 年第 4 期第 37—41、22 页

10. 上海社会科学哲学研究所资料室编:《信息论、控制论、系统论的若干哲学问题》 载《社会科学》(上海) 1982 年第 10 期第 44—46 页

11. 陈忠著:《信息究竟是什么》 载《哲学研究》(北京) 1984 年第 11 期第 12—19 页

12. 刘长林著:《论信息的哲学本性》 载《中国社会科学》 1985 年第 2

期第 103—118 页

13. 潘乐山著:《信息概念研究简介》 载《国内哲学动态》(北京) 1984年第 4 期 24—29 页

14. 官鸣著:《论科学形态》 载《复旦学报(社科版)》 1985 年第 1 期第 26—31 页

15.(美)范科特著 子华译:《从控制系统到知识系统》 载《国外社会科学》 1985 年第 3 期第 12—16 页

16. 朱长超著:《开发大脑的科学》 载《科学画报》 1985 年第 1 期第 14—15 页,第 3 期第 18—19 页

17. 况能富著:《应当探索文献信息理论》 载《图书馆工作》 1984 年第 4 期第 41—44 页

18. 尚克聪著:《"文献"概念的演变及其科学定义》 载《情报学刊》1983 年第 2 期第 44—47 页

19. 王秀成著:《文献与文献结构》 载《情报学刊》 1983 年第 3 期第 25—28 页

20. 陈源蒸著:《重视发展文献信息产业》 载《图书情报工作》 1985 年第 2 期

第二章　图书馆学研究对象和学科性质

　　科学理论是人们在科学实践中,运用一系列科学方法,所获得的关于科学对象的本质及其规律性的知识,是借助于一系列概念、判断和推理表达出来,经过实践的检验或逻辑证明了的系统知识。要学习和掌握图书馆学理论,就必须首先了解这门学科的研究对象、它在整个科学体系中的位置、它与相邻近学科的关系,以及研究这一理论的科学方法。

第一节　图书馆学对象

　　科学对象是人们进行科学认识的客体。科学研究活动就是科学劳动者与科学对象的相互作用,凡是科学劳动者对之进行科学认识的外部世界都是科学对象。人们对科学对象的探讨有两种类型,一种以科学对象的内涵为核心,尽可能详细地研究科学对象的结构、功能、运动规律以及与其它科学对象的关系;另一种以明确科学对象的外延为核心,研究什么是某一学科的对象。我们对图书馆学对象的探讨,属于后一种情况。

一、科学对象是科学认识的客观前提

科学认识是科学对象在人们头脑中的反映。要进行科学认识不仅必须有认识的主体——科学劳动者,而且必须有认识的客体——科学对象。任何一门学科的内容都是由科学对象的客观规律所决定的,离开了作为认识客体的科学对象,科学认识就成了无源之水,无本之木,根本不能进行。所以,科学对象是科学认识的客观前提。

人们只有在一定科学对象存在的前提下,在与科学对象相互联系和变革的作用中才能认识它。所以,科学的内容来源于科学对象,人们在科学认识中的主观能动作用正是在科学对象的客观基础上发挥和表现出来的。

任何一门科学都有客观的研究对象,没有研究对象的科学是不存在的。即使是高度抽象的数学,它的产生也仍然是以现实世界的存在为前提的。恩格斯说:"纯数学的对象是现实世界的空间形式和数量关系,所以是非常现实的材料。这些材料以极度抽象的形式出现,这只能在表面上掩盖它起源于外部世界的事实。"[1]这说明数学同客观物质世界的现实原型是分不开的。由此可见,任何一门学科归根结底都是对科学对象的形态、性质和规律的反映,没有被反映者就无所谓反映。

二、科学对象的内容

自然界和人类社会是复杂的,这种复杂性造成了科学对象的丰富性。科学对象的内容从不同的角度可以表现为不同的类型。

(一)物质性对象和精神性对象

客观世界是一个统一的物质世界,人类的科学认识从根本上

---

[1] 《马克思恩格斯选集》第三卷,人民出版社,1972 年版,第 77 页。

说就是认识物质世界及其运动规律。所以,物质性对象是最主要、最基本的科学对象。

恩格斯说:"自然科学的对象是运动着的物质,物体。"[1]凡是同科学认识主体活动有功能联系而被具体指向的自然物,如:银河系、太阳、地球、海洋、生物、遗传基因、分子、原子、电子等等,都是物质性对象。而物质和运动又是不可分的,各种物质的存在形式和本质只有在运动中才能认识。所以这些物质性对象又是通过一定的运动形态和它们之间的相互作用所表现出来的各种自然现象而被人们所认识的,如:光、热、电、磁现象,生命现象、遗传现象等。每种不同形式的物质运动都有不同的表现形态,产生各种不同的自然现象,"对这些不同的运动形式的探讨,就是自然科学的主要对象"。[2] 因而,这些自然现象也就成了科学认识的直接对象。自然事物和现象都是科学认识的物质性对象。

精神性科学对象主要有两种类型:一种是以意识直接作为研究对象,如心理学就是研究与人的大脑生理过程密切相关的各种心理现象,如感觉、思维、记忆、意志、情感和行为等。另一种是以人们思维活动的成果作为研究对象。人们在认识活动中所创造的科学概念、科学符号、科学理论等,它们一经产生出来,对于主体来说就可成为相对独立的事物。

物质性对象和精神性对象并不是互不相关或互相并列的两类认识客体。从本质上来说,一切精神性对象归根结底乃是高度组织起来的物质——大脑的产物。而"人脑的产物,归根到底亦即自然界的产物。"所以,物质性对象是最基本的科学对象,精神性对象是从物质性对象中派生出来的科学对象。

(二)天然对象和人造对象

---

① 《马克思恩格斯选集》第四卷,第407页。

② 《马克思恩格斯选集》第四卷,第407页。

现实的科学对象是与人们建立了认识关系的客体,按其与认识主体相互作用和相互联系的方式,可以区分为天然对象和人造对象这两个不同的层次。

凡是通过科学实践活动,能够从周围自然界中分离出来,而被我们所认识的天然物,都是天然的科学对象。此外,许多天然物质根据人们的目的而被加工、改造、重组,变成了新的物质融合体。例如,钢铁、电子计算机及检索系统、塑料、杂交水稻等等,这些东西原来在自然界中并不存在,而是人类按照自己的需要,根据一定的自然规律创造出来的,它们是凝结着人类智力和体力的新客体,也是科学认识的重要对象,这就是人造对象。

三、图书馆学对象及其研究过程

我国图书馆学理论体系,自本世纪二十年代初步建立以后,半个多世纪来在实践中不断丰富和完善。但由于时代的局限性,人们在每一时代对图书馆活动的认识只能达到一定的程度。因而每一历史时代的图书馆学理论只具有相对的真理性。随着社会的进步,实践的发展,人们对图书馆活动认识的深度和广度不断扩展。由于图书馆学对象的发展,和对它认识的不断深化,原有的图书馆学理论已不能给予正确的反映,这时,必然要产生出新的科学理论来进行概括。因而,图书馆学对象的发展促使图书馆学理论发生新旧更替。

我国自本世纪二十年代开始探讨图书馆学的对象,迄今提法不下数十种。现列举几种具有代表性的观点。

(一)图书馆学研究图书馆事业及其各个组成要素

早在1929年陶述先就提出了"要素说",认为"图书馆,其要素有三:书籍、馆员与读者"。(《武昌文华图书馆学校季刊》第1卷3期)杜定友也于1932年提出了"三要素",但与上述观点略有不同,他认为图书馆有书、人、法三个要素。书指的是图与书等一切文化记载；人，即阅览者；法，包括设备，管理方法与管理人才。三要素之间的关系是"三位一体"，并以书、人、法的次序来解析图书馆事业发展的重点。当时杜定友还没有明显地把这三个要素作为图书馆学的研究对象，但他认为是图书馆学的主要内容——图书馆事业的理论基础。①

1934 年刘国钧在《图书馆学要旨》一书中，又提出了图书馆的四要素：图书、人员、方法和设备。1957 年他又进一步提出了图书馆的五要素：读者、图书、领导和干部、工作方法、建筑与设备。并明确认为"图书馆学所研究的对象就是图书馆事业及其各个组成要素"②。

与"要素说"相近的一种观点，运用印度著名图书馆学家阮冈纳赞(S. R. Ranganathan)的"冒号分类法"的公式 PMEST，认为图书馆学要研究的是：P = 图书馆的主体；M = 图书馆的组成因素、方法、制度；E = 图书馆的建筑原理、工作原则等；S = 图书馆的地域性；T = 图书馆的时代性等。认为这五个方面的任何一个方面都可以同时结合其他四个方面的问题作为研究对象。

(二)图书馆学研究图书馆的特殊矛盾

这类主张从探讨矛盾、研究矛盾、解决矛盾的观点出发，根据毛泽东同志在《矛盾论》一书中指出的："科学研究的区分，就是根据科学对象所具有的特殊的矛盾性。因此，对于某一现象的领域所特有的某一种矛盾的研究，就构成某一门科学的对象。"以此为根据来分析图书馆、图书馆工作和图书馆事业所存在的各种矛盾。从图书馆的角度看，诸如藏与用的矛盾，即藏为了用，用离不开藏；收藏与提供的矛盾，即系统收藏为了反复提供，反复提供就要求系统收藏；管理和利用的矛盾，即科学管理图书馆与充分利用图书馆

---

① 杜定友：《图书馆管理法上之新观点》，《浙江图书馆月刊》，1932 年。
② 刘国钧：《什么是图书馆学》，《中国科学院图书馆通讯》，1957 年第 1 期。

等等。从图书馆工作的角度看,诸如藏书工作与读者服务工作的矛盾,各个工作环节之间的矛盾,传统工作方法与采用现代化技术之间的矛盾等等。从图书馆事业的角度看,图书馆事业与国民经济和科学文化教育事业的矛盾,图书馆干部队伍与图书馆事业发展的矛盾,各系统图书馆之间的矛盾等等。

在上述诸多矛盾中,哪一种矛盾是主要的、基本的呢? 则众说纷纭,莫衷一是。

(三)图书馆学研究图书馆事业,即图书馆的组织、工作内容和工作方法

这种观点立足于对图书馆事业的分析,大多将图书馆事业划分成若干基本部分,构成图书馆学的具体研究对象。[①]

(四)图书馆学研究图书馆活动

这种观点认为:(1)"图书馆活动是一个完整的社会现象。它在漫长的历史发展过程中,由小范围的分散的藏书收集整理活动,发展到社会借阅活动,再发展到社会化、现代化、综合性的图书馆活动。"(2)"图书馆活动是一种社会实践活动。它同社会实践的广泛领域都有直接、间接的联系,具有丰富的实践内容,既有自身的建设发展,又有为社会服务的业务活动,还有与之密切相关的其他社会实践活动,"(3)"图书馆活动是一个完整的概念。它对图书馆领域的诸现象及其普遍联系,作了全面精确的表述,既概括了个体图书馆的内部结构,又概括了群体图书馆领域的外部结构体系。它泛指古今中外所有图书馆的一切实践活动。"[②]

(五)图书馆学研究图书馆

这种观点认为,"图书馆学的研究对象是图书馆整体,不是图

---

① 北京大学、武汉大学图书馆学系合编:《图书馆学基础》,商务印书馆,1981 年。

② 沈继武:《关于图书馆学若干理论问题的思考》,《图书情报知识》,1985 年第 1 期。

书馆某一侧面、某一层次或某一运动形态。"①持这种观点的还认为:"图书馆"这个概念,是所有具体图书馆特征的抽象化、集中化,是全部图书馆的总概括,是一个科学的概念、集体的概念,不是一个个体的概念。

（六）图书馆学研究社会知识交流

这种观点认为,图书馆活动的本质是社会知识交流,知识交流是一种普遍的人类社会现象,图书馆只是实现知识交流的一个社会实体。

（七）图书馆学研究文献信息交流

文献信息交流是人际知识交流的一种重要方式。知识交流可以分为直接的交流和间接的交流。直接交流是面对面的交流,交流时可以根据对方的具体需求、心理状态等情况调整交流方式,属于这种交流方式的有座谈、讨论和讲授等。这种交流受时间和空间的限制。于是人们就不得不利用文献资料等中介来进行间接交流。这种交流是单向的,但在交流过程中,接受者具有更大的选择性,而且交流不受空间和时间的限制。

文献信息交流,是人类社会进入文明时代才出现并形成的一种人类高级的信息交流形态,它从诞生之日起,便循着自己的规律活动着。在当代,由于社会生产力的发展,许多的体力劳动正逐渐被脑力劳动所代替。人们对文献的需求程度,正明显地增长,其速度之快,出乎人们意料。随着体力劳动和脑力劳动差别的缩小,社会成员知识的丰富和智能的提高,这种需求程度将更加显著。人们除了从自然领域和社会领域的探索中获得信息之外,还将从文献领域中提取信息。文献信息交流将成为一种普遍的社会现象。我们把这种现象作为图书馆学对象,其目的就在于把图书馆活动

---

① 黄宗忠:《略论图书馆学是一门综合性学科》,《图书情报知识》,1985 年第 1 期。

置身于更广阔的社会活动的背景之下,从而丰富了图书馆学的内容,拓宽了图书馆学的研究领域。

从上面的叙述中,我们清楚地看到,我国关于图书馆学对象的研究过程,也就是人们对图书馆活动认识的深化过程。正如恩格斯所说:"我们只能在我们时代的条件下进行认识,而且这些条件达到什么程度,我们便认识到什么程度。"从二十年代末期到五十年代中期,我国图书馆学仅仅限于对个体图书馆外部现象的认识与描述。由"三要素"到"五要素",这是图书馆学认识对象在范围上的扩展。

随着研究的深入,人们对图书馆学内容的认识有了新的变化。认识到图书馆学不但应对图书馆的外部现象进行研究,更重要的是应对图书馆的活动规律进行探讨。于是便有了六十年代的"矛盾说"和七十年代的"规律说"。从图书馆外部现象的描述到图书馆活动规律的揭示这是人们认识上的一次飞跃。

进入八十年代以来,人们开始从知识交流和文献信息交流的角度来寻求图书馆学的理论基础,研究范围扩大到整个社会的知识交流和文献信息交流领域,认识对象又进一步得到扩展,这是人们认识上的又一次飞跃。沿着这条认识途径,我们参照各家说法,可给图书馆学下这样一个定义:图书馆学是研究文献信息交流的理论和方法的学科。

关于图书馆学的研究对象,不只是在中国,而且在苏联、美国、德国等国的图书馆学界也进行了长期的探讨,仍未取得一致意见。了解他们的讨论情况,对于我们的理论研究是十分有益的。现对几种有代表性的观点作一简要介绍。

1. 图书馆学研究图书馆过程

这种观点以苏联著名图书馆学家 O. C. 丘巴梁为代表。他认为"苏联图书馆学是一门把图书馆过程作为群众性地交流社会思想的一种形式的社会科学。研究其发展规律、性质、特点和结构,考察图书的流通,研究图书的公共使用,并把这一切作为对劳动人民进行共产主义教育和提高劳动人民文化技术水平的手段,从而使它成为传播科学与技术成就的一条重要渠道。"①他还认为,图书馆学的主要任务,就是研究在社会主义社会的具体条件下,图书流通的规律性。图书馆学的研究对象就是图书在国内流通过程中产生的多方面复杂课题的综合体。

2. 图书馆学研究图书馆

这一观点以 Ю. H. 斯托里亚洛夫和 И. M. 弗鲁明为代表。Ю. H. 斯托里亚洛夫认为,"图书馆"这个概念包含着图书馆各种组成部分的总和和相互关系(包括内在联系与外界联系)、图书馆的职能、各种规格和水平的图书馆系统的活动。图书馆学研究图书馆所包括的所有成分、联系和中介的整个体系。他还认为,科学对象不是别的,而是现实客体的理论再现。图书馆既然是客观存在的社会机构,它就应该成为研究对象。И. M. 弗鲁明指出,图书馆学的客体就是作为社会机构的图书馆,图书馆学的对象是全国图书馆系统。这个系统保证着国家出版物藏书的组织、库藏和全民利用。图书馆学是关于全国图书馆系统的科学。

3. 图书馆学研究图书馆事业

这种观点以 A. H. 赫罗帕奇为代表,他既不同意把图书馆作为研究对象,也不同意把图书馆过程作为研究对象。他认为,将图书馆看作是图书馆学的研究对象,就会大大地缩小图书馆学的研究内容。因为像图书馆事业的组织、图书馆的管理、图书馆干部培养等问题,就不属于图书馆的职能范围,而是属于图书馆事业的范畴。图书馆学研究应该包括图书馆事业建设的理论与实践,图书馆事业是一种社会现象,它是由"图书——图书馆——社会"这个链条上具有相互联系的各个环节所组成的一种综合体。他还认

---

① (苏)O. C. 丘巴梁著,徐克敏等译:《普通图书馆学》,书目文献出版社,1983年。

为,"图书馆过程"实际上是"图书馆技术"的同义语。对图书馆学对象的表述,不宜说成是对图书馆过程的研究,而应该说成是对作为一种社会现象的整个图书馆事业的研究,这样的表述就正确了。他明确指出,图书馆学已经形成为一个独立的知识领域,它是一门关于研究社会利用图书馆,图书馆对社会进行阅读指导以及研究在一定的社会、经济条件下,图书馆事业的产生与发展规律的科学。图书馆学的任务是,研究作为一种社会现象的图书馆事业的发展趋势,揭示图书馆事业在一定社会里发展的规律性。

4. 图书馆学研究图书馆活动

这一观点以 К. И. 阿勃拉莫夫为代表,他认为,图书馆学研究图书馆活动的法则、规律、作用、结构、方法和动态,研究图书馆事业与其它门类科学以及各种实践活动的相互关系。这就是图书馆学这门科学的对象。

5. 图书馆学研究图书与读书现象

这是美国著名图书馆学家、芝加哥大学图书馆学院教授巴特勒(P. Butler)的看法。他在 1933 年出版的《图书馆学引论》一书中,提出了一个著名的观点:"图书馆是将人类记忆的东西移植于现在人们的意识之中的一个社会装置"。他把读书现象与图书馆的本质属性联系起来加以研究,发现了社会知识是以图书为媒介,通过人们的阅读行为进行传递交流的现象。

6. 图书馆学的理论基础是"世界 3"理论

关于"三个世界"的理论,是世界著名的科学哲学家和社会哲学家波普(K. R. Popper)提出来的,他把宇宙现象分为三个基本层次或"三个世界",即:1. 物质世界;2. 精神世界;3. 客观知识世界或客观精神世界。波普所说的"第一世界"或"世界 1",指的是客观世界的一切物质客体及其各种现象,如物质、能量、一切生物有机体,包括人体及其脑等。他所说的"第二世界"或"世界 2"是指人的一切主观精神活动,它包括各种心理活动,以及感性和理性的认识活动等。他所说的"第三世界"或"世界3",指的是一切见诸客观物质的精神内容,或体现人的意识的人造产品或文化产品,如:语言、文学、艺术、神话故事、科学问题、理论、图书等。他认为,书是一种物质对象,所以它属于"世界1"。但是它的内容使它成为人类精神产品,这个内容则属于"世界3"。他设想,如果物质文明毁灭了,只要图书馆存在,人们就可以利用它保存的知识,去重建新的文明。而如果图书馆连同物质文明一同毁灭了,则重建人类文明是不可能的。波普的"世界3"理论对西方图书馆学研究产生了一定影响,英国图书馆学家布鲁克斯(B. C. Brookes)说:"波普的第三世界理论应受到图书馆学家和情报学家的欢迎,因为他首次为他们的职业活动提供了理论基础。"

综上所述,东方和西方图书馆学家关于图书馆学对象的认识,有许多共同点,正在逐步扩大图书馆学研究对象的范围,把作为现代社会知识信息交流部门的图书馆,广泛地同社会物质和精神生活联系起来进行考察,不仅揭示图书馆活动的规律,而且揭示图书馆活动的实质、进而探讨图书馆学的理论基础。

第二节　图书馆学的性质

一、确定学科性质的理论依据

科学是人们对客观世界的本质及其规律性的理论认识。在人们认识客观世界的过程中,随着实践的发展,知识不断地积累、丰富,各门科学相继分化出来成为独立的学科,于是产生了认识各门科学在科学整体中的地位和作用,以及正确理解它们之间相互关系的问题。确定一门科学的性质,就是确定该门科学在科学整体中的归属和地位。实质上就是进行科学分类。

在科学发展的不同历史阶段,人们对科学进行过各式各样的分类。过去的科学分类思想和分类方法,虽有一定的合理部分和参考价值,但由于分类学家受旧哲学的影响,科学本身也还没有发展到使人能够揭示出内部相互关系的程度,因之在科学分类问题上一直没有得到正确的解决。到了十九世纪下半叶,一方面科学的发展水平已经揭开了自然界的面纱,看清了它的真面目;另一方面马克思主义哲学也已经产生,在此基础上恩格斯运用辩证唯物主义的观点和方法,全面地考察了科学之间的区别和联系,提出了按物质不同运动形式区分和排列各门科学的理论,为正确进行科学分类奠定了科学的基础。恩格斯按照从低级到高级的顺序和发展阶段,把当时所有的科学对象分为具有机械的、物理的、化学的、生物的和社会的五种基本运动形式不同层次的客体。在每个层次中,又包含着许多具体的运动形式。

按照客观事物的特殊对象、特殊运动形式或特殊矛盾性质进行分类的思想,我们可以描绘出当今科学整体的框架结构图。

在科学体系中,辩证唯物主义哲学居于最高层次,是统帅其它科学的科学。因为,辩证唯物主义哲学所反映的客观对象最大,它所揭示的矛盾性质和规律具有最大的普遍性,因而对其它科学具有一般指导意义。

整体客观世界是由自然界、人类社会两大基本领域组成的。它们各有自己的特殊矛盾性质或特殊运动形式,并成为科学研究的特殊对象。以整个自然界作为研究对象,揭示自然界的矛盾性质及其运动规律的科学是“自然辩证法”;以整个人类社会作为研究对象,揭示人类社会的矛盾性质及其运动规律的科学是“历史唯物论”。由于自然辩证法、历史唯物论分别揭示出各自研究领域的共同矛盾性质及其运动规律,因此成为辩证唯物主义哲学下属的两个分支和组成部分,在科学体系结构中成为第二层次的两个平行系统的科学。又由于自然辩证法、历史唯物论分别研究自然科学、社会科学的一般理论、原理和方法,所以也可以把它们看成是自然科学、社会科学的基础理论部分。这样,自然辩证法就成了介于哲学和自然科学之间的跨界科学,历史唯物论就成了介于哲学和社会科学之间的跨界科学。但由于自然辩证法、历史唯物论分别概括了自然、社会的整体这样广大范围的事物运动的规律,因而,就学科的性质来说它们基本上还是哲学性质的。

如果把自然界、人类社会进一步分解来看,就会发现它们各自又是由不同部分构成的。它们各有自己的特殊矛盾性质或特殊运动形式,从而成为不同学科的研究对象。比如,自然界是由无机物质和有机物质两大部类构成的,相应地也就有了研究无机物质的力学、物理学、无机化学和研究有机物质的有机化学和生物学。人类社会是由种族、民族、家庭、国家等单位组成的,或者说社会生活是由经济生活、政治生活、文化生活、道德生活等组成的。按照马克思主义的理论,社会的基础是生产,生产力和生产关系都是重要的社会现象。研究生产力的科学是生产力经济学;研究生产关系的科学,是政治经济学。在经济基础之上树立着的上层建筑,也是重要的社会现象。研究政治和法上层建筑的是政治学、法学、军事学等;研究各种社会意识形态的是道德学、艺术学、宗教学等。除此之外,还有研究既不属于物质资料生产,又不属于上层建筑和各种社会意识形态的社会关系或社会现象的各个门类。例如语言就属于这类社会现象,以语言等社会现象为对象的社会科学仍然占有重要地位。

以上是就客观世界物质结构的垂直系统和平行层次及其相应学科而言的。我们还应看到,客观世界中的各种事物及其运动形式的相互联系、相互渗透和相互转化是错综复杂的。因而,在客观世界物质运动的图景中,不仅有纵向的联系,也有横向的联系,还有纵横交错的联系。事物及其运动形式的这些联系,形成更为复杂的系统,渗透到物质的不同层次,成为科学研究的特殊对象。研究这些特殊对象的特殊矛盾性质和特殊运动形式的科学,就是那些交叉或边缘学科、综合学科、横断或全向学科等等。比如,在自然科学与社会科学之间,就产生了科学学、环境科学、地理政治学等边缘和综合学科。自然科学与数学的关系十分密切,数学的许多分支,如向量分析数学、线性代数等,是直接从研究自然科学问题发展起来的。而现代自然科学的许多新兴边缘科学又是数学渗透的结果,如数学物理、计算化学、生物数学等。系统论、控制论、信息论这些横断学科,都是以哲学和数学为方法来研究自然界、人类社会和精神世界三大领域所包含的某一共同特性或方面的学科。交叉或边缘学科、综合学科、横断或全向学科的不断出现,反映着人类对客观世界的更加全面的认识,也反映着科学在发展中不断综合的趋向。

在科学体系中,数学处于一种特殊的地位。人们通常把它看作是一门自然科学,这同把哲学看作是社会科学一样是一种误解。当然,过去人们把数学看作是一门自然科学,不是没有原因的。因为,数学的原型来自现实世界,数学与直接反映各种物质运动形式的各门自然科学一起,随着人们认识和改造现实世界的实践而发展起来,并且普遍地应用于各门自然科学,帮助自然科学摆脱现象的描述,使之成为精确的科学。但不能因此就称数学为一门自然科学。这是因为数学的研究对象并不是自然界的某种特殊事物,它不直接反映自然界某种具体的运动形式,它是作为一种"辩证的辅助工具和表现方式"①来反映自然界、人类社会中普遍存在的数和形的抽象关系的。因此,以"抽象了事物的自然界或社会属性之后的量的规定性"为对象的科学——数学,不能看作是自然科学或社会科学的一个组成部分,而是一种横断或全向学科。它是在自然科学和社会科学两大科学身旁相对独立发展起来的一门

---

① 恩格斯:《自然辩证法》,人民出版社,1971 年版,第 3 页。

科学。对于自然科学、社会科学来说,数学都能为研究事物的量的规定性这一侧面提供有力的科学工具。

综上所述,现代科学体系是由辩证唯物主义、自然辩证法、历史唯物论,自然科学、社会科学的各门类和各分支,由各门学科的相互联系、相互渗透和转化而形成的交叉或边缘、综合和横向等学科组成的。这些学科作为科学家族的主要成员,组成了一个各就各位的科学大家庭。大家庭中,各门学科的地位及其相互关系,如图所示。

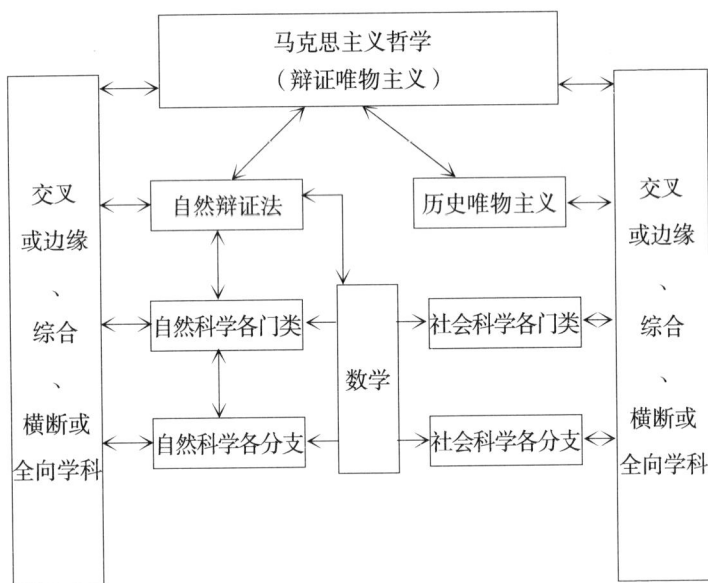

二、图书馆学是社会科学的一个重要门类

如上所述,划分一门学科性质的主要依据,是该门学科研究对象的属性。以自然界和人类社会的不同领域、不同范围、不同层次

50

为研究对象的,就形成不同的自然科学和社会科学门类。图书馆学的研究对象是文献信息交流,这种交流活动是一种普遍的人类社会现象,因而,图书馆学属于社会科学,是毋庸置疑的。

在社会科学中,有许多门类和分支。有的学科研究范围十分广泛,具有综合性质,如社会学;有的研究人类社会的某个领域、某个范围、某个层次,有以经济基础为研究对象的学科,以上层建筑为研究对象的学科和以各种社会意识形态为研究对象的学科。文献信息交流活动,既不属于物质资料生产范畴,又不属于上层建筑和社会意识形态范畴,而是一种既普遍又特殊的社会现象,反映了人们的社会交往关系。以这种交流活动为研究对象的图书馆学,具有明显的应用社会科学性质。所谓应用社会科学,就是社会科学内一些实践性较强的学科。除图书馆学外,还有法律科学、新闻科学、管理科学、档案科学等。图书馆学的研究内容,包括基础研究、应用研究、专门研究和比较研究,具有实践性、应用性、技术性特征。其中有关方法技术方面的学科内容,占有较大的比重,因而有人把它称之为方法科学。

图书馆学也是一门发展中的社会科学,在发展过程中要广泛吸取社会科学其它门类、自然科学、技术科学、思维科学的理论、原理、概念、方法,来丰富自身的内容体系,但不能据此认为,图书馆学已经是一门综合性学科,或者有可能发展成为综合性学科。

所谓综合性学科是指那些利用多种学科的理论或方法,从各种不同侧面去研究某些复杂的课题或某类现象所形成的学科。从方法论角度来说,它是多学科方法的产物。例如环境科学就是以研究如何保护和改善人类环境质量为目的的综合性学科。它不仅要以生态学和地球化学为主要理论基础,而且要充分利用物理学、化学、生物学、地学、医学以及各种工程技术方法,同时还涉及许多社会科学的知识。从科学发展史来说,它是进入本世纪以后才逐渐形成的学科。在科学发展的全部历史过程中,一直存在着两种经常起作用的趋势：一种是学科不断分化的趋势；另一种是学科不断综合的趋势。在古代，各种自然科学知识几乎都被包含在一个知识的总体系——自然哲学之中。到十八世纪，差不多自然科学的各个门类如物理学、化学、生物学、天文学、地学（包括地质学、地理学）等都形成了自己的理论体系，成了各自独立的科学学科。在整个近代时期，科学分化的趋势一直居于主导地位。进入二十世纪以来，科学的发展一方面继续分化，但同时由于认识的广度和深度都达到很高的水平，发现了现象之间更深刻的联系，需要在更高的水平上进行概括，科学综合化的趋势日益增强。从本世纪三十年代起，特别是第二次世界大战以后，在整个现代科学的发展中，综合化的趋势逐渐占了主导地位，综合性学科逐渐形成。由此看来，图书馆学不属于综合性学科范畴，其一，图书馆学在发展过程中，虽然利用了多种学科的理论和方法（其中包括自然科学、技术科学的理论、方法）来研究文献信息交流活动，但活动的性质并未因此而改变，仍然是人与人之间的一种社会交往活动，反映的是人与人之间的关系。其二，图书馆学的知识，在封建社会初期已经产生，自1807年德国人施莱廷格首次提出"图书馆学"这一概念后，逐渐确立了图书馆学的科学体系。在过去的一个半世纪里，图书馆学的社会科学性质得到了学术界的公认。无论是解放前出版的图书馆学专著，还是解放后出版的《图书馆学辞典》、各种图书馆学专业教材以及《辞海》（修订本）都对图书馆学这一属性作了明确回答。国外一些著名的图书馆学家如苏联的O. C. 丘巴梁、美国的P. 巴特勒和J. H. 谢拉等均持这一观点。这是否类似于人们通常把哲学看作是社会科学，把数学看作是自然科学一样，也是一种误解呢？显然不属于此种情况。那末，图书馆学是否有可能演变或发展成为综合性学科呢？考察科学发展史，还没有一门学科从一大科学门类转移到另一大科学门类的先例。

这里我们需要划清一个界限，图书馆学同其它学科相互交叉和渗透,形成的边缘学科,如"图书馆数学"、"图书馆建筑学"、"图书保护学"和"电子计算机在图书馆的利用"等学科,所具有的综合性质。同图书馆学本身是一门综合性学科,这是两个不同的概念,我们不能混为一谈。在当代,边缘学科越来越多,自然科学尤为突出。例如在物理学和化学之间产生了物理化学和化学物理;物理学与生物学的结合出现了生物物理学,与地学的结合出现了地球物理学,与天文学结合出现了天体物理学;化学与生物学结合出现了生物化学,与现代天文学结合产生了元素演化学,与地学结合产生了地球化学;生物学与现代宇宙学的结合产生了宇宙生物学等等。除了各基础科学之间产生的边缘学科以外,一门基础科学同其它学科的分支学科之间,各基础学科的分支学科之间也产生了更多的边缘学科。不仅两门学科之间产生边缘学科,而且出现了多元交叉的边缘学科,如生物物理化学,就是生物、物理和化学三门学科相互渗透的产物。

边缘学科是各种不同学科相互交叉、相互影响、相互渗透的结果。一般来说,学科之间的相互渗透是按两种方式进行的,一种是移植。所谓"移植",主要是指用 A 学科的方法或某种技术去研究、解决 B 学科的研究对象及其有关问题。例如把民用建筑学用于研究图书馆学,便产生出图书馆建筑学。利用移植方法产生出的交叉学科,一般来说仍然作为原有学科(B 学科)系列或同族中的一员而存在,但它扩大了原有学科的分支,同时也加深了学科之间的联系。另一种渗透方式是杂交,所谓"杂交",指的是原来不同的学科 A 和 B,在理论、原理、概念等方面相互融合而形成了一个新种 C。C 学科作为杂交产物,兼具 A 和 B 的特征,但却形成了自己的理论系统,例如物理化学、生物化学、量子化学等等。移植法一般在应用科学中运用得比较广泛,而杂交法在基础科学方面则有重要意义。图书馆学和其它学科之间的相互渗透,主要是移植法,所产生的交叉学科正成为图书馆学的分支学科。这就进一

53

步说明,图书馆学无论是过去、现在和将来,都只能是社会科学。

第三节　图书馆学研究方法

一、对科学研究方法的一般认识

任何科学研究都是有目的的思维活动。这个目的就是要揭示事物的规律性,以便建立起一种理论,用以指导实践。而理论的建立必须借助于一定的方法。科学研究方法是指正确进行科学研究的理论、原则和手段,从本质上说是认识世界、改造世界的方法,也就是一般的认识方法在科学研究过程中的表现,即人们在进行科学研究时,所使用的变革和认识科学对象的方法。

科学研究方法是人类长期进行科学实践的结晶,它是随着人们对客观世界的认识和实践的不断深化而充实、丰富、提高的,每当科学发展到一个新的阶段,总会伴随着产生新的方法与之相适应,从而推动科学技术的飞速发展。在科学不发达的古代,处于自然哲学阶段,它的主要研究方法是直观加思辨,与之相适应的逻辑方法占主导地位,亚里士多德的《工具篇》是最早的方法论著作。到了近代,自然科学从自然哲学中分化出来,开辟了实践科学的新阶段。早期科学研究的主要任务是收集材料,科学发展的主要趋势是分化,客观上需要人们分门别类地进行研究,因此与之相适应的则是在观察实验基础上的分析方法占主导地位。当时培根的《新工具篇》和笛卡尔的《方法论》是方法论的经典,对科学的发展有很大影响。

而这一些方法早在十九世纪就已经不能适应科学的发展,在现代科学研究过程中,不能采用单一的研究方法,而是多种方法的综合。通常所采用的具体方法和手段有观察法、实验法、模拟法、类比法、逼近法、统计法、抽象法、分析法、综合法、演绎法、归纳法、假说法、社会调查法以及抽象上升为具体的方法等等,还有理论、范畴、概念的认识论意义所形成的方法,如哲学方法、数学方法、控制论方法、信息论方法,系统论方法,以及各个领域、各门科学的方法,等等。如果按照科学研究方法的概括程度和适用范围,则可分为三个不同层次。

(一)哲学方法。这是适合于一切科学研究的最普遍的方法论原则。马克思主义哲学即唯物辩证法就是一种适合于自然科学、社会科学和思维科学的唯一正确的哲学方法,是指导人们进行科学研究和社会实践活动的唯一正确的思想。它既是一种世界观,又是方法论。它指导一般方法论的研究,为一切科学方法规定了必须遵循的普遍原则。

(二)一般科学方法,即普遍适用于自然科学、社会科学或思维科学研究,以及对三者都适用的研究方法。例如:实验方法、观察方法普遍适用自然科学各学科;而社会调查则是社会科学研究中普遍采用的方法。它们都是从专门科学方法中概括和发展出来的,都属于一般科学方法。还有一种概括程度较高、适用范围更广的科学方法,它们具有跨学科性质,对自然科学、社会科学、思维科学都普遍适用,如数学方法、逻辑方法、系统论方法、控制论方法、信息论方法。

(三)专门科学方法,即各门科学中所运用的具体的方法和技术。例如,地质学中利用古生物化石来确定地层的相对年代;天文学中利用天体光谱线的纵移来测定天体在视线方向的运动速度;化学实验中的滴定法等等,都是一些个别学科中的特殊方法。

二、图书馆学研究中所采用的方法

我国图书馆学界对方法论的探讨,起步较晚。图书馆学方法论尚未形成完整的体系结构。图书馆学研究过程中通常所采用的

多为一般科学方法和哲学方法,具有本学科特色的专门科学方法尚在探索之中。目前,图书馆学研究中,使用较多的方法是:

(一)哲学方法。辩证唯物主义与历史唯物主义,是图书馆学的理论基础,对图书馆学研究具有指导意义。马克思主义哲学的基本观点诸如物质观、意识观、运动观、时空观、矛盾观、质量观、否定观等等都是我们在从事图书馆学理论研究的时候必须遵循的基本观点,也是我们判别各种理论观点的最一般的根据和准则。正如恩格斯所说:"熟知人的思维的历史发展过程,熟知各个不同的时代所出现的关于外在世界的普遍联系的见解,这对理论自然科学来说是必要的,因为这为理论自然科学本身所建立起来的理论提供了一个准则。"①我国图书馆学理论工作者,从五十年代起就注意运用上述哲学观点从事理论研究,并取得了可喜的成果。如研究图书馆学对象时,运用矛盾观,提出了"矛盾说",此外还提出了"规律说";又如运用物质观和意识观研究图书馆藏书,提出了"藏书的二重性",即藏书既是物质的,也是意识的。就其知识、信息的载体来说,它是物质的;就其载体所记录的知识来说,它是经过人脑加工的,是意识的东西,观念的东西。因此藏书本身既有自然的属性,也有社会的属性。再如运用质量观研究图书馆管理,提出目标管理的效益问题,如此等等。

(二)归纳法和演绎法。归纳是从特殊事实中概括出一般原理的推理形式和思维方法。它从个别的、单一的事物的性质、特点和关系中概括出一类事物的性质、特点和关系,并且由不太深刻的一般到更为深刻的一般,由范围不太大的类到范围更为广大的类。在归纳过程中,认识从特殊到一般。归纳在科学研究过程中是一种重要的推理形式,也是人们从掌握到的客观事实中概括出一般科学原理的重要方法。在图书馆学研究中,归纳法是常用的方法

---

① 恩格斯:《自然辩证法》,人民出版社,1971年版,第28页。

之一。如对图书馆类型的研究,往往是从单个的、分散的公共图书馆、高等学校图书馆、科学和专业图书馆的性质、特点和关系中,概括出公共图书馆系统、高等学校图书馆系统、科学和专业图书馆的性质、特点和关系。

演绎是从一般到特殊和个别,是根据一类事物都有的一般属性、关系、本质来推断该类中的个别事物所具有的属性、关系和本质的推理形式和思维方法。演绎推理或叫演绎法有各种不同的种类。根据推理中前提的数量,演绎推理可分为直接推理和间接推理。直接推理是由一个前提推出结论的推理。间接推理是从几个前提中推出一个结论的推理。演绎推理在人们的认识过程和科学研究中有着巨大的作用,它可以使我们获得新的知识,也可以帮助我们论证或反驳某个论题。在科学史上,曾经有过不少重大发现显示了演绎法的强大威力。如伽利略运用演绎推理,推翻了亚里士多德提出的物体从高空下落的运动"快慢与其重量成正比"的错误论断,而这一论断延续了一千八百年,直到伽利略时才得到纠正。在图书馆学研究中,演绎法也是运用较多的方法之一。如用相关学科的比较成熟的一般原理,去推导图书馆学研究的个别结论,这在图书馆管理研究中较为突出。

(三)历史方法。就是按客观对象在发展过程中所历史地经历的不同的具体阶段、具体形态和过程来制定理论体系,并从而反映对象的本质及其规律的一种方法。为了更深刻地把握事物的本质,不仅要考察事物的现状,而且要考察事物的历史。如果不了解事物的过去,就不能深刻地了解它的现在,也不能准确地预见它的未来。列宁在谈到研究国家问题时,特别强调考察历史的重要性,他说:"这个问题也和所有的问题……一样,要正确地认识它,要有把握地切实地解决它,就必须从历史上把它的全部发展过程加以考察。"①

历史的方法主要运用在图书馆事业史的研究上。对图书馆事业作历史的考察时,可采用两种方法,一种是对图书馆事业发展的自然行程,按时间顺序进行研究;另一种方法是抓住图书馆事业的内部矛盾,去研究图书馆事业发展过程的自始至终的矛盾运动,把图书馆事业的发展进程以逻辑的形式表现出来。这种方法实质上就是分析和综合的方法,在图书馆事业史研究中的运用,它最能体现图书馆事业发展的本质。

(四)数学方法。从方法论角度看,科学的发展要经历三个阶段:1.描述阶段。即搜集科学事实的材料,使之初步系统化、条理化;2.逻辑分析阶段。即对研究的对象进行定性分析;3.定量分析阶段。即科学认识的质量分析方法和数量分析方法的辩证统一。马克思认为,一种科学只有成功地运用数学时,才算达到真正完善的地步。科学如果没有数学方法进行精辟的刻划和描述,就不可能成为精确的科学。所谓数学方法,就是运用数学所提供的概念、处理方式及技巧,对所要研究的对象进行量的分析、描述、计算和推导,从而找出能以数学形式表达事物内在联系的一种方法。它是理论思维和对事物进行逻辑分析的一种重要形式,是人们认识客观世界辩证发展的辅助工具和表现手段。

我国图书馆学研究,长期停留在经验描述和定性分析阶段,将数学方法运用到图书馆学研究中,是近几年的事。欧美图书馆学家已广泛运用数学知识,将一些较为复杂的问题抽象成数字模型,即将研究对象表现为"数学对象"的抽象形式,然后求出数学问题的解,进而对解的实际意义进行判断并阐释所研究的问题。如英国化学家和图书馆学家布拉德福(S. C. Bradford)经过长期观察,对各种学科的文献进行大量的统计调查,提出了定量描述文献序

---

① 《列宁全集》第 29 卷,第 431 页。

性结构的经验定律,指出如果将科学杂志按其刊载某个学科主题的论文数量,以递减顺序排列起来,就可以在所有这些杂志中区分出载文率最高的'核心'部分和包含着与核心部分同等数量论文的随后几区,这时核心区和后继各区中所含的杂志数成 1: a: a^2 ……的关系($a > 1$)。B. C. 布鲁克斯则用数学模型来表示布拉德福定律,这就是布拉德福分散曲线。此外,欧美图书馆学家还用数学模型表示科学文献的增长和老化规律,这就是著名的指数增长律与逐渐过时律。

(五)系统方法。所谓系统方法,就是按照事物本身的系统性把对象放在系统的形式中加以考察的一种方法。即从系统的观点出发,始终着重从整体与部分(要素)之间;整体与外部环境的相互联系、相互作用、相互制约的关系中综合地、精确地考察对象,以达到最佳地处理问题的一种方法。这种方法把系统思想同数学工具结合起来,用数学工具来揭示系统的结构、行为及变化规律。它的显著特点有三:其一,整体性。这是系统方法的基本出发点,它把整体作为研究对象,认为世界上各种对象、事件、过程都不是杂乱无章的偶然的堆积,而是一个合乎规律的由各要素组成的有机整体。其二,综合性。它有两重含义:一方面它认为任何整体(系统)都是这些或那些要素为特定目的而组成的综合体;另一方面它要求对任一对象的研究,都必须从它的成分、结构功能、相互联系方式、历史发展等方面作综合的系统的考察。其三,最佳化。根据需要和可能为系统定量地确定出最优目标,并运用最新技术手段和处理方法把整个系统逐段分级,分成不同等级、层次结构,在动态中协调整体与部分的关系,使部分的功能和目标服从系统总体的最佳目标,以达到总体最佳。

图书馆是个由图书、读者、工作人员、建筑设备和工作方法等要素组成的、不断发展着的有机体,是社会信息交流大系统中的一个子系统。对它的研究必须运用系统的方法,从宏观和微观两个方面进行考察。既考察它与各要素之间的关系,又把它放在广阔的社会环境中,考察它与政治、经济、文化诸方面的关系、它的活动内容与社会效果等。

（六）调查法。这是社会科学最常用的方法之一。科学调查的全过程有如下几个阶段:一、计划和准备;二、搜集材料;三、整理材料;四、对调查结果进行分析,使感性认识上升为理性认识。这里着重谈谈第二阶段,即搜集材料的方法。搜集材料大致有三种方法:1.网罗法,2.抽样法,3.个案研究法。网罗法也称全面调查法,即向调查对象逐一进行调查的方法。这种方法最理想,但很难做到,要么调查对象的数量过于庞大,要么遇到技术性的困难,因而常常采取从整体中抽查一部分以窥全貌的方法。这就是抽样法或部分调查法。抽样法也可分为三种方式:a.定标抽样法,这种方法是从整体中抽查具有代表性的部分,一般要进行有比例的选择。b.随机抽样法,这种方法不用主观的作为,而是客观地任意抽查,但不是毫无秩序的,也不偏于某一部分,它以一定的间隔,从排列中加以选择。c.分层抽样法,这种方法兼用前两种方法,是一种在整体构成中首先按比例地选出有代表性的东西,并以随机抽样的方法加以抽查,一般应用最广泛。个案研究法与上述抽样法相反,也称为个别调查。它借助于大量在观察中无法得到的详细报告和信函等资料,在与整体的主要因素相互联系中对个别的特殊性进行详尽研究,并与其他事例不断进行比较和研究。这种方法具有许多优点,但也要注意比较标准,防止调查人员夹带主观的东西。

调查材料的来源,一是来自文字记录,一是来自实地现场。前者指过去和现在的有关种种事实的记录资料,这有助于弄清一件事情的历史背景,了解它的来龙去脉。后者则直接来自人们的现有情报和行动,并进行观察。这种现场搜集材料的方法,有查证、观察和同有关人员进行面对面的交谈。查证时使用人们填写的包括必要事项的调查表或征求意见表。观察时不使用这些材料,而是直接或间接地观察事物的现象。然而,为了得到最正确的回答,直接与个人面对面进行调查,效果较好。除个别采访外,还有集体接触以及对有代表性的一组调查对象进行接触之类的方法。

在进行读者调查、藏书调查和图书馆效果调查时,上述各种方法都是行之有效的。

(七)类比法。类比是根据两个或两类对象的相同、相似方面来推断它们在其他方面也相同或相似的一种推理形式,叫作类比推理。即:假如甲乙两类对象都有属性 A、B、C,而甲类对象又具有属性 K、L、M。就可以推论乙类对象也具有属性 K、L、M。A、B、C 叫做共有属性,K、L、M 叫做推理属性。由此可见,对甲乙两类对象之所以能够推理,是因为对象之间存在着同一性、相似性,对象的属性之间存在着相关性。对象之间的同一性、相似性提供了从一类对象类推到另一类对象的可能性,对象属性之间的相关性提供了从对象的某些属性类推到另一些属性的可能性。如果说类比推理的客观基础是对象之间的同一性和相似性,那么我们知道任何两个对象都不可能在一切方面都相同,即对象之间除了同一性还存在着差别性,因此只根据对象之间的同一性,显然无法从对象的某些属性类推到另一些属性;如果说类比推理的客观基础只是对象属性之间的相关性,那末在一类对象属性之间存在的相关性,在另一类对象的属性之间可能并不存在,显然只根据属性之间的相关性,就无法从一类对象类推到另一类对象。因此认为类比推理的客观基础只是对象之间的同一性或只是对象属性之间的相关性都是片面的观点。前者只看到了类比过程中从一个对象向另一个对象的推移方面,后者只看到了从对象的某些属性向另一属性的推移方面,实际上只有这两方面推移的结合才构成了完整的类比过程,因此只有把对象之间的同一性、对象属性之间的相关性都看作类比推理的客观根据才是全面的观点。

在图书馆事业的整体研究中,也经常运用类比的方法,如两个国家、两个地区图书馆事业的比较,同一国家的不同类型图书馆的比较,及不同时代的图书馆的比较,这些类比主要的不是为了从对象的某些属性类推到另一些属性,而是为了找出不同国家、不同地区、不同类型、不同时代的图书馆之间所存在着的同一性和差异性,认识各自的特点和活动规律。

(八)移植法。是指平行学科之间的一门学科的理论和方法,向另一门学科的转移。这种移植不仅推动了学科自身的发展,而且往往产生出新的边缘学科。图书馆学体系中理论图书馆学部分尚不十分成熟,要使理论图书馆学得到发展,就必须注意移植其它学科成熟的理论和方法。

第四节　图书馆学的相关学科

科学理论是一个整体,几种科学理论又会形成一个新的整体,即一门相对独立的学科。而各种不同的学科还会形成一个更广更大的整体,即人类知识的总和——科学体系。在科学体系中,各门学科之间相互影响,相互结合,彼此渗透,联系日益紧密,形成了一个统一的、完整的科学体系。其中每门科学不再作为与其它学科互不相关的孤立学科而存在,而是成为整个科学机体的有机组成部分。它的发展也越来越依赖其它学科乃至整个科学的发展。

图书馆学在发展过程中,不仅与同门类的社会科学发生联系,而且同自然科学的关系也越来越密切。一方面自然科学为图书馆学的研究提供了新的联系方法和技术手段(如电子计算机技术的应用),另一方面自然科学中的概念也日益渗透到图书馆学中(如控制、反馈、信息、系统、结构等等)。同时,图书馆学向数学化、定量化方向发展,正在逐步缩短它同自然科学之间的距离。

图书馆学在科学体系中,处于门类结构之下的第二个层次,它与同一门类同一层次的相邻学科之间的关系多种多样,常常表现为同族关系、交叉关系和应用关系。

一、同族关系的学科

图书馆学与图书学、目录学、情报学的关系是同族关系。

(一)图书馆学与图书学

图书学是研究有关图书的产生、出版、发行、利用、保存的理论和方法的科学。图书馆学与图书学的关系十分密切,在我国古代藏书时期,图书馆学处于知识积累阶段,没有形成独立的科学体系,图书学知识和图书馆学知识融为一体。图书的搜集、整理、编纂、校勘以及版刻的鉴别、考订等,既是图书学的研究内容,也是图书馆学的研究内容。只是到了近代,两门学科才逐渐分化。图书是图书馆开展服务工作的物质基础,对图书尤其对现代出版物的研究,是图书馆学的任务之一。

(二)图书馆学与目录学

我国目录学有着极其悠久的历史,研究领域相当广泛。现在对这门学科的定义和研究对象的看法,还存在着分歧。我们不妨暂时引用我国著名目录学家姚名达"目录学"之说:"目录学者,将群书部次甲乙,条别异同,推阐大义,疏通伦类,将以辩章学术,考镜源流,欲人即类求书,图书究学之专门学术也。"①图书馆学与目录学的历史渊源也很深,我国古代两门学科难以截然分开,如今目录学已发展成为一门应用范围很广的学科。它不仅可以帮助学者读书治学,而且图书馆在编制书目、索引和图书馆目录,以及揭示和推荐书刊资料等活动中,都要广泛参考和运用目录学的理论与方法。另一方面,图书馆为目录学的研究成果提供了实践场所,图书馆工作可以检验各种书目、索引在揭示藏书,检索文献,指导阅

---

① 姚名达:《中国目录学史》,上海书店,1984 年,第 8 页。

读等方面的作用。

（三）图书馆学与情报学

情报学是研究有关情报的搜集、整理、存贮、检索、报导和分析的原理原则与方式方法的科学。它大约在本世纪四十到五十年代，才作为一个独立的知识部门而产生。在推广科学技术的新成就，满足社会上情报交流的过程中，情报学的发展十分迅速，并已形成自己的理论体系。

早期的科学情报工作与图书馆工作，是揉合在一起不可分割的。甚至可以说，今天的情报工作是从图书馆工作脱胎而来的。所以，图书馆学与情报学有许多共同的基础，尤其是图书馆中拥有大量科学情报的文献来源——图书、期刊、特种文献、文摘等一次文献和二次文献，同时还拥有各种科学情报的检索工具——目录、书目、题录、索引等。图书馆正是利用这些有利条件来开展情报服务的。这就更加反映出图书馆学与情报学在理论和方法上的密切关系。

二、交叉关系的学科

图书馆学与教育学、社会学是交叉关系。

（一）图书馆学与教育学

教育学是研究教育现象，揭示教育活动规律的科学。图书馆是通过文献、向读者传播科学文化知识，对读者进行思想政治和科学文化教育的。图书馆教育是社会教育的一种重要方式，它必须以教育学的理论、原则、方法为指导。阅读教育是图书馆学与教育学的交叉点，它既是图书馆学研究的课题，又是教育学研究的课题。

（二）图书馆学与社会学

社会学是研究特定社会现象的科学。它的研究范围十分广泛，以研究各种社会问题为中心。诸如社会关系问题、社会生活问题、人口问题、教育问题、社会风尚问题、就业问题以及社会病态问题等等,都是社会学的研究内容。其中有关文化、教育的问题,就离不开对图书馆这一社会事业的研究。图书馆学则要研究图书馆的社会作用、社会职能问题。阅读已成为一种社会现象,其中的图书馆读者阅读,既是图书馆学的研究内容,也是社会学的研究内容。此外,图书馆的普及问题、读者问题等,两门学科都要研究。这种内容上的交叉关系,随着图书馆事业的发展,图书馆社会职能的扩大,将会得到进一步加强。

三、应用关系的学科

所谓应用关系,是指将一门学科的理论,原理与方法,应用于另一门学科之中,从而产生交叉学科,边缘学科。与图书馆学有应用关系的学科很多,如心理学、管理学、经济学等等。

（一）图书馆学与心理学

心理学是研究人的心理活动规律的科学。作为图书馆服务对象的读者,由于职业不同、文化程度不同、年龄不同和个人兴趣爱好不同,他们对图书馆有不同要求;在文献检索和文献阅读的过程中,有不同的心理状态。图书馆学要大量应用心理学的原理和方法,去研究读者阅读的心理过程和个性心理特性,从而掌握不同读者群的阅读规律。图书馆学与心理学的结合,便产生了读者阅读心理学这一交叉学科。

（二）图书馆学与管理学

什么是管理?目前还没有公认的完备的说法。管理是个复杂的高层次的上位概念,越是高层次的上位概念,越是不存在更高层次的概念来包容它,因为找不到邻近的种和属差,所以便难于用一二句话对它下确切的定义。人类的管理活动古已有之,但管理作为一门科学,是近几十年才发展起来的。第二次世界大战以后,人们日益认识到管理工作的好坏对现代生活的重要性,从而导致了对管理过程、管理的环境和管理的技术方法的广泛分析与研究。

图书馆是社会大系统中的一个子系统,图书馆管理是社会管理的一个组成部分,图书馆学要应用现代管理学的理论和方法,去研究图书馆的各种管理活动,于是图书馆管理这门交叉学科,便迅速发展起来。

由于图书馆学的特殊性,它不仅与同门类、同层次的学科发生联系,也与不同门类不同层次的学科发生联系,这种联系一般表现为指导关系和应用关系。这类学科有:哲学、数学、系统科学、计算机科学等。

1.图书馆学与哲学

如前所述,马克思主义哲学既是图书馆学的理论基础,又是图书馆学的重要研究方法,对图书馆学研究具有指导意义。

2.图书馆学与数学

数学是专门研究量的科学。图书馆工作是质和量的统一体,它不仅有质的规定性,而且有量的规定性,质一般是通过一定的量来表现的。我们在对图书馆工作进行研究时,必须作量的考察和分析,才能更准确地掌握图书馆工作的质。也就是分别地或综合地运用各个数学分支所提供的概念、方法和技巧,去进行数量方面的描述,计算和推导,从而对问题作出分析、判断。随着人们对图书馆活动规律认识的深化,数学方法在图书馆学研究中的应用越来越广泛和深入,以致产生了新的学科分支——图书馆数学。

3.图书馆学与系统科学

本世纪四十年代末,几乎同时产生了许多把对象作为系统来考察的系统理论。特别是以一般系统为对象进行研究的系统论,以通讯系统为研究对象的信息论,以控制系统为研究对象的控制论等的创立,对当代科学技术的发展和当代科学家的思维方式产生了重大影响。"三论"统称为系统科学,作为一种科学方法,也正在对图书馆学产生影响。

系统论的创始人是美籍奥地利生物学家贝塔朗菲(L. V. Bertalanffy)。他在研究生物机体的运动时,发现一切生物体都是在有限的时空中,呈现出复杂的有层次的结构,都是由各要素(部分)组成的有机整体。整体的功能大于组成它的部分的总和。作为生物有机体的组成部分的功能离开整体便不复存在,而且生物体与环境有着密切的联系,它是一个开放系统。他发现不仅生物体如此,其它类似的有机体都是如此。于是便撇开一切对象的具体物质、能量形态,仅仅把对象作为部分组成的整体而加以考察。他把这种对象称为系统,并力图寻找出适用于一切综合系统或子系统的概念、模式、原则和规律,来描述和概括与问题相关的客体,从而创立了适用于研究一切系统的科学——一般系统论。上述系统论思想是贝塔朗菲于 1947 年至 1948 年在美国讲课和专题讨论中阐述的。

信息论的创始人是美国贝尔电话研究所的数学家申农(C. E. Shannon),1948 年,他发表的论文《通讯的数学理论》,奠定了现代信息论的基础。信息论是研究各种信息传输与变换系统共同规律的科学,即研究信息的计量、传递、变换、储存的科学。信息概念已经渗透到科学技术的各个领域,信息方法也广泛地应用于各门科学技术,成为研究复杂系统必不可少的一种科学方法。

控制论的创始人是美国数学家维纳(N. Wiener)1948 年维纳在他的《控制论》一书中阐明了控制论的理论基础,标志着这一新兴学科的正式诞生。控制论是以控制系统为研究对象的科学,这种控制系统虽然普遍地存在于工程、生物、社会之中,但是它们作为控制论的研究对象,不仅因为它们是系统,更重要的是因为其中都存在着控制问题,也就是说,控制论是研究控制系统中控制问题的科学。

从以上介绍中可以看出,"三论"都是经过长期酝酿,于 1948 年左右同时诞生的。它们的许多基本概念、基本思想、基本方法都类同。"三论"所提供的方法,注意从横的方面研究某几类或全部科学的共同属性和运动规律,这种全新的方法解决问题时的着眼点与传统方法不同,它不是着眼于物质和能量,而是着眼于信息。把任何通讯和控制系统看作是一个信息的传输、加工处理系统,认为正是由于内部存在的信息流才使系统维持正常的有目的性的运动。进而把任何实践活动简化为三股流:即人流、物流、信息流。其中信息流起着支配的作用,它调节着人流和物流的数量、方向、速度、目标,驾驭人和物作有目的、有规则的运动,而且在解决实际问题时总是把它变换为信息形式加以处理。

"三论"对图书馆学有着重要的指导意义。图书馆学是研究文献信息交流的理论和方法的科学,它把图书馆控制系统看作是一个文献信息的搜集、存贮、加工处理和传输系统,这个系统仍然存在着人流、物流、信息流。因而"三论"对图书馆学不仅是一种科学方法,而且对整个学科的发展都有指导意义。

4. 图书馆学与计算机科学

计算机科学是通过对信息处理过程的研究,进一步对软件、特殊应用(如人工智能)、计算数学及计算机体系结构等方面进行探索性和理论性研究的一门科学。电子计算机在图书馆的广泛应用,使文献信息的存贮、传输和加工处理手段,发生了巨大的变化。同时,也改变了图书馆传统的服务方式。由此可见,电子计算机技术对图书馆事业的发展,有着何等重要的作用。图书馆计算机技术,既是图书馆学研究的课题,也是计算机科学研究的课题。

本章小结

本章系统阐述了图书馆学的基本理论问题。首先论述了图书馆学对象。我国图书馆界对图书馆学对象的认识,尚未取得一致意见。作者认为,图书馆学的研究对象是文献信息交流,并以此将图书馆学定义为:图书馆学是研究文献信息交流的理论和方法的科学。其次论述了图书馆学的性质问题。确定一门学科的性质,就是确定该门学科在科学整体中的归属和地位,实质上是一个科学分类问题。根据研究对象决定学科性质的原理,由于文献信息交流是一种社会现象,因而图书馆学是一门社会科学。第三,论述了图书馆学的研究方法。科学方法一般可分为三个层次,即:哲学方法、一般科学方法和专门科学方法。图书馆学研究中使用较多的方法共有八种。最后论述了图书馆学的相关学科。由于图书馆学的特殊性,它不仅与同门类、同层次的社会科学学科发生联系,而且还与不同门类、不同层次的自然科学、技术科学学科发生联系。

本章思考题

1.图书馆学研究对象为什么是文献信息交流?

2.试述我国图书馆界对图书馆学研究对象的几种主要看法,并予以评价。

3.确定一门学科性质的依据是什么?

4.为什么说图书馆学是一门社会科学?

5.试述图书馆学的研究方法。

6.试述图书馆学的相关学科。

本章主要参考文献

1. 吴慰慈　邵巍编著:《图书馆学概论》第一章　书目文献出版社 1985 年

2. 黄宗忠编著:《图书馆学导论》第三、五、六章　湖北省高等学校图书馆工作委员会　1985 年

3. O. C. 丘巴梁著　徐克俊等译:《普通图书馆学》第一章　书目文献出版社　1983 年

4. 刘国钧著:《什么是图书馆学》《中国科学院图书馆通讯》 1957 年第 1 期

5. 黄宗忠　郭玉湘　陈冠忠著:《关于图书馆学的对象和任务》《武汉大学人文科学学报》 1960 年第 2 期

6. 周文骏著:《概论图书馆学》《图书馆学基础论文集》 中国图书馆学会基础理论研究组

7. 周旭洲著:《论图书馆学的学科性质和地位》《图书馆学研究》(吉林) 1984 年第 4 期

8. 沈继武著:《关于图书馆学若干理论问题的思考》《图书情报知识》1985 年第 1 期

9. 乔好勤著:《试论图书馆学研究中的方法论问题》《图书馆学通讯》1983 年第 1 期

第三章　图书馆学体系结构

图书馆学体系结构是图书馆学知识长期演化而形成的有机构成。这种结构一经形成，就成为不以人们意志为转移的客观存在。它是图书馆学内在逻辑结构的集中体现。图书馆学的发展不仅取决于社会的需要，同时也取决于图书馆学体系结构自身的历史演化。因此，考察和探讨它的体系结构及其演化规律，是一个十分重要的课题，对于从总体上把握图书馆学发展的辩证规律有着现实的意义。

第一节　科学结构的含义

科学结构就是构成科学知识体系的知识元素（知识单元）的一种相对稳定的联系形式，表明知识元素在一个整体中以何种方式结合起来，并在科学体系中占据什么地位，它们怎样决定着科学整体的功能。

科学结构包括以下五个方面的内容：

第一，任何科学结构都有它自身的知识元素。研究一个科学体系结构，要知道它是由什么结构元素构成的。不同的科学结构，其结构元素不同。比如，化学是元素、原子、分子、酸、碱、盐、化合、分解、气化、还原等概念和各种反应定律及其推论等知识元素构成的。生物学则是细胞、器官、生长发育、同化、异化、遗传、变异、生存竞争、自然选择等概念和定律等知识元素构成的。整体科学的体系结构则是以科学理论、学科、科学门类等不同层次的科学作为知识单元构成的。因而各知识单元具有相对性，一门科学理论有基本概念、定律等作为它的知识元素。而对宏观科学结构来说，科学理论本身又是知识元素。

第二，各知识单元在科学结构中占有特定的地位并起相应的作用。例如：某一知识元素在结构中，是占主导位置，还是从属位置；是处于核心地位，还是居于外层；是主干，还是旁枝；是直系，还是交叉点等等。不同的位置表明它们不同职能和对整体的不同作用。所有这些是研究科学结构的核心课题。

第三，各知识单元之间联系和结合的形式多种多样。从表面形式看，有纵向联系、横向联系，单向联系、双向联系，平行联系、层次联系等等。这些丰富多彩的联系形式与结合方式，影响和决定着科学的形态和功能，形成了各具特色的理论系统。

第四，科学结构具有和谐性。一门科学理论的多种知识元素纵横交错，延伸发展，在结构形式上应协调配合，有序统一，无论是在形态上还是逻辑上都应该具有美的特色。一个完善的科学结构，不应该有逻辑矛盾、比例失调等结构不合理现象。倘若存在上述缺陷，则说明该门科学体系还不成熟完善。知识元素的和谐一致和逻辑简明有序，常常使人发现科学中的空白、弱点，理论不完善和需要调整的部分，从而推动科学的发展。

第五，科学结构中各知识元素之间的联结方式，一般说来是稳定的，科学结构属于静态结构形式。但这种静态结构并不是绝对不变的，而是随着科学的发展与知识因子的变动而不断变动的。

科学结构的知识元素多种多样，它们之间的结构方式丰富多彩，因而也就造成了科学结构的千差万别。按照它们的某种属性和特征，可以将科学结构作如下的归类。

1. 宏观结构与微观结构

在科学结构中,科学理论处于一个特别的水平上。在构成科学整体和各分支学科的各个组成部分中,科学理论是最基本的单元。正像原子是构成物体的最基本单元一样。凡是由科学理论或由它组成的学科门类作知识单元,构成的科学结构,都称为宏观结构;而由科学理论以下的知识元素如概念、定律、命题等自身的结构以及相互结合构成的系统,都称为微观结构。例如科学命题就是一种微观结构,科学理论本身也是一种微观结构。

2. 动态结构与静态结构

凡是不含有时间因素,科学结构不随时间变化而改动的,称为静态结构;相反,包含时间因素,科学结构随时间变化而改动者,称为动态结构。

3. 归纳结构与演绎结构

构成科学体系的各知识元素,若依逻辑的归纳原则,依次概括其共同特征,形成系统,就称为归纳科学结构。演绎科学结构,是以几个最基本的知识元素为起点,根据演绎逻辑规则推导出其他部分形成一个大系统的结构形式。

4. 发生结构

要寻找一种能把各种科学学科贯穿成为统一体的形式,很自然地按照它们发生发展的次序连接起来,就成了科学发生结构。这种结构能反映科学学科之间的内在联系和发展演变过程。

综上所述,各种各样的科学结构是科学对象内部联系的反映。科学对象内部的联系是多方面的,科学结构往往只能从某些方面反映它们的某些特性,这种客观存在着的联系以主观的概念、理论、学科之间的联系反映出来,就形成各式科学结构。科学结构不是从来就有的。而是人们的科学知识积累到一定数量时,对各知识间的联系结合形式加以研究,使科学知识系统化、理论化,从而形成一定的科学结构。所以科学结构不仅是客观联系的反映,也是认识深化运动的产物。

第二节　图书馆学体系的层次结构

现代科学像是一座宏伟的大厦,也像一棵参天的大树。它有知识门类那样的宏观结构,也有知识单元那样的微观结构,图书馆学经过长期的历史发展,到现在已是一个拥有数十门分支学科的群体,并且形成了理论体系结构。我们研究图书馆学结构,就是把图书馆学作为一个整体系统,研究它的组成部分之间的区别与联系,明确各分支学科在图书馆学结构中的地位和作用。但我们首先还得把图书馆学放到人类科学知识总的宏观科学结构中,考察图书馆学在科学总体中的地位与作用,明确图书馆学的隶属关系,而后才能着重分析图书馆学自身的结构形式。

一、科学的宏观体系结构

（一）原级结构

科学体系的最基础一级,包括人类世代经验和科学知识的总和,称之为原级结构。人们对科学原级结构的认识,不是一成不变的,有一个逐步深化的过程。

弗·培根(F. Bacon)是近代试图描述科学知识体系结构的第一人。他认为,人类知识乃是人类理智的结晶,主张把科学发展看作是人类理性能力的表现。因此,人类理性能力在培根那里就是进行科学分类,揭示和描述科学知识体系结构的依据。他把人类理性能力分为三种:记忆、想象和判断。相应地科学也分为三大类:历史是记忆的科学;诗歌、艺术是想象的科学;哲学(包括自然科学和人类科学)是理性判断的科学。

圣西门(C. H. de Saint－Simon)提出了以研究对象作为科学

分类,揭示和描述科学体系结构的原则。他把所见到的一切现象分成以下几类:天文现象、物理现象、化学现象和生理现象。相应地,科学也就是天文学、物理学、化学和生理学。

恩格斯以辩证唯物主义为武器,批判地继承了历史上一切合理的"形态分类"思想,特别是黑格尔的科学分类思想,分析和概括了十九世纪自然科学的成果,提出了比历史上任何一个哲学家都要正确的"解剖分类"的原则。他按机械运动、物理运动、化学运动、生物运动和人类社会等五种形态的发展次序,把各门学科排列起来,形成一个科学体系结构。恩格斯把客观性原则和发展原则有机地统一起来进行科学分类的方法,直到今天,依然是我们整体地把握科学体系结构及其演化规律的指导思想。

毛泽东同志则将人类知识分为三大门类,即自然科学、社会科学及这两门科学的概括和总结——哲学。

我国著名科学家钱学森对科学体系的原级结构,提出了新的看法。他认为"我们现在的科学技术体系有六个组成部分,概括一切的是哲学,哲学通过自然辩证法和历史唯物主义(社会辩证法)这两座桥梁和自然科学、数学科学和社会科学相联接。自然科学研究自然界,社会科学研究人类社会,数学科学则是自然科学和社会科学都要用的学问。在这三大类学科之下,介乎用来改造客观世界的工程技术之间的是技术科学。"①钱学森还预言,本世纪末和下世纪初,科学原级结构中,很可能再增加三种科学:系统科学、思维科学和人体科学。

我们则认为,现代科学的原级结构是由哲学、社会科学、自然科学和数学四大科学门类构成的。

---

① 钱学森:《关于建立和发展马克思主义的科学学问题》,《科学管理》试刊第3、4期。

（二）门类结构

科学的门类结构是科学的一级结构，即四大科学门类自身的结构。以自然科学为例，其门类结构是由基础科学、技术科学和应用科学所构成。

（三）学科结构

学科结构是科学的第二层次结构。如果我们将门类结构中的每一门类加以分解，就会发现它们都是由相当复杂的学科和分支学科所构成。每一门类作为一个子系统，都形成了各自的学科结构。如基础自然科学有力学、物理学、化学、生物学、地学、天文学六大学科。

（四）低层次结构

低层次结构，指的是第三层次及其以下的各层次。即分支学科和以下的各层次学科组成的结构。有些学科，已发展到第五层次。学科向低层次的分化发展，在数量上比上一个层次都是几倍地增加。因此，科学在发展中明显地呈现出分化的趋势。但从科学结构的横向和交叉方面来考察这些分化出来的学科，同时又明显地存在着综合的趋势。它们或者是研究对象本身涉及多个学科，或者是应用的方法涉及多个学科。

二、图书馆学的结构

从上面对人类科学宏观体系结构的分析中，我们可以看出，图书馆学是社会科学门类中的重要学科群，它的结构由若干分支学科所构成，属于人类科学的第二层次结构。

关于图书馆学结构的探讨，在我国并不是一个新的课题，一些图书馆学家在本世纪二十、三十、四十年代发表的论著中，就已经涉及图书馆学的结构问题。例如杨昭悊在《图书馆学》（商务印书馆，1923 年）、李景新在《图书馆学能成一独立的科学吗?》（《文华图书馆学校季刊》第 7 卷第 2 期，1935 年）、俞爽迷在《图书馆学通论》（正中书局,1936年）等论著中,就明确提出了图书馆学的范围及其分支学科,在所列的表中,已显现出了图书馆学的层次结构。（见下列三表）

表一　杨昭悊于1922年所列之表

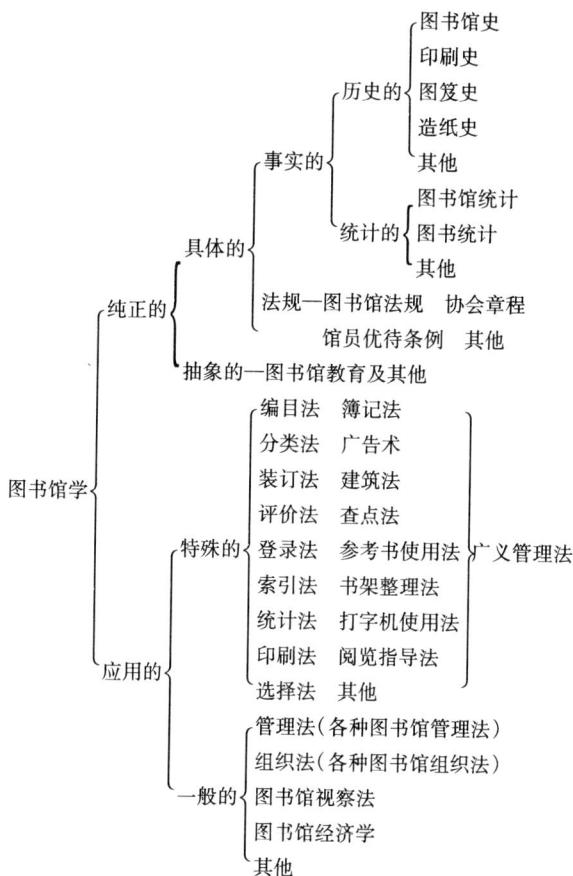

```
                                              ┌ 图书馆史
                                              │ 印刷史
                                   ┌ 历史的 ──┤ 图笈史
                                   │          │ 造纸史
                          ┌ 事实的 ┤          └ 其他
                          │        │          ┌ 图书馆统计
                          │        └ 统计的 ──┤ 图书统计
                 ┌ 具体的 ┤                    └ 其他
                 │        │
        ┌ 纯正的 ┤        └ 法规—图书馆法规　协会章程
        │        │          馆员优待条例　其他
        │        └ 抽象的—图书馆教育及其他
        │
        │                 ┌ 编目法　簿记法      ┐
        │                 │ 分类法　广告术      │
图书馆学┤                 │ 装订法　建筑法      │
        │                 │ 评价法　查点法      │
        │        ┌ 特殊的┤ 登录法　参考书使用法├ 广义管理法
        │        │        │ 索引法　书架整理法  │
        │        │        │ 统计法　打字机使用法│
        │        │        │ 印刷法　阅览指导法  │
        └ 应用的┤        └ 选择法　其他        ┘
                 │        ┌ 管理法(各种图书馆管理法)
                 │        │ 组织法(各种图书馆组织法)
                 └ 一般的┤ 图书馆视察法
                          │ 图书馆经济学
                          └ 其他
```

表二 李景新于 1935 年所列之表

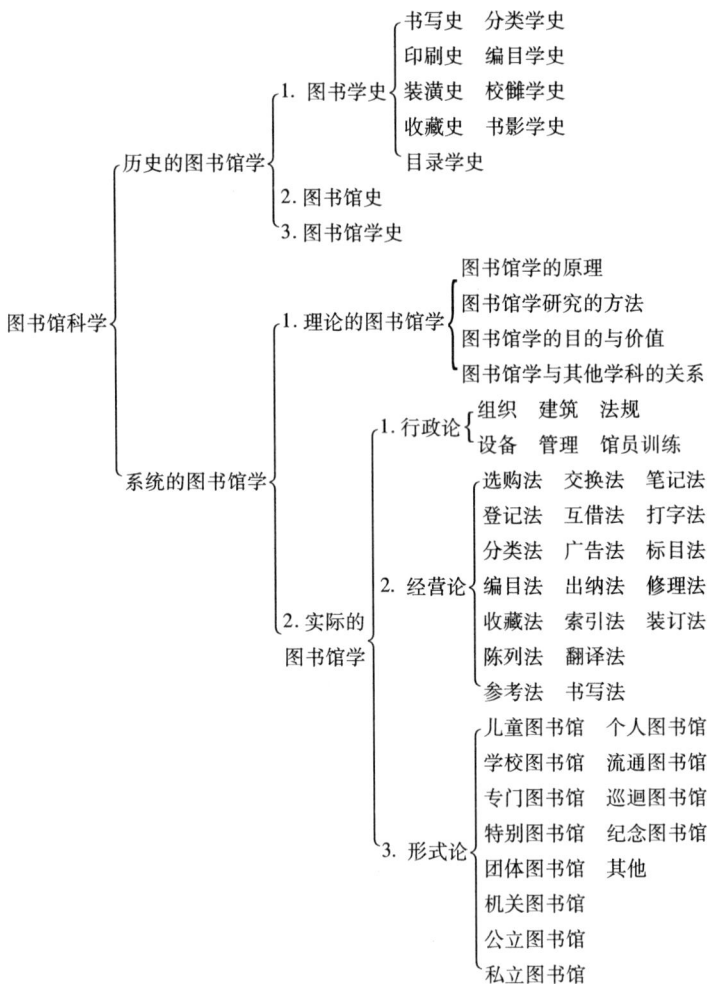

```
图书馆科学
├─ 历史的图书馆学
│   ├─ 1. 图书学史
│   │   ├─ 书写史   分类学史
│   │   ├─ 印刷史   编目学史
│   │   ├─ 装潢史   校雠学史
│   │   ├─ 收藏史   书影学史
│   │   └─ 目录学史
│   ├─ 2. 图书馆史
│   └─ 3. 图书馆学史
└─ 系统的图书馆学
    ├─ 1. 理论的图书馆学
    │   ├─ 图书馆学的原理
    │   ├─ 图书馆学研究的方法
    │   ├─ 图书馆学的目的与价值
    │   └─ 图书馆学与其他学科的关系
    └─ 2. 实际的图书馆学
        ├─ 1. 行政论
        │   ├─ 组织   建筑   法规
        │   └─ 设备   管理   馆员训练
        ├─ 2. 经营论
        │   ├─ 选购法   交换法   笔记法
        │   ├─ 登记法   互借法   打字法
        │   ├─ 分类法   广告法   标目法
        │   ├─ 编目法   出纳法   修理法
        │   ├─ 收藏法   索引法   装订法
        │   ├─ 陈列法   翻译法
        │   └─ 参考法   书写法
        └─ 3. 形式论
            ├─ 儿童图书馆   个人图书馆
            ├─ 学校图书馆   流通图书馆
            ├─ 专门图书馆   巡迴图书馆
            ├─ 特别图书馆   纪念图书馆
            ├─ 团体图书馆   其他
            ├─ 机关图书馆
            ├─ 公立图书馆
            └─ 私立图书馆
```

表三 俞爽迷于 1936 年所列之表

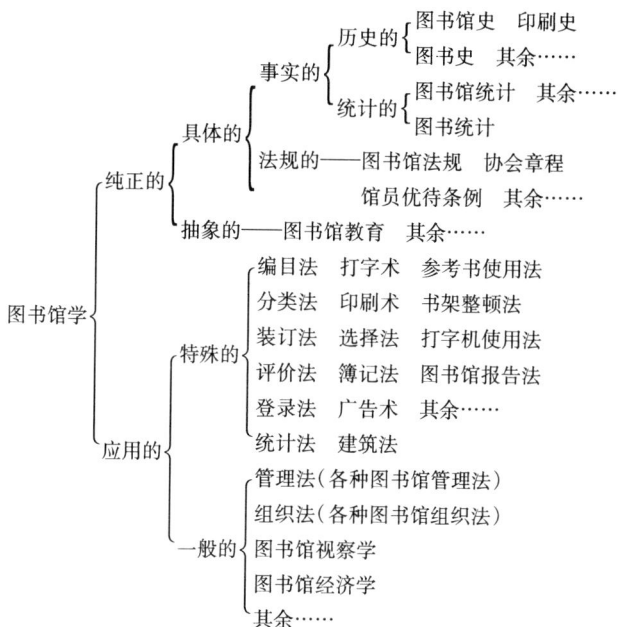

```
                                                                  图书馆史  印刷史
                                                   历史的｛
                                         事实的｛               图书史  其余……
                                                              图书馆统计  其余……
                                                   统计的｛
                              具体的｛                         图书统计
                  纯正的｛             法规的——图书馆法规  协会章程
                                             馆员优待条例  其余……
                              抽象的——图书馆教育  其余……

                                     编目法  打字术  参考书使用法
                                     分类法  印刷术  书架整顿法
图书馆学｛                             装订法  选择法  打字机使用法
                              特殊的｛ 评价法  簿记法  图书馆报告法
                                     登录法  广告术  其余……
                                     统计法  建筑法
                  应用的｛
                                     管理法（各种图书馆管理法）
                                     组织法（各种图书馆组织法）
                              一般的｛ 图书馆视察学
                                     图书馆经济学
                                     其余……
```

　　从上列三表可以看出人们当时对于图书馆学层次结构的认识水平,俞爽迷于 1936 年所列之表,沿袭了杨昭悊 1923 年的体系,因此三个表实际上只有两种体系结构。由于受到时代的局限,他们当时并没有明确提出图书馆学结构这一概念,而且内容过于庞杂,显得有些稚嫩。但是已经为图书馆学结构建立了框架。尤其可贵的是,李景新早在 1935 年就提出了理论图书馆学的概念,并且把图书馆学的原理、图书馆学研究的方法、图书馆的目的与价值、图书馆学和其它学科的关系等内容列为理论图书馆学的研究范围,这对我们今天从事理论图书馆学的研究仍有现实意义。

　　现代图书馆学的内容比几十年前丰富多了,其结构体系纵横交错,各分支学科之间不仅有纵向的隶属关系,层次关系,而且也有了横向的并列、邻接、交织关系,这种纷繁多样的结构关系,说明图书馆学已发展成为一门较为成熟的学科。

图书馆学结构由两大部分构成:

一、理论图书馆学

它是研究图书馆学基本理论的科学,以图书馆的整体活动为对象,从不同侧面,用多种方法揭示图书馆活动的普遍规律。构成理论图书馆学的主要学科有图书馆学原理、图书馆学史、图书馆事业研究、图书馆学方法论、图书馆未来学、比较图书馆学和专门图书馆学等等。

二、应用图书馆学

它有两种含义:其一是指以图书馆工作为研究对象,研究图书馆工作的环节、流程、方法和技术的学科,这部分学科统称为狭义应用图书馆学;其二是指将其它学科的理论、原理、方法应用于图书馆学,所形成的交叉学科、边缘学科,这也可称为广义应用图书馆学。

构成应用图书馆学的主要学科有图书馆藏书、图书分类、图书编目、图书馆读者、图书馆管理、图书馆现代化、图书馆数学、图书馆经济学、图书馆教育学、读者心理学、图书馆统计学、图书馆建筑学、图书保护学等等。

根据以上的分析,我们把图书馆学结构用下图表示。(见下页)

第三节 图书馆学研究内容

图书馆学研究内容,可以分为理论图书馆学与应用图书馆学两个部分。

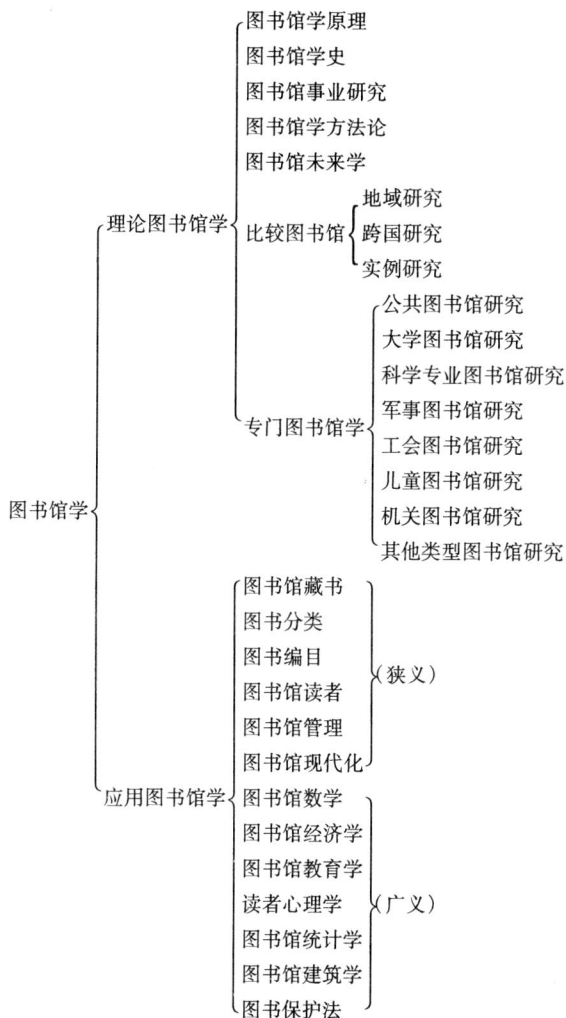

图书馆学原理
图书馆学史
图书馆事业研究
图书馆学方法论
图书馆未来学

理论图书馆学
比较图书馆 — 地域研究 / 跨国研究 / 实例研究

专门图书馆学 — 公共图书馆研究 / 大学图书馆研究 / 科学专业图书馆研究 / 军事图书馆研究 / 工会图书馆研究 / 儿童图书馆研究 / 机关图书馆研究 / 其他类型图书馆研究

图书馆学

应用图书馆学
图书馆藏书
图书分类
图书编目
图书馆读者
图书馆管理
图书馆现代化
（狭义）

图书馆数学
图书馆经济学
图书馆教育学
读者心理学
图书馆统计学
图书馆建筑学
图书保护法
（广义）

一、理论图书馆学

(一)图书馆学原理

研究图书馆学对象、学科性质、体系结构、理论基础、相关学科等。

(二)图书馆学史

研究图书馆学产生和发展的历史进程,各时期主要图书馆学家及其代表著作,通过了解图书馆学知识积累的过程,揭示这个过程中所表现的规律和认识的逻辑关系。

(三)图书馆事业研究

研究图书馆事业建设的基本理论(其内容包括图书馆事业建设原理,图书馆事业组织和管理体制,图书馆网络化的理论与实践,图书馆性质、职能,图书馆系统的特征,图书馆与社会等)及图书馆事业发展的历史。

(四)图书馆学方法论

研究图书馆学不同层次的科学方法。在这一研究领域,不仅将已经成熟的方法系统化,而且还要不断吸取其它学科的成果来充实丰富图书馆学的方法体系,从而推动图书馆学研究不断发展。尤其要研究各种方法的特点和功能,这些方法的辩证关系,以及建立方法论的体系结构。

(五)图书馆未来学

主要研究信息时代图书馆的地位、作用、职能、特征,预测图书馆的发展前景。

(六)比较图书馆学

比较图书馆学是一门新兴学科。它从社会政治、经济、文化,思想和历史的角度,对两个或两个以上国家或地区的图书馆事业进行比较,从而探索各国、各地区图书馆事业的发展规律。其研究类型,可分为地域研究、跨国研究和实例研究。

（七）专门图书馆学

随着图书馆事业的发展,图书馆类型不断增加,各种类型图书馆既有共性又有个性,已形成单独的研究对象。专门图书馆学的研究内容包括:图书馆类型划分的标准,各种类型图书馆的性质、职能、特征和工作原理。

二、应用图书馆学

人们通常所使用的是狭义应用图书馆学的概念,因此这里介绍的内容,仅限于狭义应用图书馆学的范围。

（一）图书馆藏书

主要研究现代出版物的特征和类型,藏书体系的结构与特点,藏书补充的原则及方法,藏书登记的制度、方法,藏书的划分、组织,排列、典藏、保护、清点等。

（二）图书分类

主要研究图书分类的理论与方法,分类法与主题法的特征,各种分类法,主题法的使用,分类法的标记制度与主题标引方法等。

（三）图书编目

主要研究文献著录的一般原则和方法,不同类型和不同文种出版物著录原则与方法的特点,目录的种类、体系和组织,以及电子计算机编目等。

（四）图书馆读者服务

主要研究图书馆服务工作的社会作用和在图书馆工作中的地位;读者服务工作的原则;服务系统的设置;服务形式的组织与管理;服务效果评价;读者特征、需求和心理的研究;各种服务方式,诸如图书流通、图书宣传、阅读辅导、参考咨询、书目报导、文献检索、情报服务的原则和方法。

（五）图书馆管理

主要研究图书馆管理的原理和原则;管理的手段和方法;管理

对象和内容;管理系统和管理职能等。

（六）图书馆现代化

随着科学技术的发展,图书馆藏书结构、存贮方法、服务手段、传递方法将发生根本性的变革。图书馆现代化着重研究电子计算机技术、光学记录技术、声像技术等在图书馆工作中的应用,以及图书馆建筑与设备的现代化,图书馆工作过程的机械化、自动化等。

本章小结

本章首先论述了科学结构的含义、内容和类型。其次论述了图书馆学体系的层次结构。图书馆学体系结构是图书馆学知识长期演化而形成的有机构成,在整个科学体系中,图书馆学是社会科学门类中的重要学科群,属于人类科学的第二层次结构。图书馆学结构由理论图书馆学和应用图书馆学两大部分构成。理论图书馆学和应用图书馆学均包含若干分支学科。最后论述了图书馆学的研究内容。

本章思考题

1. 试述科学结构的含义、内容和类型。
2. 试述图书馆学的结构。
3. 请用图表把图书馆学结构表述出来。
4. 概述图书馆学的研究内容。

本章主要参考文献

1. 吴慰慈　邵巍编著:《图书馆学概论》　书目文献出版社　1985 年
2. 黄宗忠编著:《图书馆学导论》　湖北高等学校图书馆工作委员会

1985 年

　　3.（苏）O. C. 丘巴梁著　徐克敏等译:《普通图书馆学》　书目文献出版社　1983 年　第 9—11 页

　　4.陈传夫著:《略论图书馆学体系的进化》　《图书馆学研究》(吉林)1982 年第 6 期

　　5.郭星寿著:《浅谈现代图书馆学的结构》　《图书馆界》(广西)　1982 年第 3 期

第四章　图书馆学的形成和发展

　　图书馆学是一门既古老而又年轻的学科。说它"古老",是说在漫长的封建社会文化历史中已经孕育着图书馆学的萌芽;说它"年轻",是说近代图书馆学也只有在资本主义时期才开始形成。任何一门科学都是历史的产物,它在产生之前,有一个萌芽过程,产生之后,又有一个发展阶段,受到许多因素的影响和制约。但是,最根本的却是时代的客观需要和可能的产物。图书馆学也未能例外。十九世纪初,作为一门独立学科的图书馆学的形成,它客观上证实了恩格斯的论断的正确性:"各门科学在十八世纪已经具有了科学形式,因此它从此便一方面和哲学,一方面和实践结合起来了。"①没有一门科学可以离开哲学,也没有一门科学可以脱离经验或拘泥于经验事实的。图书馆学是一门和实践紧密联系的科学。人们正是通过图书馆工作实际,在自己的创造性思维过程中推进了对图书馆工作的了解,创立了图书馆学的。从比较严格的意义上讲,图书馆学真正作为一门科学,是到十九世纪末才异军突起,而其立足于科学之林,为社会所承认,则始于二十世纪。

　　时代的发展,科学的进步,促进了图书馆学的繁荣和发展,图书馆学研究领域得到了大面积的开拓。在图书馆学理论研究中,人们不仅注意考察其内部静态结构,而且更注意考察其外部动态

---

　　① 《马克思恩格斯全集》第三卷,第 666—667 页。

功能,把图书馆学体系置于庞大的宏观科学体系中给予全方位的透视,使之进入整体性更强的阶段。

第一节　图书馆学的演化

　　图书馆学作为一门独立的科学,几经演化才发展到今天。由于人们对图书馆学是从什么时候产生的持有不同的意见,因而对图书馆学的演化过程的认识,也存在着不同的看法。在讨论图书馆学演化过程的问题时,首先碰到的问题是"图书馆学是从什么时候产生的?"这个问题是探讨图书馆学演化过程的出发点。对这个问题,中国、西方和苏联的图书馆学者、研究人员的看法并不一致。有的认为,图书馆学从产生、发展到今天,已有二千多年的历史。因为图书馆学是以图书和图书馆作为一种社会现象来研究的学科,伴随着图书的产生、图书馆的出现,产生了图书馆学;也有的认为,图书馆学产生于十九世纪初,即是随"图书馆学"的概念出现而产生了图书馆学;还有的认为,图书馆学产生于十九世纪后半叶,即以图书馆学专业教育的实施作为图书馆学产生的标志;此外还有的认为,图书馆学是二十世纪初才开始产生的。到目前为止,这仍然是一个难以定论的问题。认识的不同,反映了人们对什么是图书馆学还存在着分歧意见。

　　我们认为,作为一门科学的图书馆学,它与作为一种社会现象的图书和图书馆是完全不同的概念。我们是持图书馆学产生于十九世纪初的观点来阐述图书馆学的演化的。

　　图书馆学的演化是一个过程,它反映在图书馆学的萌芽、形成和发展的各个时期中。

一、图书馆学的萌芽时期

"图书馆学"的概念是十九世纪初出现于欧洲的。自从 1807 年德国著名的图书馆学家施莱廷格（Marth Wilibaid Schrettin - ger, 1772—1851）提出"图书馆学"这一概念之日起，图书馆学这个学科就算在德国正式诞生了。

然而，在时间上对一门学科的产生作绝对的划分毕竟失之偏颇。图书馆学的形成是一个缓慢地积累的过程，如同任何一门科学都不是一开始就是成熟的一样，图书馆学有一个萌芽阶段。也正像其它任何一门学科有它的创始人那样，图书馆学也有其先驱。

被西方誉为欧洲"图书馆学思想开山鼻祖"的法国图书馆学家诺德就是这样的一位先驱者。

诺德（Gabriel Naude, 1600—1653）在图书馆工作的实践中从宏观上掌握了图书馆各项工作的内容，较为深刻地理解图书馆的目的与任务及图书馆员的职责，进而认识到图书馆领域的基本问题。被现代图书馆学家称为图书馆学第一篇著作的，是诺德于 1627 年提出的题为《关于如何创办图书馆的意见》。1644 年诺德对该书作了校订再次出版，1646 年和 1668 年两度发行。1658 年、1661 年和 1668 年被分别译成拉丁文、英文和德文出版，在西方图书馆界广为流传。

诺德的图书馆理论概括起来就是：图书馆必须是保管人类文化遗产的全人类的设施，是人类知识的宝库；为一部分人占有的图书馆，应该成为对社会具有绝对需要价值的机构。

在《关于如何创办图书馆的意见》一书中，诺德提出了图书馆建设的一般原理，对图书馆的设立，图书的选择和收集，图书的分类和目录的编制，图书馆的建筑与场所，图书排架与装修，图书馆的装饰与管理，图书馆的任务与图书馆员的职责等一系列问题，都提出了独自的见解。

诺德对图书馆事业的贡献,不仅在于他最早提出创办图书馆的意见,还在于他在图书馆实际中做出了显著的成绩,他任职的图书馆曾是十七世纪初期世界最著名的图书馆之一。

诺德的有关图书馆思想,虽然还很稚嫩,但包含了到那个时代为止人类对图书馆所认识的创造性的思想成果。西方称《关于如何创办图书馆的意见》是图书馆史上最早的一部图书馆论著,并享有近代图书馆思想源泉的美誉。诺德对图书馆事业的伟大贡献和理论上的辉煌成就,后代的学者给予了很高的褒奖和评价。德国图书馆史学家赫塞尔(Alfred Hessel)把他与欧洲伟大的科学家、哲学家和思想家霍布斯(Thomas Hobbes,1588—1679)、伽利略(Galileo Galilei,1564—1642)、开普勒(Johannes Kepler,1571—1630)、培根(Francis Bacon,1561—1626)和笛卡尔(Rene Descartes,1596—1650)相提并论。这种荣誉是图书馆史上没有任何一位图书馆专家学者可以望其项背的。

诺德创办图书馆的思想理论在西方,特别是在欧美有着广泛的影响。法国的克·克莱门特(Claude Clement,1599—1642)、爱·巴鲁兹(Etienne Baluze,1630—1718)、戴·克莱门特(David Clement,1701—1760)、尼·克莱门特(Nicolas Clement,1651—1716),英国的约·杜尔(John Durq,1596—1680)、理·本特里(Richard Bentlq,1662—1742),德国的戈·威·莱布尼茨(Gottfried Wilhelm Leibniz,1646—1716)是继诺德提出《关于如何创办图书馆的意见》之后,对图书馆事业颇多建树的人物。图书馆必须打破陈规,向人民开放,成为民众喜欢的场所,是他们的共同的思想基础。因此,从这个意义上可以说,诺德开辟了近代图书馆学的先河。

在这些先驱者之中,成就最为突出的莫过于莱布尼茨。他不仅体现了诺德的图书馆思想,而且努力付诸实践。莱布尼茨是一位对人类的哲学和科学思想发展有过卓越贡献的哲学家、同科学巨人牛顿并称为微积分创始人的著名数学家，又是有四十年图书馆工作实践、积二十六年图书馆馆长经验的图书馆家，得天独厚的经历，使他比别人能更深刻地意识到，科学的进步最主要的是依赖于学者之间的自由的科学交流，图书馆应当提供和开辟科学交流的渠道，应是"与一切时代的伟大人物进行交谈的场所"，他提议，图书馆是学术消息的交流中心，是科学院的最高标志。他的经验也能比别人更入微地体会到，科学研究工作的进展，在很大程度上要以图书馆能够给予学者多少资料而定。他认为，全国性的图书目录能给学者以需要的资料，因此，他十分重视目录的作用，更强调主题目录对学者科学研究工作的意义。莱布尼茨主张，不能把图书馆当作民众的权宜的教育机关或单纯的读书设施及消遣的场所，而应成为"人类的百科辞典""所有科学的宝库"。

为什么像莱布尼茨这样一位为图书馆的地位和作用呼号并在图书馆实践工作中作出杰出贡献的图书馆理论家和实践家，在图书馆学上的事迹却鲜为人知，且远不及他在哲学上和数学上的地位呢？答案只有一个，那就是直到十八世纪上半叶，图书馆还没有在社会上取得应有的地位，图书馆学还没有登上科学的殿堂、为社会所承认。

在论述图书馆学史问题时，西方和日本的图书馆学者中曾有人把诺德的《关于如何创办图书馆的意见》奉为圭臬，把诺德称为图书馆学的创始人。莱布尼茨是继承和发展了诺德的图书馆思想的最有影响的人物。然而，在莱布尼茨的论述中，却没有发现他把图书馆自觉地作为一种科学——图书馆学的研究对象的痕迹。到莱布尼茨之后的整个十八世纪，学者们还只限于对图书馆进行论述，在对图书馆发展的总体认识上，仍然归之于怎样办好图书馆和图书馆工作的技术方法上。虽然，在这个时期中建立了比较完备的图书馆概念，积累了丰富的图书馆工作的经验，为图书馆学的产生准备了必要的条件，奠定了良好的基础，但毕章还不能称之为科学。在图书馆学史上,我们把它称之为图书馆学的萌芽时期。

二、图书馆学的形成

我们从图书馆史的角度进行考察,可以看到,在人类奴隶社会和封建社会中,图书馆只是统治阶级手中的工具,它只担负着保存和传播统治阶级的文化意识的职能,为奴隶主阶级和封建统治阶级所控制和把持。十五世纪以后,随着西方中世纪黑夜的结束,图书馆才逐步由封闭走向开放。然而,在这个时期及其之后的相当一段长的历史时期中,学者们的研究工作,仍以图书馆的部分特征或某些方面作为研究对象,对之进行客观的描述,况且其成就也失之稚拙。虽然图书馆的知识有了相当的积累,但大多以感性经验为基础,并没有、也不可能超越经验的樊篱。

作为一门独立的学科的图书馆学形成于十九世纪初,如同一个婴儿怀胎十月呱呱坠地一样,近代图书馆学终于从资本主义文化的母腹中诞生,我们以施莱廷格 1807 年提出"图书馆学"这个名词作为近代图书馆学诞生的标志。

十九世纪,是欧美科学技术大发展并取得历史性进展的一个世纪,也是欧美图书馆学理论发展的一个重要时期。公共图书馆、高等院校图书馆、专业图书馆与研究图书馆的陆续诞生和迅速发展,图书馆从"特殊阶级"降到"平民社会"中来,馆员由知识渊博的学者变为一般中小知识分子等社会环境,造成了图书馆学发展的客观条件。

施莱廷格 1800 年开始从事图书馆工作,直到 1845 年辞别这个岗位,长达四十五年。作为图书馆学创始人的施莱廷格,首先是一位经验异常丰富的图书馆实践家。十九世纪上半叶以来,德国科学技术得到蓬勃发展,德国图书馆事业也随之发展起来。数量激剧增加的图书,需要图书馆员迅速地加工整理。1802 年,来到慕尼黑王室图书馆工作的施莱廷格,面对没有整理的图书,提出采取简便易行的分类办法的主张，以便使图书能尽快提供利用。他把慕尼黑王室图书馆近十二万册藏书粗分为十二个大类，然后再分为二百个小类，这一办法加快了图书分类、排架的速度。为便于读者利用，他对编制目录提出了非常严格的要求，并把全部力量投入到编制字顺目录的工作中。馆藏字顺目录编制完毕后，他又立即着手馆藏主题目录的编制工作。施莱廷格是深刻理解图书馆目录的作用的先驱。

正是通过图书馆工作的实践，他才逐步形成对图书馆本质的认识。他主张，图书馆要"将收集的相当数量的图书加以整理，并根据求知者的各种要求，尽快地提供他们利用。"今天，我们并不难理解，能"尽快地"满足求知者的"各种要求"的最好途径是向求知者提供各种图书目录。基于这一目的，施莱廷格十分重视编制图书目录，并毕生致力于此，直至生命的最后一息。

在长达近半个世纪的图书馆生涯中，他勤于实践，善于思考，著述丰富，成绩卓著。1808年，在他出版的《试用图书馆学教科书大全》中第一次自觉地设想图书馆学体系，试图建立图书馆学的内容结构。两年后，出完了《试用图书馆学教科书大全》第一卷全三册，又过十九年，该书第二卷付梓印行。它是施莱廷格的主要著作。集中反映了施莱廷格的图书馆学思想，也是图书馆学史上第一次全面论述图书馆的目录编制原理的著作。在这部著作中，施莱廷格把图书馆学的定义规定为"符合图书馆目的的整理方面所必要的一切命题的总体。"显然，这个定义的建立是把图书馆学规定为关于图书馆的藏书整理的学问来考察。从这种认识出发，他把图书馆学的研究对象确定为"图书馆整理"，而图书馆整理的主要内容则是图书的配备和图书目录的编制。施莱廷格力图纠正当时要求图书馆员把重点放在图书知识上的偏向。为了把图书馆收集的图书整理成适合读者需要的、为读者所用的实际知识，他特别将图书学和书志学排除在图书馆学的范围之外，强调以图书的配备和目录的编制作为图书馆学体系。1834年他又在《图书馆总览》一书中坚持前论，重申"所谓图书馆学，是在正确原则之下，系统地确立符合图书馆目的的整理所必需的原理"。他是第一个把图书馆学作为一门科学来确立的人。

施莱廷格把图书馆学的研究对象限定在"整理"方面的理论，一开始就受到了他的同代人、年轻的德国图书馆学家艾伯特（F. A. Eert，1791—1834）的批评，艾伯特在一篇匿名的反驳文章中认为，把图书馆学的范围限定在图书的整理上是不合乎图书馆工作的实际的。它与图书馆本身的相关领域，如图书馆管理内容，应该放在同等位置上。图书馆收藏的文献涉及各个知识领域，因而图书馆员也理应具有相应的知识。他提出图书馆员改革意见，并从理论上强调图书馆员的教育和进修问题的必要性和重要性。1820年艾伯特在《图书馆员的教育》一书中，提出了图书馆员"知识论"即"图书馆员执行图书馆工作任务所需要的一切知识和技巧的总和"是图书馆学主体内容。他强调指出，图书馆员"必须具备渊博的知识，通晓各国文字，深入掌握有关书志学、文学史、古文书、写本等方面的知识。"艾伯特的图书馆学理论很快得到丹麦的默尔贝希（Chnistian Molbech，1783—1857）的首肯和支持。默尔贝希在1829年出版的《论公共图书馆》一书中，对艾伯特的图书馆学理论加以系统化。这就是后来被西方图书馆史家称为艾氏体系或艾伯特——默尔贝希体系的图书馆学理论体系。

把图书馆学概括为图书馆管理学思想的，是法国的图书馆学家海斯（L. A. C. Hesse）。海斯在1839年刊行的以《图书馆管理学》为题的著作中，说明图书馆学的宗旨在于最有效地解决管理问题。艾伯特只是把管理学作为图书馆学的一个组成部分，海斯发展了艾伯特的图书馆管理学的内容，提出了一套比较系统的管理学理论。海斯把图书馆管理学作为图书馆学的核心，并以此形成管理学体系，是艾伯特图书馆学思想的进一步深化。

从施莱廷格的图书"整理论",到艾伯特——默尔贝希的图书馆员"知识论",再到由艾伯特提出、为海斯所发展的图书馆"管理论",尽管他们对图书馆学的内容有不同的理解,但无一不是从不同的侧面来说明图书馆学的研究对象的,他们各自从自己对图书馆学对象——图书馆活动的理解角度,提出自己的理论,并有意识地运用它去把握图书馆活动实践,这种从图书馆工作的一个方面来阐述图书馆工作的理论,自然有着极大片面性,它不能让人总观图书馆学的全貌。对早期图书馆学的演化历史,应该从对图书馆学的发展影响最大的图书馆"管理论"的发展过程中去寻找答案。

管理学说本来就在资本主义全面发展的英、美等西方国家有着最广泛的市场。图书馆"管理论"由德国发轫,很快流传于欧美,先是在英国得到巩固,继之在美国得到全面的发展。

安东尼·帕尼茨和爱德华·爱德华兹是英国图书馆"管理学"的主要代表人物。

艾伯特曾提出过图书馆管理学的概念,海斯发展了艾伯特的管理学思想,建立了以图书馆管理学为主旨的管理学体系,然而,在图书馆管理实践上作出成就并为后世提供了最广泛而又全面的图书馆"管理学"理论思想的,无疑要算两位同时代的英国人了。

帕尼茨(Antonio Panizzi,1797—1879)是意大利爱国者,青年时代去英国政治避难,1823年取得英国国籍,1831年进入大英博物馆(今英国国家图书馆)工作,1856年被任命为博物馆馆长。由于他在主持大英博物馆工作时所做出的成绩,被授予爵士勋位,在他逝世以后声誉日渐提高,被誉为"英国博物馆史上最富有创造性的力量","图书馆世界最伟大的立法者之一"。

帕尼茨砣砣致力于图书馆管理工作,从藏书建设、图书馆建筑、图书馆员、目录组织和阅览服务等多方面进行全面的改革,取得了惊人的成就。他领导和主持编定了《大英博物馆编目条例》,该条例被称为世界目录学史上的"大宪章"、现代编目法的开端。

可以说,图书馆工作原则和业务规则的确立和建立,是帕尼茨开其先河的。

　　帕尼茨对图书馆工作有不少论述,但却没有给人们留下一部关于图书馆学的专著,他的管理学思想顽强地体现在图书馆工作实践上。1836 年他曾向议会特别委员会声明:"我要使穷苦的学生和我国最有钱的富翁在图书馆藏书的范围内,拥有同样的手段,去满足他们的求知欲望,进行合理的追求,请教同样的权威,提出最复杂的咨询。"帕尼茨在英国图书馆界的影响,百年不衰,正因为如此,一本题为《图书馆巨子:大英博物馆安东尼·帕尼茨的一生和他的时代》的传记体著作于 1967 年在伦敦问世。

　　在英国,爱德华兹(Edward Edwands,1872—1879)是一位有"公共图书馆运动精神之父"之称的著名图书馆学家。他对英国图书馆事业的贡献,集中表现在图书馆管理方面。爱德华兹在对以往图书馆管理学进行概括总结的基础上,设想了一个全国性的公共图书馆系统,并为这个系统准备了一整套计划。他希望一个大的图书馆的设备要能为贫苦的学生所利用,满足他们的求知欲望。在他的努力下,1850 年英国通过了一个议院法案,授权地方议会为免费图书馆购置设备征税,对英国公共图书馆的发展,起了巨大的推动作用,还波及和影响到美国、斯堪的拉维亚半岛国家。1859 年,爱德华兹出版了《图书馆论文集》一书,该书第二卷的后半部分为《图书馆管理学》。他的管理学的内容,涉及图书采购、图书馆建筑、分类编目、内部管理和公共服务等几个方面,并详尽地记述了十九世纪上半叶的图书馆发展史,对这个时期的图书馆管理学进行了理论性的总结,为十九世纪下半叶图书馆管理人员提供了最广泛最全面的图书馆管理学的专业理论。

　　帕尼茨和爱德华兹的图书馆活动无不体现"管理学"的思想,它说明,图书馆"管理学"在英国有根深蒂固的基础;他们对图书馆活动的论述,都是以图书馆管理为主题。它告诉人们,"图书馆管理学"——这个图书馆学原先使用的名称——为什么直到二十世纪初仍然继续流行于英国。

十九世纪初图书馆学诞生于德国，形成于欧美，到十九世纪下半叶，它才真正步入科学之林。

作为近代图书馆事业标志的是美国杜威（Melvil Dewey，1851—1931）的图书馆学思想和实践活动，杜威的图书馆学思想，集中体现在图书馆管理学方面。正是由于杜威的贡献，使图书馆学开始成为社会所承认的一门独立的学科，其影响之所及，直至现在。

杜威是1873年进入图书馆界的。面对设有一个指导人们进行图书馆工作的目的和实践的统一体的图书馆事业，他以非凡的毅力和不懈的努力，进行了一系列的开创性工作。在他的努力下，1876年在费城召开了美国图书馆员大会，在这次大会上成立了美国图书馆协会（ALA）。"用最低的成本，以最好的书刊，为最多的读者服务"的原则就是在这次会上杜威提出的。同年，在芝加哥他又提出了"在适当的时间，为适当的读者，提供适当的图书"的口号。他创办美国第一家图书馆的专业刊物——《图书馆杂志》，担任该刊第一任主编，亲自指导刊物的编辑工作。图书馆工作专业化、图书馆用品、设备、工具、方法和教育诸方面的标准化、规范化滥觞于杜威，他对图书馆事业的贡献是多方面的。

杜威以编制十进图书分类法而闻名全世界的图书情报界，这部初版时题名为《图书馆图书与小册子编目排架适用的分类法和主题索引》，1876年还只是一本仅有四十二页的小册子，他精心研究，不断探索，使之日趋完善，定名为《十进制图书分类法》（简称DC或DDC），到他逝世前，就为二十余个国家所采用。及至1979年出第十九版时，已成为三大卷、长达数千页的皇皇巨制。

作为一位著名的图书馆学家的地位，杜威对图书馆学的贡献不仅限于此，说他是图书馆学教育的先驱，并非溢美之词。

十九世纪后半期,图书馆学专业教育在美国还是一个空白。1879年5月31日,杜威在《图书馆杂志》上发表文章,呼吁创办图书馆专门学校。嗣后,1883年8月在布法罗市召开的美国图书馆协会会议上,他再次重申创办图书馆专门学校的建议。他还以哥伦比亚大学首任图书馆馆长身份,向哥伦比亚大学当局提出在大学内设立图书馆学院的设想。通过他的努力,哥伦比亚图书馆学院成立并于1887年1月5日正式开课。这是美国,也是世界上第一所正式的图书馆学院。杜威创办图书馆学院,实施图书馆学教育,使图书馆学成为一种专业,确立了图书馆学这一学科的地位。

十九世纪中叶至二十世纪初,西方文化发达的国家相继建立了比较完善的公共图书馆系统,并实现了由封闭型向开放型的根本转变,图书馆再也不是只供少数学者或所谓学者利用的财富,它们不仅对学者和教授开放,而且也对一般群众和市民开放。1913年,列宁在《对于国民教育能够做些什么》一文中,猛烈抨击了俄国图书馆的现状,以讽刺的口吻写道:"西方国家有不少迂腐的偏见……他们所注意的并不是经过好几个官僚组织讨论和制定的章程,以及规定几百条利用图书的手续和限制,而是使大量成套的图书连儿童也能利用;他们关心的是使读者能够在自己家里阅读公家的图书。他们认为值得公共图书馆骄傲和引以为荣的,并不在于它拥有多少珍本书,有多少十六世纪的版本或十世纪的手稿,而在于如何使图书在人民中间广泛地流传,吸引了多少新读者,如何迅速地满足读者对图书的一切要求,有多少图书被读者带回家去,有多少儿童来阅读图书和利用图书馆……这就是西方各国所流行的奇怪的偏见。"[①]从而高度评价了西方国家的图书馆工作。

批判地继承人类已有的图书馆学思想成果,在自己锻造的科学方法的指导下探寻、观察和研究图书馆学的新视角,深刻认识图

---

① 《列宁全集》第十九卷,第271页。

书馆在人类社会生活发展中的极其重要的地位和作用,全面揭示出图书馆与国家经济建设的内在联系,这是列宁对于图书馆学理论研究的独创性贡献。列宁的图书馆学思想集中反映在《列宁论图书馆事业》一书中。1977年苏联图书出版社再版了《列宁论图书馆事业》,该书收载文献逾三百篇,它是图书馆学理论方面的宝贵财富。

重视公共图书馆建设的社会背景是图书馆学研究得以发展的必要前提,图书馆事业的繁荣促进了图书馆学的发展。1890年德国的格雷塞尔(Arnim Graese,1849—1917)在《图书馆学纲要》一书中,突破了艾伯特—默尔贝希体系的狭窄性,加进了图书分类学和图书馆史的内容,构成了格雷塞尔的图书馆学思想。二十世纪二十年代,德国的雷丁格尔(G·Leidinger)修正了格雷塞尔的图书馆学思想,提出了以图书学、目录学、图书馆管理学和图书馆史为中心内容的图书馆学结构说。如果说,施莱廷格在十九世纪初把图书馆学作为一门学科来确立,创立了图书馆学,并以图书整理为图书馆学的研究对象,从而闪耀着上一个世纪的图书馆学者的思想光芒,那么,二十世纪初叶雷丁格尔的图书学、目录学、图书馆史、图书馆管理学四重性的图书馆学思想,则开启了二十世纪多元图书馆学的大门,标志着图书馆学研究的深入发展。

在图书馆学史上,切不可忘记东方学者对图书馆学的贡献。阮冈纳赞是对图书馆学研究有所建树的东方图书馆学家。

阮冈纳赞(Chiyali Ramamrita Ranganathan,1892—1972)是一位有着"印度图书馆学之父"之称的印度杰出的现代图书馆学家,他从事图书馆工作和图书馆学研究长达四十八年,写了五十多部著作,一千五百多篇论文,内容涉及图书馆学各方面,可谓著作等身。他的学识和才能不限于图书馆学方面,早年在四所大学任教,讲授数学和物理并被授予数学副教授,是一个对数学有极浓厚兴趣的自然科学家。阮冈纳赞带着数学家特有的敏感和思维方式,以渊博的科学知识和丰富的图书馆工作经验,对图书馆学进行深入的探讨和研究,1931 年出版的《图书馆学五原则》(The Five Laws of Library Science)是图书馆学理论研究中的一个划时代的事件。图书馆学五条基本原则是:(1)图书是为了利用的;(2)图书是为一切人而存在的;(3)给读者所有的书;(4)节省读者的时间;(5)图书馆是一个发展着的有机体。

《图书馆学五原则》规定了图书馆的使命,是图书馆工作的基本目标的最简明的文字叙述,它是图书馆实践和图书馆学理论密切结合的丰碑。一位学者是这样评价《图书馆学五原则》和它的作者的:它"第一次使图书馆学成为成熟的科学","由于一个人的贡献,使一门学科发展成为羽毛丰满的科学,这在科学发展史中,或许是独一无二的。"①美国著名的图书馆学家谢拉(Jesse Hank Shera 1903—)曾经叹为观止:"阮冈纳赞打开了我的眼界。同时我相信,他也打开了许多人的眼界。他提出了知识增长的结构和形态说,他把知识的本质完全裸露出来之后,对其进行解剖、分析和总结。对于什么是图书馆学基本原理,提出了崭新的见解。"②

三、图书馆学的发展

"一切划时代的体系的真正的内容都是由于产生这些体系的那个时期的需要而形成起来的。"③图书馆学产生以来,各种体系的提出和建立,无不证明了上述论断的正确性。不同文化区域或同一区域而不同时代的图书馆学者,在各自所处的历史条件下和现实基础上,继承以往的研究成果,不断探索,提出自己的学说,反映了图书馆学不断演化的过程。由于历史条件的限制,长期以

---

① G. B. Charyya:Library Professoin Library Science and Rangnathan.
② ALA World Encyclopedia of Library and Information Science.
③ 《马克思恩格斯全集》第三卷,第544 页。

来束缚了图书馆学自身的发展,因而使它显得平淡而无为,致使这门学科自产生以来的百余年间徘徊不前,直至本世纪的三十年代,才进入它的发展时期。

从二十世纪三十年代起,在对图书馆学的认识上,人们不再停留在图书馆工作的某方面或某几个方面或其表面经验的概括上,而是深入到图书馆活动自身的剖析和对它的本质的研究中,进而扩大到图书馆外部。

与其说直至本世纪二十年代,人们不管从什么角度去理解图书馆学,阐释图书馆学,由于受客观环境和社会条件的限制,都不免拘泥于经验事实,都有其局限性,倒不如说,即使将各家学说相加,其总和也并不等于图书馆学。但是,现代图书馆学家们,正是在孜孜不倦的研究工作中,在自己的创造性思维活动中推进了对图书馆学的了解,增长了知识,创造了新的理论和体系。各种不同的理论和体系相互补充,其总和就构成了对图书馆学的相对完整的总体认识。只有寻找新的立足点,才能开拓图书馆学理论研究的新局面。1933年,美国芝加哥大学图书馆学家巴特勒(Pierce Butler,1886—1953)出版了《图书馆学引论》,它成功地突破了过去长期流行于图书馆学界的微观研究视野,把宏观理论导入图书馆学领域。他在"序论"中写道:"图书馆是将人类记忆的东西移植于现在人们的意识之中的一个社会装置。图书馆学在任何社会科学体系所必须研究的理论中占有它的一席。"第一章至第五章,分别以《科学的问题》、《社会学问题》、《心理学问题》、《历史问题》、《实际问题》为题,从多方面进行理论探讨。他对图书馆的贡献在于,第一次在图书馆学研究中明确提出了图书馆学体系在庞大的宏观科学体系中的位置,开拓了图书馆学的研究领域,使图书馆学体系由横向扩大演化为同纵向深入并进,是图书馆学理论研究的一个突破,它是图书馆学发展的标志。

巴特勒所强调的图书馆学体系在庞大的宏观科学体系中的位置的思想,拓宽了图书馆学的研究领域,科学的发展也证明了,图书馆学体系是随图书馆的社会职能的扩大而不断扩大的,那种采取原封不动加补充的方式,只能禁锢图书馆学的发展,使图书馆学失去活力。正因为如此,《图书馆学引论》在图书馆学理论研究的历史上占有一定的地位。1980年谢拉对巴特勒的《图书馆学引论》是这样评价的:"在图书馆学文献中,大都以其经不起持久考验为特征。但是,巴特勒的一本小小的册子,却成了图书馆学发展中的真正的里程碑。虽然这本小册子已出版五十年之久,但学者们和实际工作者们仍爱不释手。"①

巴特勒的《图书馆学引论》自问世以来,犹如投石击水,在图书馆学研究的平静水面上激起了阵阵涟漪,图书馆学诞生以来一直被视为正宗的以图书馆工作论图书馆学的图书馆学理论受到了强烈的冲击。

无疑,加速这个冲击力量的是科学的发展和时代的变化。

一个不可否认的客观事实是,《图书馆学引论》问世以来,时代确实有了不同以往的变化。第三次技术革命肇始于二十世纪四十年代,它是以核技术为开端,以电子计算技术和通讯技术为标志的。电子计算机的诞生及其在图书馆的广泛应用,带来了信息的自动化。控制论、信息论和系统论相继产生,为图书馆学与社会科学、自然科学的结合建立了桥梁。五十年代一门新型的信息科学——情报学,成为独立的科学,但是,人们不久却发现,它与图书馆学有许多共同点,以致有人用"一体化时代"的名称来表征这个时代的特色,建立图书情报一体化的体系成了一种时代的要求。也有用诸如"信息时代"、"系统时代"、"控制论时代"等各种不同的名称来表征这个时代的特色的。

① ALA World Encyclopedia of Library and Information Science.

第三次技术革命以来,时代的根本特点是一个更广泛、更全面、更深刻的社会化过程。它促进了图书馆社会化的发展,图书馆与社会的政治、经济、科学、文化教育事业和人们的日常生活的联系变得更为广泛、更为密切。学者们一开始就注意到:图书馆学理论和图书馆实践在原则上不允许满足于把研究对象和工作重点囿于一个封闭体系,不突破封闭体系就难以引起图书馆学的重大变革和革命,因为事实证明,它所制定的概念,它所揭示的原理,它所使用的方法,已不是封闭系统所能包容的。他们还意识到,只有把图书馆置于庞大的社会系统中,对其进行考察、探索,图书馆学才能进入到一个全方位的、整体性更强的阶段。学者们对此进行了艰苦的探索和认真的研究。

德国图书馆学家卡尔斯泰特(Peter Karstedt)的《图书馆社会学》于1954年出版,六十年代又再版发行,八十年代译为日文出版,在图书馆界颇有影响。作者认为,为了建立和维持各种社会形象,必须具有并维持与这些社会形象相应的社会精神,图书馆则是维持和继承这种社会精神的不可缺少的社会机构,并担负着把这种社会精神移入社会形象的成员的职能,其手段是通过这种客观精神客观化的图书的搜集保存和传递。卡尔斯泰特认为,图书馆是在社会形象中使世代结合的纽带,客观精神是图书馆与社会相互作用、相互联系的中介。

巴特勒在《图书馆学引论》中只是试图从社会整体的知识活动方面对图书馆进行考察,谢拉则在巴特勒的基础上进行深入的研究,因而形成了芝加哥学派。与巴特勒所不同的是,谢拉在其著作中引入信息、通讯等概念范畴,从信息、通讯、生理、文化、社会等领域的关联来认识图书馆,探索图书馆学,他认为,应该建立一门以知识发展过程、知识通讯、知识与社会的关系为研究对象的学科——社会认识论。他说,社会认识论"应该有效地研究社会的知识发展这个复杂的问题,通过对整个社会的研究,来探索它与所有环境的关系"。进而指出:"社会认识论是图书馆学理论知识的基础","图书馆学是社会认识论的基础上发展起来的"。① 直到八十年代,他仍坚持:"图书馆学涉及一切学科领域","随着图书馆学基本原理的发展,它必须包括所有的形式的人类活动,不管是物质的,还是精神的"。② 谢拉的研究工作为苏联学者所肯定,被称作"是美国图书馆学界迈出的具有重大理论意义的一步"。③

七十年代以来,在国际上形成了一个学派——图书馆学"交流说",就是把图书馆或情报中心视为一种交流系统。苏联学者米哈依诺夫(А. И. Михайлв)、乔尔内(А. И. Черный)、吉里列夫斯基(Р. С. Гилеревский),美国学者奥尔(J. M. Orr)等就是这个学派的代表人物。

1976年,苏联米哈依诺夫等三人编著的《科学交流与情报学》出版,在评价科学交流的作用时,作者指出:"不应忘记,没有科学文献,没有构成所谓正式渠道的整个传播系统,那么以现代形式出现的科学便完全是不可能的。科学家和专家的个人交往,只有建立在对他们中间每个人于科学有何贡献完全了解的基础上,才能是卓有成效的。科学的社会结构建立在科学出版物系统上,个别科学家和专家的发现和研究变成共同的科学知识的过程就是在科学出版物系统的内部进行的"④他们认为:"作为社会体系的科学交流系统具备一系列重要特性,其中主要的有三点:1.科学交流系统是一个广泛的系统。2.科学交流系统具有整体性。3.等级结构

① J. H. Shera Libraries and the Organization of Knowledge

② J. II. Shera Librarianship,Philosophy of

③ В. В. Скворцов на пути к теоретическим основам библиотековедения

④ А. И. 米哈依诺夫等著,徐新民等译:《科学交流与情报学》,科学技术文献出版社,1980年版,第57页、第66页。

是科学交流系统最稳定的结构"。① 作者强调："研究科学交流系统的规律性,从而改进它的功能,应该成为当代科学最迫切的任务之一,因为整个科学的未来在不小程度上决定于科学交流系统。从事象科学交流系统这样复杂的课题研究的科学家,应得到物理学、生物学、化学及其它科学领域的科学家同样的重视。"②

1977 年,美国奥尔题为《作为通讯系统的图书馆》一书印行。奥尔在该书中确定了"通讯系统论"原理并把它牢牢建立在一般系统论的基础之上。奥尔提出图书馆系统的理论,指出,图书馆系统是人类社会组织系统的一部分,图书馆更重要的特征是人类通讯系统的补充系统,图书馆是知识的传递系统,它反映了人类本身的知识体系。

不同国度、不同区域的图书馆学者,在同一时代,从同一侧面深入研究图书馆学,对图书馆学本质进行探讨,是图书馆学发展的一种历史必然。集中对图书馆学本质进行研究已成为一个世界性的趋势了。这说明,自本世纪七十年代以来,图书馆学已越出狭隘闭锁的范围,进入到一个比它过去要宽阔得多的领域了。图书馆学已经以它充满自信的声音,宣告了自己的崛起。这种从封闭到开放,从微观到宏观,从静态到动态的演化过程,正是图书馆学研究手段、研究方法的拓展。随着时代的发展图书馆学在一个更高的层次上得到了发展。

"唯物主义也经历了一系列的发展阶段。甚至随着自然科学领域中每一个划时代的发现,唯物主义也必然要改变自己的形式;而自从历史也被唯物主义地解释的时候起,一条新的发展道路也

---

① A. И. 米哈依诺夫等著,徐新民等译:《科学交流与情报学》,科学技术文献出版社,1980 年版,第 57 页、第 66 页。

② A. И. 米哈依诺夫等著,徐新民等译:《科学交流与情报学》,科技文献出版社,1980 年版,第 457—458 页。

在这里开辟出来了。"①恩格斯所揭示的这一原理,完全适用于图书馆学研究。我们正处在一个被称之为"情报爆炸"的社会,毫无疑问,图书馆学也必须改变自己的形式,而当图书馆学研究冲破长期以来囿限于对图书馆这样一个实体对象的研究方面拓展到具有本质意义的情报交流时,图书馆学就再也不是一门封闭的学科了。当然,图书馆学是否成熟,不应当也不能单纯从它本身评断。图书馆学是一门实践性很强的科学,其成熟的标志,归根结蒂,应该到实践中去验证。在这一方面,西欧北美国家自二十世纪七十年代以来所出现的用现代化手段代替图书馆手工作业方式,诸如运用电子计算机进行情报检索,运用现代通讯技术使信息传递网络化,运用光学技术使图书文献资料存储缩微化,采用声像技术,实现图书文献资料视听化等等,提供了有力的佐证。它不仅带来了图书馆的自动化、图书馆的网络化,不仅实现了一国之内的资源共享并为国际间的资源共享的实现展现了美好的前景,而且为形成一种新趋势——图书馆成为信息中心,提供了条件。

综上所述,图书馆学发展的历史表明,科学的进步,时代的变化,为图书馆学的发展提供了必要的条件;拓展图书馆学研究的思维空间和研究对象,是图书馆学发展的不可或缺的因素。图书馆学的长足发展,从严格的意义上说,应该是始于第三次技术革命开始之后。

第二节　中国图书馆学的形成和发展

中国图书馆学的形成,经历了一个漫长的孕育时期。

中国是一个对人类文明有过巨大贡献的、有着数千年灿烂文

---

① 《马克思恩格斯选集》第四卷,第224页。

化的文明古国,图书馆对保存中国古代文化遗产起了巨大作用。这是众所周知的事实。但是,任何一个遥远的国度里产生的图书馆学现象,都或多或少地要影响到中国图书馆学的发展。中国灿烂的古代文化传统被证明,除非用全新的眼光对中国图书馆学加以重构,才能使之在世界图书馆学的总体格局中的位置发生重大的变化,并且唯其如此,才能使它汇入世界图书馆学的现代潮流,才能满足广大读者的根本愿望,才能推动中国图书馆学的前进。

在中西文化落差最悬殊的岁月里,近代图书馆学是从西方驶入中国图书馆学内湖的帆舟。近代概念"图书馆"一词的正式使用,在中国始于1894年。中国近代图书馆学,从二十世纪初开始,至今仍在继续的发展进程是一个由近代向现代中国图书馆学转变、过渡并最终完成的进程,一个经过痛苦的历史反思,终于找到了明天在这里接过现代图书馆学的火炬,走向繁荣发达的新起点的进程,一个中国图书馆学走向并进入世界图书馆学总体格局的进程。

一、中国图书馆学的孕育时期

一门新学科的出现都有它自己植根的社会条件和历史渊源。早在二千多年前,中国就有了随着目录产生而产生的图书分类体系。西汉末期刘向作了从上古到西汉末期其间约一千二百多年中国所有的图书文化典籍的总结性工作,撰成《别录》。其子刘歆,继承父业,以《别录》为基础,缝罅补缺,部次条别,编成《七略》。《七略》把书籍分为六艺略、诸子略、诗赋略、兵书略、术数略和方技略等六大类,每大类之下,又分若干小类,大纲小目,井然有序,是我国第一部图书分类法,比欧洲出现的第一部图书分类法要早十五个多世纪。

西晋荀勖据三国郑默所编《中经》,新纂《新簿》,将图书分为甲、乙、丙、丁四部,是"四部"分类法的雏形,而其次序则修订于东晋李充。荀勖始创"四部"分类法,中经三百年至唐初魏征等编定《隋书经籍志》,变甲、乙、丙、丁四部为经、史、子、集,是中国历史上第一次以经、史、子、集类目名称概括各部所包括的书的内容性质的史志目录。四部分类法在中国长期使用,至清纪昀纂修《四库全书总目》皆以经、史、子、集四部分类法编排。类分古籍,至今仍不失其使用价值,直到现在还有图书馆用它来类分古籍。

与图书馆学有着血缘关系的目录学,在我国可谓历史悠久,源远流长。宋郑樵所撰《通志·校雠略》和清章学诚所编《校雠通义》,历来被看作中国古代著名的两部目录学理论著作,在中国学术史上有其重要的地位。

在世界图书馆史上,比诺德早五个多世纪的中国南宋时期的两位同代学者——程俱和郑樵是图书馆史上对图书馆学思想作出过杰出贡献的人物。

火药、罗盘针、活版印刷三大发明肇始于宋代,成为中国古代科学技术发展的重要时期,科学技术的进步,促进了文化的发展,活版印刷的兴盛,带来了经史子集古籍的浩繁,形成"大而朝廷,微而草野","动成卷帙,紊而数之,有非前代之所及"[①]的局面。宋代国家藏书的"三馆秘阁"是朝廷中的文化学术机构,它担负着图书的征集、校雠、整理、储藏和典籍利用等项任务。

南宋秘书省首任秘书少监程俱积多年三馆秘阁任职的经验和体会,于1131年著《麟台故事》,进言朝廷复兴国家图书馆,强调了兴办图书馆的意义,"祖宗以来,馆阁之职所,以养人才,备任使一时,各公卿都由此涂出",阐明国家图书馆的职能。例如书中载:"复兴馆阁,国有大礼大事,于兹有考焉。"进而利用历史,说明"祖宗时,有大典礼政事,讲究因革,则三馆之上,必令预议。如范仲淹议职田状,苏轼议贡举者,即其事也。评议典礼,率令太常礼

---

① 《宋史·艺文志》

院与崇文院,评定以闻。盖太常礼乐之司,崇文院简册之府,而又国史典章在焉,合群英之议,考古今之宜,则其施于政事典礼,必不诡于经理矣。"系统地叙述了国家图书馆的作用。在《麟台故事》中,程俱对于藏书的购求、整理、典藏、使用等方面均有系统的论述,对"馆职"的选拔,作者提出了独到见解。《麟台故事》凡五卷十二篇,它系统总结了图书馆知识,成为中国第一部概论性图书馆专著,是世界上最早的图书馆学术著作。

图书汗牛充栋,校雠乃成当务之急。继程俱之后,郑樵于1158年开始,穷三年之力编成"集天下之书为一书"的《通志》。他在《通志·总序》中说明了编纂《通志·校雠略》的宗旨:"册府之藏,不患无书,校雠之司,未闻其法。欲使三馆无素餐之人,四库无蠹鱼之简,千章万卷,日见流通,故作《校雠略》。"在《通志·校雠略》中,他明确提出了图书分类的作用:"学之不专者,为书之不明也。书之不明者,为类例之不分也。有专门之书,则有专门之学。有专门之学,则有世守之能。人守其学,学守其书,书守其类。人有存没而学不息,世有变故,而书不亡。以今之书,校古之书,百无一存,其故何哉?士卒之亡者,由部伍之法不明也,书籍之亡者,由类例之法不明也。类例分,则百家九流,各有条理,虽亡而不能亡也。"在《通志·艺文略》中,他提出了"总十二类,百家,四百二十二种"的图书分类体系。郑樵的图书分类思想是前无古人的,比欧美要早几百年,《通志·校雠略》是中国第一部图书分类学著作,对中国后世产生了深远的影响。

及至明代,邱浚先著《论图籍之储》,后撰《访求遗书疏》,提出建设国家图书馆的意见,面呈皇帝。《论图籍之储》中云:"若夫诗书百家语,皆自古圣帝明王,贤人君子精神心术之微,道德文章之懿,行义事功之大,建置议论之详,所以阐明已往而垂示将来者。固非一人之事,亦非一日可成,累千百人之见,积千万年之久,而后备具者也。"在这两部著作中,他对当时图书馆工作的内容,从多方面进行了全面的概括。

明末清初祁承㸁著《澹生堂藏书目》,提出鉴别图书的标准是审轻重,辨真伪,核名实,权缓急和别品类。推究分类原则,提出因、益、通、互四法,祁承㸁的"通"、"互",是后代学者章学诚"别裁"、"互著"的先声。他还提出"购书无他求,眼界欲宽,精神欲注,而心思欲巧"的购书三原则。

十八世纪是中国封建社会图书馆事业的鼎盛时期,出现了重视图书馆的乾隆皇帝,乾隆帝下令特设文渊、文溯、文源、文津四阁庋藏图书,后又为人文渊薮的江浙特建文汇、文宗、文澜三阁为藏书之所,并开放翰林院,使图书在某种程度上得以广播流传。清代学者周永年穷年累月,悉心研究,矻矻不休,撰成《儒藏说》,倡议建立儒藏,申言"天下之物,未有私人可以常据,公之而不能久存者"[1],他深信"儒藏"的传播能促进人才的成长,所谓"千里之内有儒藏数处,而异敏之士,或裹粮而至,或假馆以读,数年之间,可以略窥古人之大全,其才之成也,岂不事半功倍哉?"[2]能看到图书馆对加速培养人才的作用,是难能可贵的,《儒藏说》反映了周永年的图书公藏公用的思想。到清朝后期中国图书馆出现了由完全封闭式的藏书楼逐步向半开放性的近代图书馆过渡的某些端倪。

中国有数千年灿烂文化。图书馆对保存中国古代文化遗产起了巨大作用,这是世所公认的。史载文献表明,历代封建统治阶级为了维护其统治,或为了点缀升平,或为了宣扬君王的"文治",无不重视图书馆。中国古代学者对图书馆的认识,也无不反映他们当时所处的时代的特征,他们的理论无不打着鲜明的时代烙印。

历史是一面镜子。对中国历代学者的图书馆实践、理论和中国图书馆事业的历史考察,有助于对中国图书馆学思想进行历史分析,数千年的中国封建社会的历史,孕育着中国图书馆学的萌芽

---

[1][2]　周永年:《儒藏说》

过程。在论及近代图书馆学的时候,我们既要学习和研究西方的理论,还要系统总结我们祖先所遗留下来的宝贵财富。历史还告诉我们,为什么近代图书馆学没有在中国产生。在进行历史考察中,我们不难看出,我国图书馆学长期以来仍只停留在经验描述的形式上,缺乏近代图书馆学那种完整严密的理论体系,一方面固然是近几个世纪以来中国科学技术没有像欧洲那样出现革命性的变化,因为每一次科学技术革命不仅对社会物质生产起巨大的促进作用,而且更为重要的意义还在于它将对人们的精神世界、哲学思想、文化教育事业以及社会变革以巨大影响,显然,中国图书馆学和其它学科一样,并不具备这种条件。另一方面则是由中国传统科学的实用性特点所决定。在前人留传下来的有关图书和图书馆的学术著作,大多是图书馆某些工作环节的方法技能的表象描述或经验的客观记载,对理论进行科学探讨和研究的实为鲜见。就是独树一帜的中国古代图书分类法,也是以解决实际应用问题为目的。再一方面,更为重要的是,中国长期闭关锁国的国情,封建藏书楼处在与世隔绝的严密的封闭状况中,学术的发展必然要受到阻碍,图书馆学只能在这种总的社会背景下艰难地伸展,而决不可能超越时代达到更高的水准。

二、中国图书馆学的萌芽

清末维新改良运动,敲响了延续几千年的中国封建藏书楼的丧钟,揭开了中国近代图书馆的新的序章,为中国近代图书馆事业的兴起开辟了道路,同时也为近代图书馆学在中国这块土地上的产生准备了新的条件。

十九世纪后半叶至二十世纪初是中国古代藏书楼向近代图书馆的过渡时期,它标志着中国近代图书馆的诞生,是中国近代图书馆学的萌芽时期。

帝国主义列强的洋枪大炮把中国打入被奴役、被蹂躏的半封建、半殖民地的深渊,炮声也震醒了中国,"英国的大炮破坏了中国皇帝的权威,迫使天朝帝国与地上的世界相接触"。[①] 以拯救民族危亡为己任的仁人志士转向西方先进国家寻求救国良方,图书馆成了他们手中的武器。以康有为、梁启超为首的维新改良派在设学会、办学堂、开报馆的同时,非常注重学习西方资本主义经营图书馆的方法,把开办向社会开放的图书馆,作为传播新思想、新知识,改变旧风气的重要措施。藏书楼是维新派宣传资本主义思想和政治主张的工具,在当时出现的一些学会、学堂、报馆和书局里,无不设有藏书室,"会中有书,以便翻阅,有器以便试验,有报以便布知新艺,有师友以便讲求疑义。故学无不成,术无不精,新法日出,以为民用,人才日众,以为国干,用能富强甲于五洲,文治轶于三古。"[②]建立西方式图书馆舆论见于报端,俯拾即是。如《时务报》创刊号文称:"泰西教育人才之道,计有三事:曰学校,曰新闻馆,曰书籍馆……"[③]"……今日振兴之策,首在育人才,育人才则必新学术,新学术,则必改科举,设立学堂,定学会,建藏书楼……,泰西之藏书楼,藏书至数十百万卷,备各国文字之书,斯三者,皆兴国之盛举也……"[④]仿效西方,拟立藏书章程,颁制阅书规则,《知新报》、《国闻报》、《中外日报》、《湘学报》、《汇报》等报章均有所载。在改良主义思潮推动下,一些有见识的清室大臣也纷纷上书朝廷,力主设置新式藏书楼。如1896年吏部尚书孙家鼐奏办官书局,开宗明义说明设藏书院之利。同年,礼部尚书李端棻奏请光绪,把设藏书楼列为"与学校之益相须而成"的五件要事之首,内云:"好学之士,半属寒畯,购书既苦无力,借书又难,其人坐

---

① 马克思:《中国革命和欧洲革命》
② 梁启超:《论学会》,光绪 22 年(1896 年)10 月 1 日《时务报》。
③ 《时务报》,光绪 22 年(1896 年)7 月 1 日。
④ 汪康平:《论中国求富强宜筹易行之法》,《时务报》,光绪 22 年(1896 年)11 月 1 日。

此孤陋寡闻无所成就者不知凡几。"①他建议增广藏书之所,"自京师及十八行省会,咸设大书楼,……妥定章程,许人入楼观书"。②于此则"飨遗学者,增益人才,其益盖非浅鲜。"③这些图书馆活动,为中国近代图书馆的兴起起了促进作用。

近代概念"图书馆"一词的正式使用,在中国始于1894年,见诸是年《教育世界》第62期《拟设简便图书馆说》一文。可视为近代图书馆的先声。半封建半殖民地的中国,社会政治环境险恶,民族文化处于低潮,自然是不可能产生近代图书馆学的。学习西方先进的图书分类方法,摒弃封建传统的图书处理方法,标志着中国图书馆史上一种全新现象的出现。自唐宋以来,封建藏书楼皆以经、史、子、集四库分类整理图书,它贯穿封建正统思想,惟能适应重藏轻用的封建藏书楼的需要,而难以统驭清末数量日益增多、内容日趋繁杂的新学和西学书籍,难以适应客观的要求。维新改良派领袖康有为、梁启超,率先打破被奉为金科玉律的四库分类法,先后编制了《日本书目志》和《西学书目表》,提出了一个新的资产阶级图书分类体系和图书分类的理论和方法,其中以1896年9月刊于《时务报》上的梁启超的《西学书目表》的影响为最大。该表收录的十九世纪中叶以后国内译出的西洋图书数百种,按学、政、教、杂四部分类,分别类分自然科学、社会科学、宗教和综合性图书。该分类体系是较早接受西方图书分类体系影响,为后来人们废弃四库分类法而改用新体系来类分图书开拓了局面。及至1910年,孙毓修撰文将美国杜威《十进制图书分类法》介绍在《教育杂志》上以后,四库分类法被迅速取代,杜威《十进制图书分类法》很快流传开来。

1902年,罗振玉奏请全国普遍设立公共图书馆,为官方所重。1902年徐树兰在浙江绍兴创立私立公共图书馆——古越藏书楼,

①②③ 李端棻:《请推广学校折》,见《变法自强奏议汇编》卷三,第2页。

1904年第一所官办公共图书馆——湖南省图书馆建立。自1902年至辛亥革命前夕,我国公立、私立公共图书馆逾二十所,全国十八行省中,除江西、四川、新疆三省外,均设有省立公共图书馆,完成了近代藏书楼向公共图书馆的过渡。

1909年,清政府颁布了《京师及各省图书馆通行章程》,这是我国第一个正式的全国图书馆法规。第一条开宗明义规定:"图书馆之设,所以保存国粹,造就通才,以备硕学专家研究学艺、学生士人检阅考证之用,以广征博采,供人浏览为宗旨。"对上至中央、省府,下至州县的图书馆设置,对馆址的选择、建筑的规格、室内受光通气的要求等诸项都有明确而又具体的规定,为当时中国的图书馆建设,提供了法律依据。随着西方资本主义思想文化在中国的传播和资本主义国家图书馆对中国的影响,在中国资产阶级改良派的倡导和推动下,本世纪初,近代图书馆终于在中国破土而出。

如何评价十九世纪后半叶至二十世纪初的中国图书馆学,是现时图书馆学界人们涉足不多的一个课题。这个时期虽然没有产生对后世发生影响的宏文巨著,现存的图书馆学史料也较为零碎,但是,我们从跟踪散见于当时报章杂志中所披露的中国学者的图书馆活动的轨迹中,从闪耀着那个时代的图书馆学理论光芒的各种各样的图书馆章程规则里,已经看到了萌芽状态的中国近代图书馆学。

三、中国近代图书馆学的产生

近代图书馆学并不是西方资本主义所独有的产儿。辛亥革命以后,中国图书馆学者在图书馆活动实践中认识了近代图书馆学。1917—1927年的"新图书馆运动",为中国近代图书馆学的发展奠定了基础。

"图书馆学"一词首见于中国文献,当推1917年6月16日

《交通月报》载江中考《图书馆学序论》。

1918年12月北京图书馆协会成立,因经费困难,无法开展活动而停顿。1924年3月,北平图书馆协会诞生,它是我国最早的一个地方性图书馆联合团体。同年,浙江、开封、南阳、天津、上海、南京、江苏等省市图书馆协会相继成立。1925年4月25日中华图书馆协会在上海正式成立,《中华图书馆协会组织大纲》宣称,"研究图书馆学术,发展图书馆事业,并谋求图书馆之协助"是它的宗旨。协会第一任董事部部长梁启超在成立会演说中,提出了建设"中国图书馆学"的主张。

1920年3月,武昌文华大学以图书馆为专门之学,设科讲习,创办中国历史上第一个图书馆学专业——武昌文华大学图书科。图书馆学正规教育的兴起,标志着近代图书馆学在中国的正式诞生。

武昌文华大学图书科的教学计划和教学内容,是采用当时国外较先进的经验并结合中国的实际进行的。始则采用美国教材,旋后逐步建立起中西结合的学科体系。主要课程有:中国目录学、中文参考书举要、西文参考书举要、中文书籍选读、西文书籍选读、中文书籍编目学、西文书籍编目学、中文书籍分类法、西文书籍分类法、现代史料、图书馆经济学、中国图书馆史略、西洋图书馆史略、图书馆行政学、各种图书馆之研究、图书馆建筑学、西文打字法、各种字体书写法、实习、特别讲授等。学校主持者认为:"学校以欧美各国图书馆事业,日新月异,不可企及,如欲本校课程有所改进,本校同学得受适当的造就,非聘有西国图书馆学之硕彦,来此施教,不克有济。"韦隶华(Mary Elizabeth Wood,1862—1931年)这位早年毕业于美国波士顿西蒙斯大学(Simmons College)图书馆学院的美国人,1900年来到中国,在文华图书科任教,直至1931年逝世,历时三十余载。一九三一年,学界泰斗、一代宗师蔡元培为《文华图书科季刊》撰文,纪念韦隶华来华服务三十年和文华图书科成立十周年,对本世纪以来中国图书馆的发展和以图书馆为专门之学的文华图书科以高度的评价:"图书关系学术,至为密切,承先哲之绪余,开后来之途辙,体用咸备,细大不遗,实为图书是赖。集多数图书于一处,予民众以阅览之便利,辅助文化进步,实为图书馆之功。……近来国内图书馆逐渐增多,本爱好书籍之天性,有自由阅览之处所,濯磨淬厉,得所凭藉,正如昔人所谓'用之而不敝,取之而不竭'者。学术前途,方兴未艾"。

继文华图专之后,上海国民大学和南京金陵大学分别于1926年、1927年相继设立图书馆系和图书馆科,至于短期训练班,则为数颇多。

这一时期,中国图书馆学的研究,多囿于图书馆工作方法、技能技巧方面,尤以图书分类为主。为适应图书分类的需要,许多图书馆学者纷纷进行编制图书分类法的工作,二十至三十年代、编制出版了各种名目的图书分类法,其中比较著名的就有《图书分类法》(1924年,洪有丰)、《世界图书分类法》(1922年初版,1925年再版改编为《图书分类法》,1935年三版时定名为《杜氏图书分类法》,杜定友)、《杜威书目十类法补编》(1924年,查修)、《中外图书统一分类法》(1928年,王云五)、《中国图书分类法》(1929年,刘国钧)、《图书分类法》(1929年,陈子彝)、《清华大学图书馆中文图书分类法》(1931年,施廷庸)、《中国十进分类法》(1934年,皮高品)、《中国图书十进分类法》(1934年,何日章、袁涌进)、《分类大全》(1935年,桂质柏)、《中外一贯实用图书分类法》(陈天鸿)等十余种。它们之中,或是西方图书分类法的翻版,或是《杜威十进分类法》的模仿,或是它的变种,是西方图书馆学对我国图书馆学直接影响的结果。引进西方技术,学习和模仿西方图书分类方法,特别是深受杜威《十进分类法》的影响,是这个时期中国图书分类法的特点。

二十至四十年代,图书馆学理论研究硕果累累。《图书馆学指南》(1920年,杨昭悊)、《图书馆学》(1923年初版,1933年商务印书馆再版,杨昭悊)、《图书馆学术讲稿》(1923年,戴志骞)、《图书馆通论》(1925年,杜定友)、《图书馆学概论》(1927年商务印书馆初版,后于1931年收入《万有文库》,是年4月再版)、《图书馆学ABC》(1928年,沈学植)、《简明图书馆编目法》(1929年,沈祖荣)、《图书馆组织与管理》(1933年,洪有丰)、《图书馆学要旨》(1934年,刘国钧)、《比较图书馆学》(1935年,程伯群)、《图书馆学通论》(1936年宁版,1947年沪版,俞爽迷)、《中国图书分类法之沿革》(1937年,蒋元卿)、《图书编目学》(1937年,金敏甫)、《实用图书馆学》(1937年,喻友信)、《图书馆学函授讲义》(1937年,陈训慈)、《图书馆学讲义》(1945年,钱亚新)等一大批图书馆学专著、译著相继出版。还出版了《图书馆学九国名词对照表》(1930年,徐能庸)、《图书馆学术语集》(1930年,金敏甫)、《图书学大辞典》(1940年,卢震京)等图书馆学工具书。图书馆学教育机构、大学图书馆、公共图书馆纷纷编辑出版"季刊"、"月刊"、"月报"、"周刊"、"特刊"之类的图书馆学刊物。大量的图书馆学论文在《图书馆学季刊》、《文华图书科季刊》、《上海通讯图书馆月报》、《浙江省立图书馆月刊》、《国立中山大学图书馆周刊》、《广州大学图书馆季刊》、《天津市市立通俗图书馆月刊》、《民众图书馆特刊》、《图书馆》、《图书馆杂志》、《中华图书馆协会会报》、《图书馆学报》、《图书馆通讯》、《中央军校图书馆月报》、《大夏图书馆报》等图书馆学专业刊物上发表。许多日报开辟"图书馆周刊""图书馆特刊",发表图书馆学论文,普及图书馆知识。中国有重视教育的优良传统,有意识的将图书馆作为一种教育机构,是这个时期中国图书馆事业建设的显著特点,在《教育杂志》、《中华教育界》、《教育公报》、《新教育》、《教育与民众》、《教育与社会》、《教育丛刊》、《世教新潮》、《教育汇刊》、《世界教育》、《新教育评论》、《社会教育月刊》、《民众教育月刊》、《读书通讯》、《地方教育》、

《进修半月刊》、《读书月报》、《湖北教育公报》、《河南教育公报》、《河北教育公报》等数十种教育杂志上,都可见到图书馆学术论文。散见于《东方杂志》、《新青年》、《科学》、《书林》、《文化先锋》、《太平洋杂志》、《新世界》;《学风》、《中国出版月刊》、《申报》、《现代评论》、《学艺杂志》、《藜光》、《晨报》、《教师之友》等刊物上的图书馆学论文、评论译介、知识小品,琳琅满目,数量繁多。就是《妇女杂志》、《商业杂志》、《商业月刊》、《旅行杂志》、《学生杂志》、《小学问题》等刊物,图书馆学术文章,亦时有所见。据统计,辛亥革命后至中华人民共和国成立前,即 1912 年至 1949 年图书馆论文论著为 5,426 篇,其中图书馆学为 402 篇,这三十七年间发表的图书馆论文论著是 1873 年至 1911 年三十八年间发表总数 47 篇的 115.5 倍,1873 年至 1911 年发表的图书馆学论文为 5 篇,就是说,后三十七年是前三十八年的 80 倍。它完整地、真实地反映了处于幼儿时期的中国图书馆学的面貌。

"新图书馆运动"促进了中国近代图书馆学理论的发展。三十年代前后,中国图书馆学者杜定友和刘国钧的研究成果,使中国近代图书馆学终于越过了起飞的"临界速度",成为中国近代图书馆学的第一个辉煌的高潮。在世界图书馆学中,中国图书馆学正日益显示出它自身的创造性。

1927 年,中国著名的图书馆学家杜定友的《图书馆学概论》一书付锓。他明确地提出:"图书馆的设立,有三大要素:(一)要能够积极的保存。(二)要有科学的方法,以处理之。(三)要能够活用图书馆,以增进人民的智识和修养。图书馆能够办到这三件事,方能称为完善。"①1932 年,杜定友又在《图书馆管理法上之新观点》一文中重申:"整个图书馆事业,其理论基础实可称为'二位一体'。三位者,一为'书',包括图与书等一切文化记载,次为'人',

---

① 杜定友:《图书馆学概论》,商务印书馆,1927 年版。

即阅览者;三为'法',图书馆之一切设备及管理方法、管理人才是也。三者相合,乃成整个之图书馆。"①1934 年,图书馆学家刘国钧出版了以"图书、人员、设备、方法"四要素为中心的《图书馆学要旨》,四十年代末,作者一仍前论,1949 年《图书馆学要旨》再版发行。1957 年刘国钧在《什么是图书馆学》一文中进而提出了"五要素"的理论,这"五要素"是:图书、读者、领导和干部、建筑与设备、工作方法。较之三十年代的"四要素",增加了"读者"一项,其它要素,有的虽然文字有所变更,但实质内容并未改变。刘国钧强调"图书馆学必须对这些要素分别进行深入的研究","种种研究合起来构成图书馆学的整个内容。"②

　　滥觞于本世纪二十年代后期,到五十年代中期为刘国钧所完善的图书馆学"要素说",是中国最早形成的图书馆学体系。"要素说"对中国图书馆学理论研究的发展影响颇大。图书馆学诸要素是联结图书馆活动的链条,如果把哪一个要素排斥在图书馆活动之外,图书馆活动就会停止。把图书馆活动分解成几个要素,可以便于人们了解每一个要素在图书馆活动中的功能、各个要素之间的关系及其本质的联系。刘国钧在提出"图书"、"人员"、"设备"、"方法"四要素后接着说:"图书是原料;人员是整理和保存这些原料的;设备包括房屋在内,是储藏原料、人员、工作和使用图书的场所;而方法乃是图书所以能与人发生关系的媒介,是将图书、人员和设备打成一片的联络针。分别研究这四种要素便成为各种专门学问。"③中国图书馆学者正是从探讨图书馆活动的种种内在规定性、揭示图书馆活动过程的本质中,综合地考察图书馆的整体

　　① 　杜定友:《图书馆管理法上之新观点》,《浙江省立图书馆月刊》,第一卷第九期。

　　② 　刘国钧:《什么是图书馆学》,《中国科学院图书馆通讯》,1957 年第 1 期。

　　③ 　刘国钧:《图书馆学要旨》,中华书局。

活动机能,进而认识图书馆活动的价值和作用的。中国近代图书馆学虽然起步较晚,但是,中国图书馆学者早在中国近代图书馆学的产生时期就以图书馆的整体为研究对象,并选择不同的角度与侧面,建立与西方不同的描述模型。与西方图书馆学的研究方法相悖的是,它把图书馆活动分解成若干要素,这似乎破坏了图书馆活动的整体性,使人朦胧地觉得带有割裂事物的色彩,但是正如列宁所说:"如果不把不间断的东西割断,不使活生生的东西简单化,粗糙化,不加割断,不使之僵化,那么我们就不能想象、表述、测量、描述活动。"①这虽然是草创性的研究,筚路蓝缕之功不可没。它表明并预示着中国图书馆事业振兴之时,就是中国图书馆学发展之日。中国近代图书馆学产生以来的历史发展,已无可辩驳地得到了证明。

中国图书馆学是在一个封闭的国度里发展的,其形式的演变显得过于缓慢,而伴随着新文化运动的兴起产生的中国近代图书馆学,又深受西方图书馆学的影响。所以,我们对中国图书馆学的产生的认识,就不能不受到这种历史过程的特点的影响。在中国近代图书馆学产生之初,对西方图书馆技术的借鉴,更多的是着眼于西方近代图书馆技术、工作方法的模仿和图书分类法的搬用上,它不免带着资产阶级的痕迹。到四十年代末期,中国图书馆学仍然只是处在应用的水平。中国图书馆学者的研究工作受到当时思潮的影响,一方面学习西方先进的图书馆技术,从事图书馆学理论和图书馆技术方法的介绍;另一方面继承具有悠久历史的中国图书馆工作传统。对图书馆学理论的研究,也未能脱此窠臼。这种状况,只有到了中华人民共和国成立以后,才有了根本的改变。从五十年代开始,中国图书馆学理论发展开始了一个新纪元。

---

① 《列宁全集》第三十八卷,第285页。

四、中国图书馆学的发展

人民共和国的成立,带来了中国图书馆学发展的生机。中国图书馆学的发展,经历了两个历史阶段。

第一个阶段是中国图书馆学初步发展起飞的阶段,自 1949 年 10 月至 1979 年 6 月,大约经历了三十年的时间。

1949 年 10 月以后,中国图书馆事业有了史无前例的发展,繁荣昌盛的社会主义图书馆事业,是中国图书馆学赖以迅速发展的前提和条件。为适应各种类型图书馆工作发展的需要,紧密结合中国图书馆事业的新发展和图书馆工作的实际需要,偏重于图书馆技术方法的研究是这一阶段初期图书馆学研究的特点。1952 年至 1960 年短短数年间,《中国人民大学图书馆图书分类法》、《中小型图书馆图书分类表草案》、《中国科学院图书馆图书分类法》、《武汉大学图书分类法》、《中国图书馆图书分类法草案》等大中型分类法先后编成、出版,反映了建国后十七年的图书馆学研究的丰硕成果。

1956 年,党提出了向科学进军的号召,1957 年,国务院公布了《全国图书协调方案》,规定在国务院科学规划委员会下设图书小组,首要的工作是建立中心图书馆和编制全国图书联合目录,并把图书馆学的研究纳入我国科学技术发展远景规划内。北京大学、武汉大学图书馆学系分别举行图书馆学科学讨论会,开展学术争鸣,对图书馆学基本理论问题进行探讨、研究。在《图书馆学通讯》、《图书馆工作》、《武汉大学学报》(人文科学版)等学术刊物上发表了一大批学术水平较高的论文,还对诸如藏书建设、分类编目、目录组织、读者工作,干部培养等多种业务问题进行理论上的研究和实践上的探索,图书馆学研究取得了长足的进步。然而,这个阶段图书馆学的发展并不是一帆风顺的,它在起步之后,又有过停滞的时期:五十年代大张旗鼓地学习苏联,全盘苏化,当时图书馆学的研究也有照抄照搬的偏向;1958年大跃进、拔"白旗",否定了中国图书馆学的传统;特别是1966—1976年十年"文化大革命",酿成的恶果是,图书馆事业倒退,葬送了图书馆学的蓬勃生命力。在那"知识越多越反动"的年代,图书馆门可罗雀,无人问津;图书馆学研究这块刚刚被开垦的处女地,重被荒芜,图书馆学成了弃儿被拒之于科学的大门之外。1976年粉碎"四人帮"以后,图书馆学研究才有了转机,1978年,北京大学、武汉大学开始招收图书馆学研究生,图书馆学研究被重视起来。是年12月党的十一届三中全会之后,图书馆事业跨入一个崭新时期。中国图书馆学界经过几度停滞和十年动乱,终于在痛苦的历史反思中,认识了历史,在图书馆学研究中,认识了落后了的中国图书馆学,找到了明天在这里接过现代图书馆学的火炬、走向繁荣发达的新起点。

第二阶段是中国图书馆学发展的新阶段,这个阶段是1979年7月开始的。

1979年7月,中国图书馆学会成立并举行了第一次全国科学讨论会,随后不久,各省市自治区图书馆学会相继成立。全国性的和地方性的各种专题学术讨论会、研究会不断召开。图书馆学高等教育发展迅速,经原教育部批准,全国四十余所大学开设图书馆学系或图书馆学专业,中等专业教育、函授教育、成人教育、电视教育也相应地发展起来,形成了高等教育、中等教育、函授教育、电视教育和成人教育相结合的多层次、多序列的图书馆学专业教育结构。图书馆学专业刊物雨后春笋般地出现,截至1984年,全国图书馆学刊物已达46种。此外,武汉大学还正式建立了图书情报学院和图书馆学情报学研究所。凡此种种,标志着我国图书馆学进入了一个新的发展阶段。

在中国图书馆学的萌芽时期和产生时期,图书馆学的研究,只是以图书馆技术方法为重点,无论是学习欧美引进西方技术,还是总结中国图书馆的传统经验,都没有离开图书馆技术方法的轨道,仍只处在"术"的阶段;而在中国图书馆学的发展时期,图书馆学的研究则成功地突破了就图书馆论图书馆的窠臼,从图书馆技术方法的研究自觉地上升为图书馆理论科学研究,进入了"学"的阶段。"学"与"术"并重,相互沟通,融为一体,是发展时期的中国图书馆学的显著特征。

五十年代开始,从整个科学系统来认识图书馆学,这对图书馆学的发展有着特殊意义。1957年开展的"什么是图书馆学"的大讨论,突出了"学"的色彩,揭开了中国图书馆学理论研究的序幕。图书馆学是不是一门科学,关系到图书馆学能否作为一门独立的学科存在,关系到图书馆学的发展方向,关系到图书馆学在图书馆工作中如何发挥它的科学职能、指导图书馆工作等重大问题,到六十年代初期为止,已有一批质量较高的论文问世。这些问题的突破,开拓了图书馆学研究的前景,为新中国图书馆学理论研究的新高潮的到来准备了条件。

然而,令人痛惜的是,随之而来的"文化大革命"曾一度窒息了中国图书馆学的生机,使图书馆学理论研究的短暂的繁荣如流星般地消失。中国图书馆学就这样丧失了它发展的机会,拉大了它本来与世界图书馆学相差甚远的距离。

但是,历史是公正的,它为中国图书馆学的发展再次提供了契机。从七十年代末期开始,中国图书馆学理论研究,又出现了一个辉煌的高潮。它表明,中国图书馆学正在走向世界。

七十年代末期,也就是在苏联学者米哈依诺夫、乔尔内、吉里列夫斯基和美国学者奥尔提出图书馆学"交流说"不久,北京大学教授周文骏于1979年春发表了《图书馆工作的传递作用、体系和发展》的论文,进一步丰富了图书馆学"交流说"的内容。文章指出:"图书馆工作通过传递图书情报的作用影响于社会的政治、经济、文化教育和科学技术等方面。传递图书情报是图书情报工作的核心,图书情报工作是当代科学交流的一个主要过程。""科学交流无疑是一种推动科学技术发展的动力,也是推动社会发展的动力。可以这样说,没有科学交流,科学技术的发展就会停顿,从而影响到整个社会的发展。"他认为:"图书馆工作的现代化是信息(情报)自动化的一个组成部分。当着信息(情报)化社会来临的时候,人们使用图书馆,在图书馆中获取各种信息(情报),将是人类的基本生活方式。"①1983 年,周文骏又在《概论图书馆学》一文中指出:"图书馆本身就是一个情报交流工具,并且是文献这个交流工具的存贮者,组织者和利用者。图书馆工作的任务,就是通过自己的交流作用使得社会更加合理地使用知识、情报与文献,更加合理地组织和存贮知识、情报和文献,以帮助用户和读者达到认识世界和改造世界的目的。"进而得出结论:"情报交流是图书馆学理论基础。"②中国图书馆学者的研究成果表明,中国图书馆学正在走向世界,并成为世界图书馆学的一部分。

　　五十年代以来,图书馆学研究逐步深化,表明了图书馆学的日趋成熟。五十年代,从对图书馆的外部现象分析出发,提出了"要素说";六十年代和七十年代,从对图书馆外部现象的描述,到对图书馆的内部实质进行探讨,提出了"矛盾说"和"规律说";从七十年代末期开始,至八十年代初,而对"第三次技术革命"的挑战和自然科学奔向图书馆学的强大洪流,又提出了"交流说"和"知识说",开掘了图书馆学研究的深度。七十年代以来,图书馆学利用其它科学的成果,许多新的科学理论和研究方法吸收或移植到图书馆学中,人们把图书馆学的研究置于更大的系统——社会范围,从变动着的社会系统的整体出发来进行考察和认识图书馆学,拓宽了图书馆学研究的广度。图书馆学的生命力在于它同图书馆

---

① 周文骏:《图书馆工作的传递作用、体系和发展》,《图书馆学通讯》,1979 年第 1 期。

② 周文骏:《概论图书馆学》,《图书馆学研究》,1983 年第 3 期。

实践的密切联系和结合,以电子计算机的使用为标志的图书馆现代化方兴未艾,电脑技术、缩微技术、视听技术、网络技术正在与传统的图书馆技术方法相结合,图书馆技术以崭新的面貌出现,促进了图书馆事业的发展。中国图书馆学也将随着图书馆事业的发展而发展。

今天,中国图书馆学不再是一门孤立的学科,具有中国特色的图书馆学已真正成为一门为社会所瞩目的独立学科而立于科学之林。在经历了短短的几十年的发展历程后,中国图书馆学已蔚成一棵枝桠繁多的参天大树,从图书馆学体系结构上讲,可以把它具体划分为理论图书馆学,专门图书馆学和应用图书馆学,这种分野奠定了划分图书馆学分支学的基础;从它的分支学科来看,可以分为图书采访学、图书分类学、图书目录学、读者学、图书馆管理学等;从理论专题的角度看,有图书馆学理论、图书馆学史、比较图书馆学等;从与图书馆学密切相关的学科看,有图书学、目录学、校雠学、版本学、情报学等等。图书馆学内部分类的深度和与外部联系的广度,反映了中国图书馆学发展的成熟水平。

第三节　图书馆学演化的根据

图书馆学的演化,是一个历史的发展过程,在不同的时代,不同的历史时期,不同的地域,有其不同的特点。归根结蒂,它是与当时当地社会生产力的发展、科学文化水平相适应的。本节从社会和生产力的发展,图书馆和图书馆事业的进步,民族文化的繁荣和不同学术观点的竞争,社会政治、经济、文化等领域的影响以及图书馆学在其发展中自身的能动作用和相对独立性等几个方面,对图书馆学演化的根据加以阐释。对这一问题的探讨,可以使我们对图书馆学演化过程中一系列重要问题获得一些新的理解。

列宁说:"只有把社会关系归结于生产关系,把生产关系归结于生产力的高度,才能有可靠的根据把社会形态的发展看作自然历史过程。不言而喻,没有这种观点,也就不会有社会科学。"①这一精辟论述,有助于我们认识图书馆学演化的过程,寻求图书馆学演化的根据,并可以从图书馆学演化的轨迹中窥见其未来的发展。

什么是图书馆学演化的根据呢?

探求图书馆学演化的根据,就要对在图书馆学演化的历史过程中给图书馆学形成和发展以影响的种种因素进行分析。

第一,如同任何学科一样,图书馆学的产生和发展,与社会的发展紧密相关,与社会生产力的发展水平相适应。

图书馆学的萌芽、产生,后于图书馆的出现。图书馆的发展受生产力的制约。从生产关系的角度出发,人类社会被划分为原始社会、奴隶社会、封建社会、资本主义社会和社会主义社会五种社会形态,在人类社会发展的不同阶段,由于生产力水平和生产关系性质的不同,图书馆呈现出不同的性质和特点。在数千年的农业经济社会里,社会生产力十分低下,社会处于封闭状态,图书馆的发展异常缓慢。在这种社会环境中和极低的生产力状况下,自然不可能产生图书馆学。图书馆只能担负着保存和传播统治阶级的文化意识的职能。在封建统治阶级的控制和把持下,它艰难地伸展。封建社会不能给图书馆学提供产生的条件和发展繁盛的可能性。以蒸汽机为代表的机器的产生,把人类社会带到了一个新的历史阶段——资本主义社会,随着社会从封闭走向开放的变革、社会生产力由停滞不前到飞跃的发展,图书馆也实现了从封闭性的思想意识保存与传播机构向知识交流的开放性社会性设施的转变,这种从封闭走向开放,可以说是图书馆进化过程中的一次质的飞跃。它为图书馆学的产生奠定了基础,准备了条件。

---

① 《列宁选集》第一卷,第8页。

科学技术是促进社会生产力发展的巨大力量。印刷术的发明,造成了社会知识信息空前的增长,使图书馆的发展出现了革命性的变化,促进了欧洲图书馆事业的蓬勃发展,也使图书馆学在德国刚一诞生就能迅速影响于欧洲。十七世纪初,近代科学的奠基者之一的弗兰西斯·培根就指出:"印刷术、火药和指南针,……这三种东西已改变了世界面貌。……引起无数的变化。这种变化如此之大,以致没有一个帝国、没有一个宗教教派、没有一个赫赫有名的人物,能比这三种发明在人类的事业中产生更大的力量和影响。"后来马克思也指出:"火药、指南针、印刷术,这是预告资产阶级社会到来的三大发明。火药把骑士阶层炸得粉碎,指南针打开了世界市场并建立了殖民地,而印刷术则变成新教的工具,总的说来变成科学复兴的手段,变成对精神发展创造必要前提的最强大的杠杆。"①三大发明起源于中国,却根本不曾发生这样巨大的作用。然而,足以构成历史讽刺的倒是,在中国,大量的火药被用来制作游戏的爆竹;而罗盘却主要被用来作占验风水、选择坟宅的所谓"堪舆之术",等等。它严重地影响了中国文化的发展,尽管这是中国封建制度使然,但是,这也不难理解,在封建社会制度下,中国不可能像资本主义的欧洲那样,摆脱传统的束缚,突破固定程式的桎梏而产生近代图书馆学。中国封建社会里社会生产力的停滞不前,不能不说是中国图书馆学落后的主要原因。

　　中国有过使世界震惊的古代文明,在图书馆史上,也有过几章足以引为骄傲的历史。那么,在近代为什么中国图书馆学起步晚、发展慢呢?要正确解释这个历史现象,就只能到当时中国社会条件和生产力的状况中去寻找答案。图书馆学的演化固然有其独自的特点,但是,最终它是要受生产力、生产关系状况的制约的。新中国的诞生,才为图书馆学提供了发展的条件。

---

　　①　马克思:《机器、自然力和科学的应用》

第二,图书馆学形成和发展的最深厚的基础在于图书馆的发展和图书馆事业的进步。

图书馆学为什么首先产生于德国？只要略为考察一下图书馆学创始人施莱廷格的祖国的图书馆历史和施莱廷格所处的时代,就不难了解图书馆学产生的背景,并帮助我们理解它对当时正处于蓬勃发展着的图书馆的推动作用。

十六世纪初,欧洲新兴资产阶级发动了一次大规模的反封建运动,它是在宗教改革的旗帜下发展起来的。在这个运动中德国许多图书馆的藏书被毁坏,造成了德国图书馆事业的不景气现象。然而宗教改革的领导人马丁·路德（Martin Luther, 1483—1546）却十分强调教育的重要性并深信图书馆的价值。1524年他在《给德意志所有城市参议员的信》中提出了"教育就是拯救灵魂的事业"的口号,坚决主张:"为了建立好的图书馆或图书室,人们不应当吝惜汗水和金钱,在那些有能力做到这一点的大城市,更是不应当如此。"在路德的号召下,德国许多城市都相继建立了规模不同的图书馆。这一时期,学校图书馆也得到了相应的发展,现在德国历史悠久的几十所大学图书馆就是在这个时期建立起来的。经过宗教改革,十六世纪德国出现了图书馆事业的高潮。德国的图书馆虽然在十七世纪三十年战争中（1618—1648）遭到严重的浩劫,但总的说来,十七、八世纪德国图书馆在世界是处于领先地位的。哥丁根大学图书馆不仅在德国,甚至在整个欧洲可以说是独树一帜的。1801年歌德在参观哥丁根大学图书馆时,对它给予高度赞赏,他说:"我们仿佛站在巨大的资本面前,它静悄悄地把数不胜数的利钱捐赠给我们。"

十六、七世纪以后,科学研究在欧洲蔚成风气,成为欧洲科学迅速发展的一个重要条件,导致了十八世纪六十年代世界上第一次技术革命在欧洲首先出现。第二次科学革命大约走过了一个世纪的历程,为第二次技术革命作了理论准备,这个期间,世界科学活动的中心正由法国转向德国。十九世纪上半叶正处在第二次技术革命前夕,近代科学的曙光正照亮了欧洲,照亮了德国的大地。在近代科学的许多领域,德国在世界上都是处于领先地位的。所以说,提出"图书馆学"概念、创立第一个图书馆学体系的施莱廷格在德国的出现,决不是偶然的。

随着图书馆系统的不断发展、图书馆工作内容的日益完善、图书馆职能的变化,图书馆的作用也越来越大,它不仅可以沟通同一历史时代、同一社会范围的人们的思想,而且能将不同历史时代、不同社会环境中人们的思想、学术活动、劳动成果联系起来,它实际地造成了各个区域、各个时代、各个社会的人们认识活动的精神性前提和基础。在现代,这种状况将为更多的人所重视,波普的所谓"三个世界理论"的产生,就是一个很有说服力的证明。波普曾做过两个思想实验,来说明第三世界即图书馆的作用:一,如果人类所有的机器、工具都破坏了,而图书馆还保存着,那么人类仍然能够重新发展;二,如果图书馆连同所有的机器、工具一起都破坏了,那么,人类文明的重新出现,将是几千年以后的事了。尽管波普对图书馆的作用扩大到了超出社会赖以存在的物质基础,以致带有唯心主义的色彩,但却不可否认他所提出的问题的重要性。

图书馆的发展和图书馆事业的进步,迫使人们不可能不对图书馆工作做出理论的概括和哲学的思考。人们正是通过对不断发展和进步中的图书馆工作和图书馆事业的考察,从理论上获得新的见解,不断完善图书馆学理论的。从这一理解出发,我们可以在图书馆的发展和图书馆事业的进步中寻找到图书馆学思想发展的脉络。

第三,民族文化的繁荣进步和不同学术见解的竞争论辩,是图书馆学获得长足进步的机缘。

图书馆学是整个民族文化的不可分割的一部分,只有民族文化的繁荣,才能带来图书馆学的进步。古今中外,概莫能外。中国封建社会,不能产生近代图书馆学;半封建半殖民地的中国,民族文化处于最低潮,同样是不可能产生近代图书馆学的。在西洋也是在"文艺复兴"之后,到十八世纪下半叶,图书馆学才有了坚实的基础。

在欧洲,十五世纪以后,文艺复兴真正结束了文化上的黑暗时期,开出中世纪文明灿烂之花,给近代文明的发展铺平道路。从十八世纪六十年代开始的资产阶级工业革命,取得了生产力高速度发展的辉煌成果,图书馆得到了相应的发展。图书馆的职能发生了根本的变化,不仅由单纯的搜集文献资料保存文化遗产,发展为整理文献资料,并提供利用;而且由满足社会对知识交流的需要发展为直接影响社会生产力发展的一种社会装置。早期的图书馆学家对图书馆学研究对象的种种认识,就不能不受到这种历史过程的影响,正因为如此,施莱廷格主张把图书馆收集的图书整理成适合读者需要的、为读者所用的实际知识,而将图书学和书志学排除在图书馆学的范围之外,并特别强调,以图书的配备和目录的编制,作为图书馆学体系。这种把图书馆学研究对象限定在整理方面而忽略其它方面,乃至将图书学和书志学排除在图书馆学范围之外的认识,应当认为,在图书馆学形成的初期,有这样一个过程是合理的,并且往往是不可避免的。

不同学术见解的竞争论辩,互相矫正补充,是使学术获得长足进步的机缘。施莱廷格的"整理论"就遭到过艾伯特的非议。艾伯特从图书馆员与图书馆工作的关系着眼,深刻地注意图书馆员具有广博的知识对处理图书馆文献的意义,强调图书馆员教育和进修的必要性、重要性,把图书学、书志学看作图书馆员必须具备的知识,对把图书馆学的研究对象限定在"整理"上的理论的批评,提出图书馆员"知识论"的理论,是艾伯特对图书馆工作的认识的一个进步。艾伯特的图书馆学理论之所以能够得到异国学者默尔贝希的支持,并为后者所完善,正说明图书馆员"知识论"高于图书馆"整理论"。

产生于本世纪二十年代,完善于三十年代,发展于五十年代的中国图书馆学"要素说"理论,经历了整整三十年的历程,它既反映了中国民族文化的发展对中国图书馆学的影响,也说明了不同学术见解的竞争、补充,对完善图书馆学体系的意义。

第四,图书馆学的递衍嬗化是一个涉及到社会政治、经济和文化等领域的复杂的社会机制。

图书馆学的演化与社会政治、经济、文化等领域的发展是相适应的,因此,在不同的时代,有着不同的特点。

图书馆学大体经历了三个阶段:第一个阶段是图书馆知识的积累阶段,从图书馆出现时算起,到十九世纪初图书馆学诞生为止,在图书馆史上被称之为"第一代图书馆"的时期。这一时期的特点主要是图书馆知识由零散记载到较系统的记载;由图书馆工作局部知识的阐述到图书馆整体观念的论述。第二个阶段是图书馆学建立时期,它始于十九世纪初,止于第三次技术革命兴起的前夕,也就是所谓"第二代图书馆"的时期。这是一个"经验——科学"阶段。第三个阶段是图书馆史上称之为"第三代图书馆"的阶段,这是图书馆学发展的阶段。这是一个图书馆"术"的进步、图书馆"学"的飞跃时期,这是建立在近代科学基础上图书馆学步入科学殿堂的时期。

图书馆学所经历的三个阶段,反映了社会政治、经济和文化的历史变化。

第五,图书馆学在图书馆工作中接受实践的检验,并在这个过程中不断得到修正、丰富和发展。

对什么是图书馆学演化的根据,如果仅从上述四个方面说明,还是不够的。虽然它们对图书馆学形成和发展或具有决定性的作用,或具有重大的影响,但是,我们不能、也不应当对此作片面的、机械的理解。事实上,作为一门独立学科的图书馆学在产生之后,

130

在它的发展中,又表现出巨大的能动作用和相对的独立性。我们说,图书馆学是一门实践性很强的科学,就是说,它要在图书馆工作过程中,接受图书馆实践的检验。它随着图书馆工作的发展而不断完善、发展和系统化;它在接受图书馆实践检验中得到修正、丰富和发展。

图书馆学理论正确与否,要在图书馆实践中得到验证。同时,它又随着图书馆工作内容的不断发展,逐步纠正自身的缺陷和偏颇,逐步地完善起来。

本章小结

透视图书馆学的演化,我们可以看到,图书馆学的形成和发展,是一个自然的历史过程。

在这个过程中,不论是世界图书馆学的发展,还是中国图书馆学的发展(今天它已成为世界图书馆学的一部分),无论是从横向的图书馆学思想体系的发展看,还是顺历史演化的纵向轨迹考察,它的产生都与图书馆的产生、发展分不开,都印有鲜明的时代痕迹。它随时代的发展而发展。它经历了萌芽、形成、发展等几个不同的时期。

在图书馆学的萌芽、产生的各个时期,从诺德到莱布尼茨,从施莱廷格到艾伯特,从爱德华兹到杜威,从阮冈纳赞到杜定友、刘国钧,都对图书馆学有过精湛的论述。但是,由于历史条件的局限,这些著名的图书馆学家都未能使图书馆学进入全方位的整体性更强的阶段。当然,我们不能也不应该苛求于先人。只是到现代,把对图书馆学的研究纳入到社会系统的考察之中,图书馆学才能进入发展时期。在这一时期,一方面,图书馆学内部不断分化,许多新的分支学科陆续建立:突破分类法的樊篱,以科学分类为基础,形成了新的分类体系,产生了图书分类学;摆脱了旧式图书馆(中国历史上称作藏书楼)的羁绊,使无序增殖的知识得到最有效的利用,最大限度地满足读者对图书馆资源的要求,诞生了读者学等等。另一方面,随着图书馆社会化的形成和发展,图书馆学外部不断扩张,图书馆学与其它学科的联系得到加强,出现了科学综合化的趋向:解除了图书馆学仅局限于社会科学领域研究的束缚,应用自然科学的研究成果,与数学远亲"杂交",形成了图书馆数学;与情报学近亲繁殖,形成了图书馆情报学;应用经济学的原理和方法,探讨图书馆工作的经济功效,产生了图书馆经济学;引进电子计算机技术,诞生了图书馆计算机科学,等等。图书馆学体系能将图书馆学内部不断分化,外部不断扩张的学科同化入图书馆学体系之内,是图书馆学发展的标志,表明了图书馆学是一门有无限发展前途的科学。

图书馆学史说明,图书馆学的产生和发展离不开社会的发展,生产力的发展对图书馆的变革具有决定性的作用,而图书馆学的演化以图书馆的演化为转移,并受社会政治、经济和文化的制约。图书馆学由简单到复杂,由经验的总结到本质的探索的演化,是一个历史的逻辑的发展过程。

托夫勒在《第三次浪潮》一书中指出:人类在由渔猎时代进入农业时代的第一次文明浪潮中,花费了几千年;而在由农业时代进入工业时代的第二次文明浪潮中,花了几百年;而在当前的第三次文明浪潮中,即由工业时代向信息时代转化,只要几十年就够了。图书馆学的萌芽、产生和发展的演化与它是多么相似!如果说,在第一、二次文明浪潮中,图书馆的出现和发展先于图书馆学萌芽和产生,那么,在第三次文明浪潮中,图书馆学的发展则与图书馆的发展同步进行了。

只有把图书馆学的产生和发展放到社会历史演变的宏观世界中来考察,才能对图书馆学的演化根据作出科学的阐释。认识图书馆学的演化过程,便于把握图书馆学的未来发展。正如恩格斯所指出的,我们只能在我们时代的条件下进行认识,而且这些条件达到什么程度,我们便认识到什么程度。人们的认识将随着时代的发展,条件的完善而不断完善和发展起来。

本章思考题

1. 为什么说图书馆学的形成是一个缓慢的积累过程?

2. 图书馆学萌芽、形成和发展时期的主要特征是什么?

3. 试述图书馆学演化的过程。

4. 试述施莱廷格、杜威、阮冈纳赞、巴特勒等人的图书馆学思想及其对图书馆学理论的贡献。

5. 为什么说漫长的中国封建社会孕育着中国图书馆学的萌芽过程?

6. 试论程俱、郑樵对中国图书馆事业的贡献。

7. 试述中国近代图书馆学的形成过程。

8. 如何评价三十年代的中国图书馆学?

9. 试论武昌文华大学图书科在中国近代图书馆学史上的地位。

10. 中国图书馆学的发展经历了哪两个阶段?发展时期的中国图书馆学的显著特征是什么?

11. 为什么说中国图书馆学正在走向世界?

12. 为什么说图书馆学不再是一门孤立的科学?

13. 试述图书馆学演化的根据。

本章主要参考文献

1. 况能富著:《图书馆学思想发展论纲》《图书情报知识》 1982 年第 4 期

2. 周文骏著:《概论图书馆学》《图书馆学研究》 1983 年第 3 期

3.黄宗忠著:《武汉大学图书馆学系六十年——兼评文华图专和韦隶华在我国图书馆事业史上的作用》《武汉大学学报》(哲社版) 1980年第6期

4.白国应著:《图书分类学》第六章中国图书分类简史 书目文献出版社 1981年11月版

5.蔡元培著:《裨补学界 潜滋暗助》《湖北高校图书馆》 1985年第2期

6.陈传夫著:《略论图书馆学体系的进化》《图书馆学研究》 1982年第6期

7.周旭洲著:《图书馆与社会——问题·结构·基本原理》《湖北高校图书馆》 1985年第3期

8.台湾"国立中央图书馆"编:《"中华民国"图书馆年鉴》 1981,12

9.石梅著:《我国图书馆学理论研究工作的新发展》《江苏图书馆学报》 1984年第3期

第五章　图书馆的性质与职能

图书馆是人类社会发展到一定阶段的文明产物。人们在征服自然、改造社会的实践活动中，创造了语言和文字。当文字的记录积累到一定数量时，就产生了收集、整理、保管和利用它们的专门机构——图书馆。图书馆历经沧桑，经久不衰，聚积了极其丰富的文献典籍，成为人类的知识宝库和智力资源中心。它以文献交流和传递科学情报的功能，深刻地影响着人们的经济生活、文化生活、科学研究生活，对人类精神文明和物质文明建设起到了巨大的促进作用。

第一节　图书馆的产生和发展

图书馆作为一种社会文化现象，它伴随着文献的出现而产生，又随着科学文化的进步而不断变革和发展。如果说人们对"历史"的认识是从人类开始保存文字记录为开端的话，那么，图书馆的存在就差不多和"历史"一样悠久。其漫长的演进过程，大致可分为四个阶段，每个发展阶段因受其同一时期社会政治、经济发展的制约而呈现出不同的形态，具有不同的特点和功能。

一、图书馆的产生

"图书馆"一词,是个外来语。英文 Library、俄文 Библи－атека、德文 Bibliothek、法文 Bibliotheque 等,都是从拉丁文 Libraria 源衍而来的,其含义为藏书之所。由此可见,最初形式的图书馆实际上是一个文献的集合体。文献是图书馆产生的前提条件;文献的积累和交流是图书馆产生的社会根源。

自从人猿分野之后,人类在共同的社会劳动中,需要表达思想、交换意见、积累经验,进行物质和精神方面的交流。没有交流,人们便无法进行征服自然、改造社会的共同劳动,所以交流是人类社会存在和发展的基本条件。但是在文字出现以前,人们思想感情和生产经验的交流,只能靠记忆和口耳相传。这种交流方式既不能传递很远,也不能世代保存。后来人们经过诸如结绳、刻木等形式的探索,终于创造出了一种有效的象征符号——文字。文字的发明,必须有相应的载体以体现,二者相结合便产生了记录——文献。文献是人们表达思想,保存记忆、交流经验的工具;人类运用文字记录对外界刺激加以抽象化,形成概念,并通过概念进行推理,了解事物的本质;人类只有通过文字记录才能超越自己所生活的直接的自然环境,使通讯成为可能,使积累的知识得以世代相传。所以,文字及其记录的出现,大大提高了社会交流的广度和深度,从而拉开了人类文明史的序幕。

亚洲、非洲的大河流域,土壤肥沃,水源充足,利于人类定居和耕作,是人类文明的策源地,因而最早的文字记录首先在这些地区的国家产生和发展起来。当文字记录的各种文献档案增长到一定数量时,个人和社会集团都难以依靠自身的能力和条件去有效地收集和利用这些资料,为了搜聚和管理源源不断涌现的文字记录材料,以服务于社会实践,便产生了新的社会分工,出现了搜集、整理、保藏各种文献典籍的机构和专职人员,这就是最初形态的图书馆。

由于时代久远,最初形态的图书馆已不复存在,我们只能依据有关文献的记载和考古发掘的实物来窥测其一斑。

古埃及人民,曾为人类古代文明作过重大贡献。约在公元前三千五百年左右,就有了象形文字,并发明了供书写用的纸草卷子。纸草书中最古老的一份,是现存于巴黎罗浮宫的普利斯纸莎草书,约写于公元前二千五百年。公元前一千八百年,就出现了记录庙宇历史、祈祷活动及神话传说的神庙档案室(寺庙图书馆)。1887 年,在阿玛尔那废墟上又发现了埃及新王国(公元前 1580 年以后)第十八王朝创建的王室图书馆。在古埃及,收藏纸草书最多的地方是公元前三世纪托勒密一世祖孙三代建立的亚历山大图书馆,藏有纸草书七十万卷,储存在名叫布鲁茨欧姆(Bruche-um)的王室博物馆内,至公元前 47 年恺撒时代,因海港大火致使馆藏荡然无存。

在古代文明中,与亚历山大图书馆相媲美的,还有公元前二世纪在小亚细亚建立的柏尔加姆(Pergamun)图书馆,收藏有羊皮纸书二十万卷。

值得指出的是,古代两河流域的苏美尔文明。大约在公元前四千年,美索不达米亚地区就有了楔形文字和泥板图书。根据考古发现,这些泥板文献多收藏在寺庙和宫廷王室,内容包括宗教迷信、商行记录、政府档案等。其中收藏泥板书最著名的是亚述国王巴尼拔于公元前七世纪创办的巴尼拔图书馆,它搜集各种文字记录一万多篇,用方头铁笔刻在三万多块湿泥板上,经过烘干,保存于宫殿,并按主题收藏在不同房间里,每间房的墙壁上刻有一个粗糙的排架目录,以供查检。公元前 612 年尼尼韦被攻陷时,倒塌的墙覆盖在泥板书上,到公元 1850 年被英国考古学家奥斯汀·亨利·莱亚德发掘出来,使今人得以了解古代图书馆的一些端倪。

中国是世界文明古国之一,历史悠久,文化灿烂,关于图书馆的起源可以追溯到遥远的古代。至迟在公元前四千年左右的仰韶文化时期我国就有了二、三十种符号的半坡象形文字,至公元前十三世纪形成了系统的甲骨文。用以记录文字的载体有龟甲、兽骨、青铜、竹木、缣帛等材料。《尚书·多士篇》记载:"唯殷先人有册有典"。这种册典,在1889年河南安阳小屯村殷墟遗址发现的十万片甲骨上面,刻有会意、假借、形声等四千多文字,记录了有关征伐、狩猎、祈祷及宫廷生活等方面的内容,并按一定的顺序存放在宫廷之内。后来,随着文字记录资料的不断增多,就出现了保管这些历史文献的史官。《史记》称老子曾任周朝"守藏室之史",掌管四方之志,三皇五帝之书。这说明我国早在春秋时期就已经有了主管藏书的机构和官员。

总括上述,我们可以把这一阶段看作图书馆的萌芽和产生时期。所以这样说:第一,远古时代,生产力低下,图书馆的物质基础——文献载体,无论是中国的甲骨、竹木、缣帛或是外国的泥板、纸莎草、羊皮等,都是天然的物质,文献技术水平很低,生产十分艰难,文献数量少,而且十分笨重。第二,文献来源匮乏,收藏文献还没有形成制度,也没有一套科学的管理方法。第三,由于自然知识的贫乏和"学术统于王宫",文献内容着重于提供统治经验,图书是极少数人的财产,大多为奴隶主所享用,文献的利用范围极为狭小。第四,文献存储结构集中。从整个社会范围看,只有为数极少的藏书点,而且都附属于王宫或寺院内。图书档案不分,图书馆与档案馆混为一体,尚未形成一种独立的社会事业。因此,我们只能把孕育阶段的图书馆形态,称之为原始文献的集合体,其主要职能是储存和保管文献记录。它的发展水平与当时文献交流和奴隶社会低下的生产力水平相适应。

二、古代图书馆

古代图书馆,发端于奴隶社会,发展成熟于封建社会。在我国,习惯上把古代图书馆称做藏书楼。

人类进入封建社会以后,由于工具的改进,劳动生产率的提高,使社会物质财富增加,脑力劳动与体力劳动进一步分工,不仅统治阶级因施政需要吸取历史经验,从事科学、文化、教育的知识分子也要求获得必要的文献资料。为适应这种需要,人们发明了较之以往廉价而轻便的书写材料——纸,后来又发明了印刷术,文献生产技术有了很大进步,图书的数量大大增加。正是在这样的社会背景下,图书馆逐渐形成了一种独立的社会机构。

由于世界各国历史进程的差异,古代图书馆的发展状况和具体历史作用也不尽相同。中国绵延二千年的封建社会,造就了古代图书馆事业的典型。早在公元前211年,秦始皇统一中国以后,就在咸阳阿房宫设立了藏书机构。汉初,随着封建经济的发展和文化的繁荣,高祖刘邦令萧何接管阿房宫的藏书,并在此基础上建立了当时的国家藏书机构——石渠阁。汉武帝时,"建藏书之策,置写书之官,下及诸子传说,皆充秘府。"成帝、哀帝又令刘向父子对天禄阁藏书进行了大规模的整理,"条其篇目,撮其旨意,"编成了我国最早的国家藏书目录——《七略》,从而奠定了我国封建社会藏书事业的基础。此后,从三国到隋唐五代,随着政治、经济、文化的发展,特别是雕版印刷术的发明,古代图书馆进入了发展时期。隋代西京嘉则殿藏书三十七万卷;唐代进一步完善了管理藏书的机构,设秘书省兼管藏书和校书,又令秘书监魏征等人整校群书,修成《隋书经籍志》,记载了我国上古至中古时期的书籍发展情况。从宋朝开始,我国古代图书馆事业达到繁荣的阶段。公元十一世纪毕升发明了活字印刷术,书籍生产大量增加,加上科举盛行,学术昌明,文化繁荣,私家藏书,书院藏书蓬勃兴起,与当时的官府藏书交相辉映。宋代除了国家藏书机构崇文院之外，还有白鹿洞、岳麓、应天、石鼓等书院藏书机构。明代国家藏书机构文渊阁藏书多达四万三千二百册；著名的私人藏书家有四百二十七人，如江苏毛晋的汲古阁，浙江范钦的天一阁，绍兴祁承爜的澹生堂等，为保存古代文化典籍作出了卓越的贡献。清代学术繁荣、著述颇盛，著名的私藏家有四百九十七人；清乾隆帝组织编纂的《四库全书》，收辑古代文化典籍三千五百零三种，七万九千三百三十七卷，缮写七部，分藏七阁，并编制了《四库全书总目提要》二百卷，树立了中华文苑一丰碑。

在欧洲，中世纪是宗教主宰万物的黑暗时代，宗教思想取代了古希腊，古罗马的文化，文化成为宗教的专利品，因而图书馆事业远不及中国发达。这一时期西方的图书馆，通常都附设在大教堂或宫廷里，大多数图书馆只是在寺院内部抄写一些圣经和希腊、罗马的古籍而已。图书馆的藏书仅供僧侣或王公贵族享用，并且为了防止图书丢失，还用铁链条把书拴在书架上。这时期图书馆的主要任务是保存手稿和文化典籍。

通观古代图书馆，有如下一些特点：

由于知识载体的变化和记录技术的进步，出现了人工文献载体。知识记录材料以纸为主，书籍形式有手抄本，雕版印刷品，基本上解决了同一文献的批量生产，为知识的传播创造了良好条件。

随着社会文献量的增加，文献存储结构由集中转为分散，出现了为数较多的藏书点。除了官府和寺院藏书以外，还有私人藏书，书院藏书等，从而形成了一种社会藏书事业。

其收藏范围，以是否有利于封建统治阶级为唯一的取舍标准，如秦始皇的焚书坑儒，乾隆皇帝在编纂《四库全书》时所施行的文字狱等，都说明图书馆是在人类社会生产资料私有制出现后建立起来的文化设施，一开始就为统治阶级所占有，并为统治阶级的利益服务。古代图书馆的阶级性表现得十分明显。

这个时期图书馆的形态,即所谓的藏书楼。由于文化为少数统治阶级所垄断,图书文献被视为私有珍品,不仅私人藏书"书不出阁",就连国家藏书也被皇帝视为"退朝以自娱"的私有财产。当时的图书馆相对地处于静止和封闭的状态,所以人们称这一时期的图书馆为"藏书楼"。图书馆的工作,主要是收藏图书、分类编目、考订版本、辩章学术等。

尽管古代图书馆以收藏和保存图书为主,基本上属于宫廷和神学的附属品,但在漫长的封建社会里,它却为后世积累和保存了大量的文化典籍,对文化的持续发展作出了巨大的贡献。同时经过长期的藏书实践,也创造了搜集、整理图书的宝贵经验和方法,为图书馆学的形成积累了资料,成为图书馆学知识体系中不可缺少的组成部分。

三、近代图书馆

近代图书馆是伴随着资本主义生产方式的出现而由古代图书馆转变过来的。

文艺复兴运动,冲破了宗教势力的桎梏;十九世纪中叶英国资产阶级革命,敲响了封建统治的丧钟,然后经过二百多年的大动荡,大改组,终于确立了资本主义制度,世界进入了近代史时期。随着资产阶级革命的成功,社会政治、经济和科学、文化得到了迅速的发展,从而为图书馆事业的发展开拓了广阔的前景。首先,新兴资产阶级提倡个性自由和精神解放,要求打破封建的文化垄断,从根本上动摇了封建藏书楼的基础。其次,资产阶级教育的普及,文化启蒙运动的开展,不仅从事大机器生产的工人要掌握劳动生产技能,一般市民也要求普及科学文化知识,图书阅读成为一种社会需要。再次,近代科学的发展,远洋航路的开通,世界市场的形成,人们频繁的交往活动,也要求图书馆作为广泛传递知识信息的机构而存在。再其次,工业革命改进了造纸技术和印刷技术,解决了多种书籍快速生产的问题,使图书馆的藏书增多,复本增加,为更多的人同时利用图书馆创造了物质条件。

到了这一时期,藏书楼再也不能满足社会各方面的需要,建立一种不专属某个家族或个人的,能方便人们利用的图书馆不仅必须而且具备了社会条件,于是封建藏书楼解体,近代图书馆应运而生。考察近代图书馆的产生和发展历程,首先是创办了大学图书馆,接着各国国家图书馆建立,继而大量公共图书馆兴起。

早在中世纪末期,大学就陆续在欧洲出现。因为以书籍为中心的教育制度的需要,各大学都建立了藏书丰富的图书馆。著名的有牛津大学图书馆、巴黎大学图书馆、剑桥大学图书馆、布拉格大学图书馆等。特别是1737年创办的德国哥丁根大学图书馆,图书采购由馆长和教授严格挑选,并编有完善的目录,一切工作从方便读者出发,向所有从事科学工作的人开放,曾得到诗人歌德的称赞。

十七世纪以后,许多国家建立了全国性的图书馆。1661年德国建立了柏林皇家图书馆,1712年西班牙成立了国家文库,1735年法国皇家图书馆开始对群众开放,1753年英国伦敦不列颠博物院图书馆成立,1800年著名的美国国会图书馆诞生,至今成为世界上最大的国家图书馆——美国文明的柱石。

但是,古代藏书楼演变为近代图书馆的主要标志,是公共图书馆的建立。1571年,在意大利的佛罗伦萨创立了欧洲第一个公共图书馆——美第奇图书馆。以后,随着资本主义大工业生产的到来,商业贸易的蓬勃发展,工商业城市的形成,科学文化知识的普及,人们把公共图书馆看成"公共学校的高尚光荣的事业"。因之,十九世纪初,许多国家逐渐设立了公共图书馆。英国于1850年通过了建立公共图书馆的第一个法令。1852年,据此法令在曼彻斯特建立了第一个公共图书馆。1854年,美国也在波士顿按立法建立起了公共图书馆。十九世纪末,二十世纪初,欧美各国都建立了较发达的公共图书馆系统,使社会公众能够广泛地利用图书馆的藏书。

然而,图书馆事业的发展在世界各地区、各个国家很不平衡。古代文明策源地的亚非地区,因受本国封建势力和外来殖民主义的压迫和剥削,经济贫困,科学文化落后,由古代图书馆向近代图书馆转变的过程中反而成为落伍者。在中国,1840 年鸦片战争以后,随着外国资本主义的入侵,封建文化日趋没落,与此相适应的封建藏书楼开始解体,逐渐出现了近代观念的图书馆。如 1902 年徐树兰在浙江绍兴创办的古越藏书楼,藏书 23,218 册,于 1904 年向社会开放;1904 年建立的湖南省图书馆,这是我国较早的以"图书馆"命名的公共图书馆;1910 年京师图书馆筹备成立,1912 年对外开放。从此,各省都相继设立了公共图书馆,至 1930 年,全国各类型图书馆达到 2,935 所。但在半封建半殖民地的旧中国,由于国民党的腐朽统治,图书馆事业发展十分缓慢。

总的来看,这一时期的图书馆,已由私人占有转向社会化,由封闭式的藏书楼转向对社会开放的图书馆。图书馆的藏书不再仅仅为达官贵人享用,重要的是也为庶民百姓提供服务,组织公众利用图书馆的藏书是近代图书馆的特点。

图书馆为了满足公众对书刊资料的需要,社会文献存储结构也发生了变化,由前期的分散转向图书馆之间的联合。联合目录的编制,馆际互借的开始,图书馆网概念的提出,国际图书协会联合会和联合国教科文组织的成立,都体现了这种联合的发展趋势。以前分散的藏书点正在形成统一的图书馆体系。

再从图书馆自身活动规范看,不仅搜集、保存图书,更重要的是向社会人众提供阅读,开展读者服务,于是逐渐形成了从采访、分类、编目到阅览、宣传、外借等一整套科学的工作方法,随着图书馆工作体系的扩展和方法技术的日臻完善,图书馆学研究和图书馆学教育也于兹发生。1887 年美国图书馆学家麦维尔·杜威在哥伦比亚大学建立了第一所图书馆管理学校,是图书馆学正规教育之始,标志着图书馆学已成为科学体系中的一个组成部分。

至此,图书馆在其漫长的发展道路上已达到了成熟的阶段。开始成为人们社会生活的有力组织者,肩负起文献和知识交流的重任,它的社会职能,除保存人类文化典籍外,还具有传播科学文化知识,对人们进行社会教育的作用。它作为社会教育的重要设施,被人们誉为"知识宝库"、"社会大学"。

四、现代图书馆

第二次世界大战以后,随着科学技术的发展,图书馆进入到一个崭新的发展阶段——现代观念的图书馆。这是图书馆性质,职能的又一次大变革。

促使这种变革的历史背景和社会原因,是多种多样的。根据印度著名图书馆学家阮冈纳赞的门生 J. S. 夏尔马的分析,主要是:(1)近 150 年来科学技术突飞猛进的发展;(2)世界政治制度日趋民主化;(3)社会各阶层教育的普及化;(4)电话、无线电、电视和超声波等先进通讯设备的广泛采用;(5)先进国家之间为争夺宇宙空间研究的优势而展开的竞赛;(6)各国之间在商业和工业上的竞争;(7)1917 年十月社会主义革命的成功,促进了对社会科学的研究;(8)两次世界大战的冲击;(9)印刷术和造纸技术的改良;(10)联合国专门机构的建立等①,所有这一切,将人类社会推进到一个新的时代——"知识激增"时代。

在新的时代,由于知识的激增,大大冲击了作为人类社会知识交流中心的图书馆。首先,知识总量空前增加。据统计,近二十年来,科学技术发现、发明的总数已超过以往二千年的总和,预计将以 15.2% 的增长率继续增长。其次,随着知识的快速增殖,出版

---

① 《国外图书情报工作》,1982 年创刊号,第 8 页。

物急骤增加,有人估计,到 1987 年,全世界各种文献量将达一亿二千万册,平均每天出版文献三十万件。其三,学科内容交叉渗透,同一学科的文献高度分散。据苏联统计,1,332 篇地球物理论文,只有 429 篇刊登在 9 种地球物理杂志中,其余三分之二以上的论文发表在其它 317 种期刊中。其四,知识新陈代谢加快,各类资料形态的知识寿命大大缩短:图书保存期限约十至二十年,科技报告十年,期刊仅有三至五年。其五,知识的社会价值空前提高。知识已成为一种国家资源,在经济发展、技术进步、竞争胜负中,起着关键性作用;在人们社会生活中,如同菽帛一样,不可或缺,所有这一切,都向传统的图书馆提出了严重的挑战。如何有效地汇集人类创造的知识材料,怎样及时加工整理数量庞大的图书文献,以便广、快、精、准地向社会传输知识信息,成为图书馆在其发展道路上面临的重大课题,对图书馆的发展是一个严重的挑战。

为了迎接这种挑战,图书馆必须从观念到技术手段进行一场新的变革。促成这一变革的直接动力,是现代科学技术在图书馆的广泛应用。电子计算机技术,现代通讯技术应用于图书馆,改变了储存知识的形式和获取知识的手段,为图书馆的机械化,自动化提供了物质和技术条件;光学记录技术、声像技术在图书馆的应用,造就了图书载体和服务方式多样化,使图书馆工作建立在全新的技术基础之上,现代技术改变了图书馆的形象,图书馆由近代进入现代的发展阶段。

现代图书馆以电子计算机技术在图书馆中的应用为标志,对图书情报资料进行机械化,自动化处理,从而代替了几千年传统的手工操作技术,大大提高了图书馆的工作效率,使图书馆日益成为一个自控的知识信息交流系统。从五十年代美国一家海军兵器中心图书馆首次将电子计算机应用于图书馆工作开始,到六十年代末“MARC”研制的成功,再到近几年贝尔实验室电子图书馆网络的形成,充分说明了这种发展趋势。

同时，由于现代科学技术的引进，声像技术与电子计算机技术相结合，突破了固有的文献技术水平，除传统的机械印刷文献继续存在外，出现了类型繁多的非直接阅读的声像再现文献，诸如缩微胶卷、缩微卡片、录音带、录像带、机读目录、录像光盘、电影片、幻灯片等等，大大改变和丰富了图书馆的藏书成分。据统计，美国国会图书馆3,000万份资料中，图书仅占1,800万册；苏联列宁图书馆所藏2700万份资料中，就有1,500多万份是非印刷型资料。这种非书型资料的日益增多，使知识的存贮密度越来越大，势必导致传统图书馆形态改观。

随着图书馆自动化的发展和图书载体的多样化，图书馆工作和图书馆服务也在逐步深化。图书馆不仅为读者提供以卷、册为单位的原始文献资料，而且对其所收藏的知识材料进行深入加工。去粗取精，去伪存真，满足用户对篇、章、摘要、数据、图表等知识单元的需要，实现图书馆工作情报化。

这个时期图书馆与图书馆之间的联系更加密切，社会文献存贮结构进一步完善。各个分散的图书馆组成巨大的图书馆网络，并用现代技术装备将各个贮存单位的藏书联合起来，成为一个有机的社会藏书体系，以实现国际合作和资源共享。苏联和斯堪的那维亚半岛四国贮存藏书的出现，足以说明这种情况；而欧美等国职机体系的建立，则预示这一趋势的更大发展。

基于上述变化，图书馆观念已由过去传统的"知识宝库"转换为"知识喷泉"。除了保存文化典籍，普及科学文化知识，继续加强社会教育以外，现代图书馆还具有传递科技情报的职能。而且，传递情报，信息，为科学研究服务，已成为大中型图书馆的主要任务，因此，人们称现代图书馆，是科学交流和传递情报的重要渠道，是学术性的服务机构。

综观图书馆产生和发展的过程，我们可以得出这样的结论：（一）图书馆的产生是人类社会实践活动的结果，是人类知识材料增聚到一定数量的必然产物。(二)图书馆的发展受制于社会,社会生产方式规定了图书馆的形态,社会需要和社会条件决定了图书馆的规模和发展水平。(三)"图书馆是个不断生长的有机体",其工作内容和社会职能具有动态变化的特性,正是这种动态变化,才使图书馆适应了社会发展的需要,而自身也得到不断发展和壮大。

第二节　图书馆的性质

事物的性质,就是某一事物所具有的特质。大千世界,所以会有各种各样的事物,均出于客观事物的本质差异。按照辩证唯物论的观点,事物的性质,分为本质属性和一般属性。事物的本质属性,是事物内在的质的规定性,是此事物区别于他事物的根本所在,它规定和限制了事物的一般属性。一般属性,是本质属性的派生和反映,是事物本质属性的具体表征,它从属和受制于本质属性。

作为人造社会系统的图书馆,是一个教育、科学、文化的复合体,它既受社会生活生产方式的制约,又受到科学文化教育事业的影响,其性质呈现出较为复杂的状况。但它毕竟是一种独立的社会事物,同样具有本质属性和一般属性,从而决定了图书馆与其他教育、科学、文化机构既有区别,又有联系。

一、图书馆的本质属性

科学的使命在于透过事物的表象形态去寻求事物的内在机制的必然联系,将客观事物的现象描述上升到本质的揭示。图书馆是一个客观实体,图书馆活动是这个社会实体的外在表现形式;对文献的搜集、整理、保管、流通和利用,则是其活动内容的具体体现;而这种活动的核心和本质,就是人类社会文献信息的交流。文献信息交流是图书馆固有的,普遍存在的,相对稳定的内部联系和社会联系,它决定了图书馆的产生、发展和变化,贯穿于图书馆过程的始终,渗透到图书馆现象的各个领域,并将图书馆的各个要素组织成一个有机的整体。

(一)图书馆的产生根植于文献信息交流

自从有了人类社会,就有了交流。交流维系着人们的生活,增进人们相互间的了解,推动社会的进步和生产的发展。交流包括物质交流和精神交流,文献信息交流属于精神交流的范畴,它是人们围绕着文献信息所进行的一系列交往活动,是一种普遍的人类社会现象。

人们为了有效地改造世界,就需要去认识世界;认识世界又来源于改造世界的实践活动。人们在征服自然,改造社会的实践活动中,客观世界的物质信息为人的感官所感知,并经过大脑的翻译、加工、精化、整序,成为一种观念形态的人工信息——知识。信息是大脑思维的原料,知识是大脑对信息加工的产品。知识是经过系统化了的信息,是人们对在实践活动中积累起来的经验材料进行概括、总结和升华的结果,它是人们认识世界中所获全部信息中的精粹,人们掌握了它,就能加深对客观世界的认识,提高改造世界的能力。

所以信息是人类得以生存和发展的基本因素,是社会发展的驱动力。但是,信息本身对社会是不产生影响的,只是在流通中才起作用;信息本身也不显示其价值,唯有在社会的交流中,才产生价值,因而信息的生命力在于流通。信息的传输、流动和交流,是信息的本质特性。人和社会,都存在一个信息总量的问题。就个体而言,由于每个人所处的社会环境、认识能力、实践范围、生理、心理等的不同,因而他所拥有信息量也不等;每个民族、每个国家和地区,以至每一个时代,由于社会的、历史的、现实的种种因素,

148

也同样存在着信息总量的差异。所以个体与个体、个体与社会的信息量的"落差"，就导致了信息之间的相互流动，即信息交流。人们凭借着信息交流，促进个体认识的发展，弥补个人知识之不足。通过信息交流，使社会信息聚集成庞大的智力资源。同时，信息交流过程还是人们思想感情交融的过程，它影响着人们的行为，指导着人们的实践，维系着民族精神，促进了人类社会的发展。

人类社会信息交流有多种方式，多种渠道，归纳起来，主要有两条途径：直接交流和间接交流。直接交流是在有限的时间、空间内，面对面地依赖人体器官进行的。在人类社会初期，就有了这种交流，人的大脑就是信息的载体，口耳相传，是主要的交流方式。后来随着社会的发展，人类信息量不断积累，人的求知欲望越来越高，单纯的直接交流已不能满足信息交流的需要，而且越来越反映出它的局限性，于是一种间接交流的方式出现了。

人类信息的间接交流，主要是通过信息的载体——文献这个中介来进行的。人类在认识和改造世界的生产实践、社会实践和科学实践中，获得的大量信息，择其实质性的内容，利用各种技术手段，（文字、图画、符号、声频、视频、光频等）记录于各种文献之中，文献就成为表现信息存在的基本物质形式，是信息存贮和信息积累的工具，是人脑记忆的外贮器。它有利于信息的记录和传递，是人类信息交流的最佳媒介。通过文献进行信息交流，可以打破时空的界限，使信息交流在纵向上延续，在横向上扩散，达到了社会化的程度。

文献交流的发展，推动了人类文明的进步，加速了知识的积累和增殖，促使出版、发行、收藏、保管、传播、利用文献的社会机构相应产生。图书馆就是这样一种机构，它随着文献的产生而出现，又随着文献信息交流方式的变化而不断发展。图书馆保存和积累了人类自古迄今的系统化信息，以其传递的手段，将聚存的人类信息扩散到社会成员中去，成为文献信息交流的有效工具。

（二）图书馆活动的实质是文献信息交流

图书馆作为文献信息交流的机构而存在，就必然产生一定的行为，这种行为就是图书馆活动。图书馆活动的社会功能，是解决人类信息总量无限增长，内容分布散乱与人们利用信息多样性、特定性的矛盾。解决的手段，有赖于图书馆工作的开展。图书馆搜集、整理、保藏、流通图书文献，为一定的社会读者服务，是图书馆活动的具体体现。这些活动从表象上看，是围绕文献所开展的各种各样的具体工作，但其实质却是文献信息的交流。

我们从图书馆工作的基本过程来看，它包括文献的搜集、整理、流通三个主要环节。由于文献资料是人们思想认识的物质形态，是信息存储的载体，所以这一过程的基本着眼点就是文献信息的输入、存储和输出。图书馆根据特定环境的需要，将数量众多的、散乱无序的、处于随机变量状态的文献资料，经过选择而收集起来，就等于输入了社会信息，为信息交流准备了充分的内容。然后对收集的文献进行分类编目、加工整理，组织保管，把零散的单元知识组成有序的知识系列，把一切无序的个体信息纳入到社会信息的科学体系之中，为信息的有序输出和交流的定向化创造了条件。但图书馆的价值并不在于文献的单纯集合，而是通过图书流通，把文献形态的信息输送给用户，调整个体信息量与社会信息量的位差，起到信息交流的作用。所以图书流通是图书馆工作的中心环节，是图书馆工作内在机制的最高体现，是图书馆进行文献信息交流的直接手段。通过图书流通，读者阅读、吸收、利用文献中的信息，以进行人工信息的再创造。新的个人信息一经得到社会承认，又成为图书馆新文献的来源。如此循环往复，使图书馆日益发展壮大，成为社会信息交流体系中不可缺少的组成部分。

（三）图书馆文献信息交流的特点

图书馆作为整个社会信息交流系统中的一个子系统，与其他诸如家庭、学校、广播电视等交流系统有明显的区别，其基本特征

是以文献为中介进行信息交流,具体表现为:

(1)间接性。信息加工者与信息接受者不是在同一时空内进行面对面的直接交流,而是以信息的载体文献为纽带,连接、沟通信息的发生源和吸收源,将一部分人的精神产品转移给另一部分人。这种交流方式,虽然缺乏双向性和及时性,不易根据对方的需求和心理状态等情况调整交流方式,但在交流过程中,却使接受者具有更大的主动性和选择性,而且交流不受时间和空间的限制,自由灵活,因人制宜,是人类信息交流的一种永恒方式。

(2)广延性。图书馆收藏古今中外文献资料,是人类知识信息的聚散基地。它以贮存积累文献的功能,使数千年的社会知识得以保存,使人类能够跨越时间的鸿沟,将过去,现在和未来连接起来,成为社会信息纵向交流的重要渠道。同时,它又以输出的功能,将一个国家、一个地区以至一个人的创造发明广为传播,使知识、信息冲破地域阻隔,扩散到社会的各个角落,实现知识信息的横向交流。这种空间范围上的扩大和时间序列上的无限伸延的特点,使图书馆在人类信息交流中占有无比优越的地位。

(3)经济性。图书馆系统收集文献,反复流通文献,使同一知识信息持续留存,无数次地再现,极其广泛地扩散,任何信息接受者都可以免费获取所需的信息,克服了信息交流过程中的经济障碍。尤应指出的是,图书馆对收集的信息载体,加以科学地整理,深刻地揭示,把文献信息纳入有秩序的流通轨道;再配置以相应的检索工具和良好的服务设施,使信息交流以最少的时间在定向化区间内顺利进行。图书馆文献信息交流的经济特点,被人们誉为"免费的社会大学"。

二、图书馆的一般属性

本质属性决定一般属性。由于图书馆不是孤立的系统,而是整个社会文献信息交流系统中的一个子系统,科学技术文化教育系统的一个组成部分,因此不可避免地具有它所属系统的一些共性。这些共性就是社会性、科学性、教育性和服务性。

(一)图书馆的社会性

所谓社会性,就是人与人之间,事物与事物之间相互联系,相互依存的关系。图书馆作为人们共同使用文献财富,进行文献信息交流的一种组织形式,它与社会各行各业有着广泛而深刻的联系,因而它具有明显的社会性。

(1)文献是人类共同的精神财富。

图书馆的物质基础——藏书,既是人类社会的产物,又是人类社会共同享用的精神财富。一方面,文献是人类智慧的结晶,是古今中外千百万人,将丰富的社会实践经验加以概括、抽象而创造出来的知识,成为全人类共同的精神财富;另一方面,科学技术的发展,社会实践的需要,人们还要从文献里汲取各种文化知识,借鉴先进的科学技术成果,文献又成为人类共同享用的精神财富。科学无国界,以及"资源共享"的口号正是图书馆的社会性的外延。

(2)图书馆是组织人们共同使用文献的场所,通过图书馆,将人类的知识向社会广泛传播交流。

图书馆有计划地搜集文献,系统地积累文献,其目的是供人们使用。但古代的藏书楼,由于文化为少数统治阶级和宗教所垄断,文献被禁锢在深院秘阁之中。到了十八世纪下半叶和十九世纪上半叶,随着资产阶级的产业革命,出现了资产阶级的教育革命,接着又产生了一八五〇年的公共图书馆运动,公共图书馆的大门向社会敞开,组织社会大众利用图书馆的藏书,从此图书馆就具有了广泛的社会性。尽管在不同的社会制度下,图书馆共同使用藏书的目的各不相同,但凡属社会的成员,不管男女老少,都可以成为公共图书馆的读者,都可以利用图书馆的藏书,充实自己,提高自己的科学文化素养。特别是社会主义国家的图书馆,它的藏书是全体人民的文化财富,组织广大人民群众充分利用馆藏书刊资料,为社会主义建设服务,更是它光荣而神圣的职责。

(3)图书馆网的形式,使图书馆具有更大范围的社会性。

在知识激增,出版物大量涌现的形势下,任何一所图书馆都不可能将所有的出版物收集齐全,也不可能满足所有读者的需要。为了应付社会的这种挑战,早在上世纪末、本世纪初就开始了以编制联合目录和书刊互借为主要内容的图书馆之间的协作协调活动,这是传统的图书馆网的形式。到图书馆采用电脑存贮、检索文献之后,形成了现代化的图书馆网络,使各种类型图书馆的藏书成为社会的共同财富。图书馆担负着社会知识交流的巨大职责,社会的各行各业,出于生产、科研的需要,又都要从图书馆获取情报文献,因而各行各业都离不开图书馆,各种类型的图书馆与社会各行各业都有着密切的联系,图书馆将办成社会和学校文化、学习、学术的中心,成为一种社会事业。目前西欧一些大学图书馆向社会开放,英国的公共图书馆已成为一个地区科学文化活动的中心,日本政府提倡把图书馆办到人们的身旁,所有这些都表明,图书馆的社会性越来越引起人们的重视。

(二)图书馆的科学性

图书本身就是科学劳动的成果;图书馆汇集着各知识门类的书刊资料,是构成社会的科学能力的重要因素,是科学研究事业的重要组成部分,因此它具有科学性。具体讲:

(1)图书是一种劳动资料,图书馆是科学研究工作的据点和基地。

科学劳动是社会的一种劳动,它具有明显的连续性、继承性和创新性。任何科学研究工作都必须从搜集、掌握、熟悉各种文献开始,从中借鉴前人和他人的劳动成果。因此,科学劳动所使用的资料,不仅包括实验设备和多种材料等物质资料,而且还包括各种文献等知识形态的资料。科学工作者,只有从各种文献中获取自己所需要的专业知识、数据、观点、图表等,才能在前人的基础上实现科学创新。所以教学、科研人员都把图书馆和实验室当成自己的左右手,离开了它们,就像体力劳动者缺少了手中的生产工具一样,必将一事无成。特别是在新技术革命席卷全球的今天,世界上不少国家都把科学家队伍、实验技术装备、图书情报系统、科学劳动结构以及全民教育等有机结合起来,作为社会的科学能力予以积极发展。早在一九五六年向科学进军时,周恩来同志就号召搞好图书馆工作,为科学家创造必要的条件;一九七九年于光远同志要求科研人员到图书馆去办公。图书馆成为科学事业的组成部分,已为人们所认识。

(2)图书馆的文献服务工作,是科学研究工作的前期劳动。

马克思指出,科学劳动"部分地以今人的协作为条件,部分地又以对前人劳动的利用为条件。"①这里"前人的劳动"指的正是凝聚在各种文献中的科学知识;"今人的协作"其中一种特殊的方式,就是图书馆所进行的文献信息交流工作。图书馆利用文献将知识创造者与知识利用者联系起来,使他们进行科学劳动的协作。也就是说,现代社会化了的集体劳动,不仅包括了科学家的研究工作,而且还包含有图书情报工作者的文献工作。据统计,科学工作者在科研活动中,要用30—50%的时间查阅文献资料(六十年代美、日计占50.9%),而图书馆收集书刊资料,解答读者咨询,编制书目索引、文摘、评介等等文献服务工作,就代替了科学工作者的前期劳动。在知识激增的今天,正是由于图书情报工作者的辛勤劳动,才保证了科学家能坐在办公室里,直接从"信息库"里提取到各种资料,进行比过去效率高得多的现代科学劳动。

(3)图书馆工作本身就是一项具有科学研究性质的工作。

图书馆工作属于知识性的工作,它以文献为工作对象,其学术性和专业性都很强。图书馆的各项工作,如文献的采选、整理、保

---

① 《资本论》第三卷,第120页。

管、流通、参考咨询等等都带有学术性,都需要精心地研究,才能掌握其客观规律,把工作搞好。

特别是现代化的图书馆事业,广泛应用电脑技术,使文献检索和文献管理自动化;应用光学记录技术,使图书情报资料存贮缩微化;应用现代通讯技术,使信息传递网络化。如果没有掌握各种专门知识的人才去研究、开发和应用,那是决然适应不了图书馆现代化要求的。最后,再从图书馆事业的发展上看,为了不断提高工作效率和服务质量,总结经验,探索新的方法和途径,还必须开展图书馆学的研究,把研究的成果运用到工作中去,才能促进图书馆事业的发展。所有这些,都体现了图书馆的科学性。

(三)图书馆的教育性

图书馆通过书刊资料,传播科学文化知识,向读者进行教育,促进科学文化事业的发展,所以它具有教育的性质。

早在1876年美国图书馆学家杜威就说:图书馆是一个学校,图书馆员是广义的教师。1918年李大钊同志指出:现在的图书馆已经不是藏书的地方,而为教育的机关。著名的教育家蔡元培赞许道:教育不专在学校,学校之外,还有许多机关,第一是图书馆。革命导师列宁更把图书馆教育视为社会主义教育的支柱:图书馆和农村图书室,将在长时期里是对群众进行政治思想教育的主要场所和几乎是唯一的机关。以上说明,图书馆的教育性已为举世所公认。

图书馆的教育性,主要表现在它是专业教育的补充,学校教育的辅助机构,社会教育的重要场所。其教育的特点是:

(1)图书是组织教育的基础和手段。图书馆运用图书记录知识,传递知识的特点,通过自己丰富的书刊资料,传播科学文化知识,对读者进行宣传教育。广大读者通过学习和利用书刊资料,不断丰富自己的知识,提高自己的科学文化水平。根据图书馆教育的特点,美国佛罗里达州立大学联合其他十多所大学,于1964年创办了世界上第一所新型大学——图书馆大学。

（2）图书馆的教育方法是通过读者自学实现的,因而图书馆是大众自学和深造的场所。

历史证明,许多伟大的科学家不一定都出身于学校。据国外统计,一个科学家知识的获得,20%来源于学校,80%来源于自学和实践经验。因此社会教育对一个人世界观的形成,知识的积累,道德的修养,都具有深远的影响。图书馆是社会教育的重要场所,是推行终身教育制度的有效设施。儿童在入学前可以到图书馆看图认字;在校求学的学生,可以利用图书馆的藏书来扩大自己的知识视野,弥补课堂学习之不足;离开学校的读者,可以一边工作,一边在图书馆自学、进修。总之,凡是具有一定阅读能力的社会成员,都可以借助图书馆丰富的藏书、参考资料以及各种有利条件,通过自学获得新知识,研究新问题。所以图书馆是读者的良师益友,是自我教育的阵地,是社会的大学。

（3）图书馆教育形式的多样性。图书馆对读者施行教育,有很多途径,方式方法灵活多样。人们通过借阅图书报刊,收听收看视听资料,利用电脑检索文献等获得需要的知识和信息;图书馆还举办各种学术报告会、作家演讲会、读书座谈会、图书展览会、音乐欣赏会,以及多种形式的文学艺术宣传活动,吸引读者参加,使人们从中受到教育和智能锻炼,通过多种形式的启发引导,大大增强了教育的效果。

（4）图书馆教育对象和教育内容的广泛性。

人类社会的教育机构首推学校。但学校教育不仅有对象的选择,而且有专业、年龄的限制。图书馆基于藏书知识门类的广泛性和图书资料使用的公共性,因而它在教育对象和教育内容上都较学校更为广泛,更优越于其他任何社会教育设施。学校教育限于学生,图书馆教育基于社会;学校教育止于毕业,图书馆教育直至终生;学校教育仅限于某一专业,图书馆教育则涉及一切知识领域。总之,不论是初具阅读能力的儿童,还是专家、学者;不管是国家领导人,还是一个普通的公民,都可以成为图书馆的读者,都可以从浩如烟海的馆藏图书中吸取所需要的科学文化知识。因此,图书馆是人们精神文化营养取之不尽、用之不竭的知识源泉。

(四)图书馆的服务性

图书馆虽然具有科学性、教育性,但它不是专门的科研机构和教育部门。图书馆通过书刊资料的收集、整理和传播使用,将一部分人创造的精神财富转移给另一部分人,并在文献流通——借阅的过程中表现出服务性。这种服务性,不同于那些满足群众物质生活需要的餐馆、旅社、商店等服务行业的性质。图书馆是科学文化、意识形态领域里的服务部门,是教学、科研、普及文化知识的服务性机构。其工作任务是"为人找书"和"为书找人",实质上就是传播科学文化知识和传递情报,以满足人们学习、生产、科研的需要。所以图书馆工作者是知识的传递者。要做好传递知识的服务工作,就必须树立全心全意为人民服务的思想,想读者之所想,急读者之所需,甘当无名英雄。同时还要熟悉和掌握业务工作的技能和方法,以文献资料为工具,促进人类文明向前发展。

第三节　图书馆的职能

图书馆的性质决定了图书馆的职能。由于图书馆本质属性和一般属性的多样性,决定了图书馆是一个多功能的整体。从整体功能讲,它具有两种职能:一是基本职能,亦即自然职能,任何图书馆都具有这种职能;二是一般职能,也就是社会职能,这是社会赋于图书馆的历史使命。不同社会,不同时期,不同条件的图书馆所承担的社会职能是不完全一样的。

一、图书馆的基本职能

图书馆作为教育科学、文化事业的一个社会实体,其基本功能是保存和传递文献资料。"保存"包括对文献资料的搜集、整理、加工、组织管理等;"传递"包括内阅、外借、复制、检索咨询等对文献的各种利用。保存和传递概括了图书馆的全部工作,构成了图书馆基本职能的不可分割的两个方面。只有具备了保存的物质基础,才会有传递的实际内容;通过传递利用,进一步促进保存体系。二者互相依存,形成一个有机整体,反映出了图书馆最基本的社会活动。

图书馆的这种基本职能,贯穿于图书馆发展的全过程。从古代的藏书楼,到现代的图书情报中心,尽管文献载体的物质形态发生了许多变化,图书记录手段和文献提供技术也发生了巨大的变革,但万变不离其宗,图书馆的一切发展变化,都是沿着保存和传递这个基本职能的轨道运行的。各个时期,各种类型的图书馆,只有活动方式、内容和侧重点的不同,而没有基本职能的原则区别。任何图书馆的存在,不可能无保存,更不能缺传递。在古代藏书楼时期,由于文献生产艰难,文化为统治阶级所垄断,藏书楼着重于收集保存文献,而不注意流通传递,所以具有"重藏轻用"的特点。但也不能说藏书楼不具传递的职能,只不过图书文献的传递利用被局限在极其狭小的范围内而已。事实上,今人得以利用藏书楼保存下来的数千年的文化典籍,正是古代图书馆发挥纵向传递职能的结果。近代图书馆强调向社会开放,从搜集整理到提供服务,形成了一套科学的方法,使保存和传递同时受到重视。随着科学技术的迅速发展,当代图书馆保存和传递的职能得到了空前的加强。光学记录技术和声像技术的应用,使得文献的保存手段和保存条件大大改善,保存时间延长,文献寿命增加;电子计算机和现代通讯技术的应用,使图书情报传递速度加快,范围扩大,图书馆发展的历史表明,保存和传递是每个图书馆过去、现在和将来固有的职能;图书馆的工作机制,图书馆的活动规范,都是围绕着这一基本职能而变化和发展的。

总之,图书馆以其保存文献而成为一个独立的社会机构,以其传递情报信息体现出它存在的社会价值。保存和传递图书情报,是图书的自然职能和社会分工,它反映了图书馆活动的特殊规律,是图书馆区别于其他社会事业的特征。如果离开这一基本职能,图书馆就不复存在,图书馆的社会意义和社会作用也就无从谈起。

二、图书馆的社会职能

图书馆的社会职能,是图书馆基本职能的延伸,也就是图书馆这一客观事物对社会的影响和反作用。图书馆以自己长期集聚的藏书资源作用于社会,促进社会的发展和进步。正如美图图书情报学专家J·贝克指出的那样:"图书和图书馆已经为人类的文明作出了卓越的贡献;如果没有它们就很难相信全世界人民能够取得像他们现在已经取得的如此之大的进步"![1] 尤其是随着当代科学技术的突飞猛进和新技术革命的到来,人们对信息知识的需求越来越迫切,图书馆作为人类智力资源中心和文献信息交流的重要渠道,在社会上所占的地位就越来越重要,图书馆的社会职能益发引起人们的广泛关注。

图书馆的社会职能是多方面的,并且随着社会的文明进步,在不断地发展、深化和完善。从现代图书馆的社会功能看,主要表现在传递科学情报、进行社会教育,丰富群众文化生活、保存文化遗产等几个方面。

(一)传递科学情报的职能

科学是生产力。科学的状况是衡量社会发达程度的重要标

---

① 《情报学浅说》,科学出版社,1979 年。

志。而科学事业的发展，又总是同图书情报有着密切的联系。图书馆是人类知识的集萃之地，文献中蕴藏着大量的知识信息，具有潜在的科学能力，通过传递和流通，开发和利用，可以转化为科技成果，促进科学技术的发展；可以转化为直接的生产力，促进经济建设。这就是图书馆传递科学情报的职能。

当今世界，不少国家都把发展科学技术作为立国的基本国策。要发展科学技术，就要加强科学研究。科学研究是一种复杂的劳动，又有明显的继承性，连续性和创新性，后一代人的研究必须以前一代和同时代人研究达到的终点为起点，否则不是失败就是重复或走弯路。科学研究的这种特点要求广泛而迅速地进行科学交流和传递情报，这是发展科学技术的天然条件。

图书馆收藏的大量科学文献资料，汇集的科技最新成就，是组织利用世界图书文献的理想基地。通过书刊文献的传播和利用，可以打破时空的局限，将上下几千年，纵横几万里，人类积累的经验，创造的知识，研究的成果，进行广泛的传递和交流，从而为科研人员进行创造性的劳动提供先决的条件。所以，图书馆是科学交流和传递情报的重要渠道。图书馆通过书刊资料的搜集和传递，实现学科内部和学科之间的交流，为科学杂交和知识转移创造条件；通过传递情报，可以获得新的有用的知识信息，为科学创新积累材料，以促进科学技术的大发展。图书馆工作者对图书情报资料进行搜集、加工和传递，就像地质尖兵开采矿藏一样，在浩瀚的书刊中挖掘有价值的科学资料；同时根据这些资料，从纵向反映某一专题领域的最新科研成果，从横向综合国内外先进的科学水平，提供给领导部门和科研人员确定研究课题和主攻方向时参考，以起到耳目、尖兵和参谋的作用，避免重复劳动和走弯路的现象发生。同时，通过图书情报和事实情报，节约科研人员的前期劳动，起到"天增岁月人增寿"的作用，也等于壮大了科研队伍，节省了研究经费，从而促进科研早出成果，多出成果，推动科学技术大踏步地向前发展。

图书馆通过传递科学情报,不仅加速了科学技术的发展,而且还能将科学技术知识转变成直接的生产力。从当前世界各国的实际情况看,现代工业生产的发展趋势,是劳动密集转向知识密集。经济发展的速度和劳动生产率的提高,有百分之七十至八十依赖于科学技术的进步。而文献资料是交流和获得新技术的一条重要途径,蕴藏在图书资料里面的情报信息,经过传递流通,使它与人和经济建设结合起来,就能变间接的生产力为直接的生产力,为社会创造巨大的物质财富。以日本发展钢铁生产为例,1955 年日本从奥地利引进氧气顶吹转炉炼钢专利技术,只花了一百四十万美元,至 1970 年这项专利期满时,钢产量由原来的九百四十一万吨上升到九千三百多万吨,钢锭产值达六十六亿美元,使日本的氧气顶吹转炉炼钢生产能力跃居世界首位。再如天津市畜产进出口公司工程技术人员,因参阅了天津市图书馆的外文资料而改进了传统的地毯清洗方法,仅用九个月的时间就完成了原定四年的任务,为国家节约资金 385 万元,创外汇 540 多万元。正因为图书情报资料在经济建设中起到了如此巨大的作用,所以苏联著名图书馆学家丘巴梁说:"图书馆过程与国家的经济之间存在着有机的联系,""图书馆已经是生产活动一个有机的组成部分。"[①]当代世界工业发达的国家都高度重视图书情报工作,把它作为一种"国家资源"、"无形财富",与能源、材料合称为发展科学技术的三大支柱。并且用最新的技术和最现代化的手段装备图书馆,以充分发挥图书馆传递科学情报的职能,使图书馆资源更有效地为经济建设服务。

① (苏)O. C. 丘巴梁著,徐克敏等译:《普通图书馆学》,书目文献出版社,1983年。

(二)进行社会教育的职能

教育是指按照一定的目的要求,以传授文化知识为核心的社会活动。狭义的教育,专指学校教育而言;广义的教育,则包括家庭教育在内的各种社会教育。图书馆历来就是一种重要的教育机构,古代的皇家图书馆和有名的大书院,不仅是藏书万卷的场所,也是培养封建吏材的地方。在现代社会的教育活动中,图书馆教育有着更为广泛的意义。

在正规的学校里,图书馆是基本的教育设施。它直接参与教学过程,从提供参考用书到辅导查目、解答咨询,图书馆工作成为教学活动中一个重要环节,图书馆被称为"大学的心脏"、"学校的第二课堂",直接承担着培养专门人才的重任。但图书馆作为一种基本的教育机构,还具有更广泛的社会意义。图书馆向社会所有成员敞开大门,是社会的教育和学习的中心,是无墙的学校,是人们进行终身教育的重要社会机构。

图书馆这种社会教育的功能,主要是通过图书阅读实现的。图书馆所收藏的各种书刊文献资料,实质上是人们对客观世界认识的物化了的系统知识。图书是老师,图书中所记录的系统知识是教育的内容,人们通过自学阅读,从中受到教育。如果没有图书和阅读,人们之间的信息传递就要因时间和空间的局限而受到阻碍,人类知识的积累就会因记忆能力的限制和世代更迭而受到影响,人类思想、技艺、知识的传授只能像经院式或工匠式的简单重复,人类教育事业几乎不能向前发展。图书馆由于拥有丰富无比的文献,包罗了人类创造的一切精神财富,成为组织社会大众阅读图书的基地,可以向人们施行多方面的教育。图书馆进行行社会教育的职能,可以概括为以下几个方面:

(1)政治思想教育。图书馆通过书刊流通、图书宣传、阅读辅导等,向读者传播社会中占统治地位的意识形态,这是在阶级社会中,图书馆的办馆宗旨和首要任务。图书馆发展的历史、雄辩地证明了,不同社会阶段的图书馆对读者进行教育的内容,目的有本质上的差异,但统治阶级都把图书馆作为宣传本阶级思想意识的有力武器,却是古今中外、概莫例外的。社会主义国家的图书馆,政治思想教育的内容和任务主要体现在:宣传推荐马列主义著作,教育人们逐渐形成共产主义的思想体系和辩证唯物主义的世界观;宣传党的路线、方针、政策以及政府法令,提高人们的认识水平和思想觉悟;流通各种优秀的政治读物和文艺作品,培养人们的高尚品德,激励人民群众生产、工作的热情、引导广大青少年做有理想、有道德、有文化、有纪律的一代新人。图书馆政治思想教育的职能,被誉为宣传马列主义毛泽东思想的阵地。

(2)普及和提高科学文化知识。提高全体人民群众的科学文化水平,是精神文明建设的重要内容,是四化建设的战略任务。但是,因为种种原因和各种条件的限制,社会上有许多人、往往不能享受高等教育,甚至连初等教育也难以保证。然而,图书馆的大门,却为所有的人敞开着,他们可以自由借阅自己所需要的书刊资料,以图书为老师,进行系统的自我教育。经过不懈的努力,不仅可以获得一般的基础科学文化知识,而且可以自学成才,成为某一方面的专门家。例如世界语诗人苏阿芒,就是利用图书馆这个社会教育阵地,学会了廿一种外国语,他深有体会地说:"图书馆对我来说,就像亲爱的母亲一样,给我以智慧和欢乐。没有图书馆就不会有我的进步。"著名的儿童文学家严文井,也是经过长期在图书馆里攻读,而后成为文坛上的佼佼者。还有苏联的齐奥尔科夫斯基,也是靠在图书馆的自学教育,后来才成为星际飞行的创始人。通过图书馆自学成才的,还有尽人皆知的美国最伟大的发明家爱迪生,中国的大数学家华罗庚等,古今中外,不胜枚举。

图书馆这种智力开发的职能,使其成为造就一代英华的沃土,越来越引起社会的重视。目前西方发达的资本主义国家,已开始在图书馆进行培养人才的实验。如美国费城图书馆,在宾夕法尼亚教育部门的支持下,每年抽出九百万美元的教育经费,建立一个终身学习教育中心。几年来,有四千多名自学者在这个"中心"里受到了各种专业知识教育,有不少人,通过考核,达到大学毕业的文化水平。国外图书馆的这种作法,对于我国图书馆如何培养人才有着一定的启发和借鉴作用。

(3)为扩大知识积累和知识更新创造条件。随着现代科学技术的日新月异,知识与年龄同步老化、即使受过良好专业教育的人,也会因为当代知识更新速度的加快而适应不了社会发展的需要。根据英国科学家詹姆斯·马丁的推测,人类的科学知识在十九世纪是每五十年增加一倍,二十世纪中叶每十年增加一倍,七十年代每五年增加一倍。目前有的专家估计是每三年增加一倍。知识的激增,向科学工作者提出了严峻的挑战,知识更新和扩大知识积累成为每一个知识工作者面临的迫切问题。作为人类社会"记忆器官"的图书馆,一方面储积着丰富的文化遗产、另一方面又不断地搜集补充人类创造的新知识,为人们知识更新和积累提供了几乎是唯一的方便条件。人们通过图书馆,不断更新知识,汲取精神营养,保持旺盛的创造力;图书馆通过知识的输入、贮存和输出,成为人们进行连续教育的社会大学。正像当代著名的思想史专家蔡尚思教授所讲的那样:"最值得我纪念而终身难忘的倒是三十年代去南京国学图书馆读书和搜集思想史料时期……我自从此次住馆读书以后,深信人要有两个老师,一为活老师,二为死老师即图书;活老师固然可贵,而死老师的可贵又超过活老师,活老师也是从死老师来的,死老师是'太上老师',图书馆是'太上研究院'。我过去读的两个研究院比之大图书馆实在有如小巫之见大巫。"①

(4)为人们提供职业知识。人们在社会实践中,无论是体力劳动还是知识工作,都会遇到许多新情况、新问题,特别是在社会

---

① 蔡尚思:《我苦学的一些经历》,《书林》,1980 年第 1 期。

生产日趋现代化的今天,要进行创造性的劳动,诸如,技术革新、产品试制、接受一项新的科研项目等,都会感到自己原有的专业知识不足,这时图书馆可以向人们伸出友谊之手,吸引人们到这个智慧宝库来阅读各种专业书籍,查检有关资料和数据,使人们获取有益的经验、方法、情报和动力,解决生产,工作中的疑难问题。尤其是在我国科学文化尚属落后的状况下,各行各业人员的职业素质与现代化建设要求都有很大的差距,图书馆组织好职业阅读教育,就显得更加重要,更具有广泛的现实意义。

(三)丰富群众文化生活的职能

健康的文化娱乐活动是人类社会生活不可缺少的组成部分。人们除工作和睡眠以外,业余生活占三分之一的时间,如何支配和利用这生命的三分之一,对一个人的道德修养,文化提高,工作成就,以至于身体素质等方面都有密切的关系。我们是社会主义国家,党和政府历来提倡关心群众生活,不仅考虑人们的物质生活需要,而且也要照顾人们精神生活的要求。所以胡耀邦同志在党的十二大报告中指出:"文化建设也应包括健康、愉快、生动活泼、丰富多彩的群众娱乐活动,使人们在紧张劳动后的休息中,得到高尚趣味的精神上的享受。"

图书馆是社会文化生活中心之一,在传播文化,活跃群众业余文化生活方面,与剧院、电影院、美术馆、音乐厅、俱乐部等各种文化设施具有同等重要的地位和作用,而且其方式灵活多样,其活动内容丰富而广泛,因而更能引起人们的兴趣,更能全面地满足读者业余文化生活的需要。

图书馆是一所各科俱全的社会大学校,拥有丰富的图书资料:既有各学科的专著、也有众多的科普读物,文艺作品,报刊杂志等等,并且通过各种途径免费提供阅读利用。人们可以从图书馆里借去自己感兴趣的图书,回家潜心研读,细细品味;也可以利用休息时间到图书馆阅览室里随便翻翻报纸,看看画报,欣赏一下美术作品,享受读书之乐。鲁迅先生把这种"当作消闲的读书——随便翻翻"比成游公园,随便走去,兴味益然,是一种良好的休息和高尚的娱乐。尤其是现代的图书馆,除了收藏传统的印刷品和开展一般的图书流通借阅以外,还配备有唱片、录音、录像、幻灯、电影、电视等声像设备和资料,还举办读书座谈会、诗歌朗诵会,智力竞赛,音乐欣赏等各种活动,使人们扩大眼界,增加见闻,获取美感享受,丰富精神生活。

图书馆这种丰富群众文化生活的职能不可忽视。通过这一职能的发挥,寓教育于娱乐,使人们提高鉴赏和创造能力;使人们于轻松中消除疲劳,获得重新工作劳动的精力;使人们在愉快中陶冶性情,锻炼意志,增长科学文化知识;使人们更加热爱科学,热爱生活,热爱劳动。今后随着社会物质生活水平的提高,业余时间的逐渐增多,人们对精神生活的追求会越来越活跃,图书馆丰富群众文化生活的职能将得到更加充分地发挥。

(四)保存文化遗产的职能

蓄积人类知识,保存各民族文化遗产,这是图书馆在漫长的发展过程中形成的一项最基本的社会职能。

人类的历史,是一个继往开来的发展过程。没有社会文化的继承,就没有社会的发展。继承的系带和桥梁是文献。图书资料记载着自古至今人类历史的发展和演变,记载着人们征服自然的手段和进程,是帮助人们认识世界,改造世界的珍贵文化遗产。收集和保存文献资料,是继承文化和发扬文化的前提条件。

图书馆从产生之日起,就担负起了保存文化遗产的社会职责。无论是古代的藏书楼,还是现代化的图书馆,都按照一定的原则和范围,将社会上分散而又零乱的图书搜集起来,经过长期积累,建立起系统完整的藏书体系,成为社会文献收藏贮存的中心。从古代的甲骨文和竹木简策、近代的手写本和印刷品,到现代的声像资料和机读目录,所以能够世代相传,留存至今,汇集成人类智慧的宝库,不能不归功于历代图书馆对文献的精心收藏和妥善保管。在社会上,只有图书馆最广泛、最完全地保存着记载人类活动和知识的文化典籍。因而保存文化遗产,是图书馆特有的社会功能。这一功能的历史作用,在于保存了各民族丰富的精神财富,再现了绵延几千年的社会发展历史,推动了知识的继承与发展,促进了人类文明的进步。

为了加强图书馆这一社会职能,世界上不少国家都制订了保护文化典籍的政策法令,有些国家还特别为某些大型图书馆规定了图书出版物的呈缴本制度。所以目前世界各国的一些大型图书馆,都珍藏了大量的文化典籍,成为保存人类文化遗产的宝库,为人类文化的持续、继承和发扬光大作出了积极的贡献。

但是应该提出,并非所有类型的图书馆,都有保存文化遗产的职能。在整个图书馆系统中,由于图书馆类型和各自的性质、任务与社会职责的不同,那些基层图书馆、中小型图书馆,以及科学情报图书馆等,它的收藏范围、读者对象和具体方针任务的特定性,决定了它们不需要也不可能全面收集,永久保存一切图书文献。特别是知识激增、文献大量涌现的今天,如果各级图书馆都要保存文化遗产,那不仅是一种不切实际的空谈,而且将给本身的发展带来灾难。

所以,我们对保存文化遗产职能的理解,一是指作为人类社会文化现象的图书馆整体而言;二是具体指有保存任务的国家图书馆、版本图书馆、省级公共图书馆和某些藏书基础好、条件具备的大学图书馆及科学图书馆。这些图书馆应该注意系统地搜集、积累,妥善地整理、保存本国以及其他国家的文化典籍、革命文献、地方文献、科学著作,以及一切有价值的图书资料,使这些文化遗产能够在今天及至今后永远地为人类所利用。

三、图书馆基本职能与社会职能的关系

通过以上的叙述,我们可以看到图书馆的基本职能与社会职能是既有区别,又有联系的两个不同概念。图书馆的基本职能,是图书馆组织的内在机能,这种机能是图书馆固有的、直接的、并与图书馆本质属性紧紧联系在一起,构成图书馆的特殊规律,反映了图书馆收藏与利用这一最基本的矛盾运动,成为决定图书馆存亡的关键性因素。虽然不同类型,不同时期的图书馆,在保存和传递两方面会有所偏重,但从一般意义上讲,凡图书馆都必须具备这种基本职能,因此它贯穿图书馆发展始终、带有稳定性和永恒性。

图书馆的社会职能,是由图书馆基本职能中派生出来的图书馆的社会作用,是图书馆基本职能起作用的结果和表现。它一方面受制于基本职能,另一方面又和图书馆的一般属性紧紧联结在一起,反映了图书馆与社会的联系,表现了图书馆与其他科学文化教育事业所具有的共同性。因此图书馆的社会职能,是随着社会的变迁,图书馆性质结构和图书馆工作与服务手段的变革而不断发展变化的。也就是说,不同类型,不同时期的图书馆,其社会职能的含义也不尽一样。在古代社会,图书馆的主要社会职能是整理和保存文化遗产;产业革命以后,图书馆面向社会开放,社会教育成了图书馆的主要社会职能;现代图书馆,又被社会赋予了新的历史使命——开发智力,传递科学情报。

概而言之,图书馆的基本职能,就是图书馆工作过程本身的直接社会作用;图书馆的社会职能,就是图书馆活动的间接社会效果。基本职能决定了社会职能,社会职能的发展,促进了基本职能的完善。二者相辅相成,推动图书馆生机勃勃地向前发展。

本章小结

图书馆是人类社会发展到一定阶段的文明产物。人们在共同的社会劳动中,出于物质和精神交流的需要而创造了语言和文字。通过文字将人们获得的信息记录在一定的材料上,即产生了文献,从此便拉开了人类文明史的序幕。当文字记录聚积到一定数量时,便出现了技集、保存、传播、利用文献的专门机构——图书馆。

图书馆是一个不断生长的有机体。随着人类社会的不断进步,科学文化教育事业的发展,从文献的载体到图书馆的社会功能,都在不断变化和完善。由古代的"重藏轻用",到现代的传递科学情报,图书馆已由知识宝库变成"知识的喷泉",担负起社会文献分配的重任,成为信息产业的一个重要部门,受到人们的广泛关注。

图书馆作为一个社会的客观实体,收集有古今中外的文献资料,并以文献为中介,通过存贮和传递的手段,广泛扩散社会信息,调整个人和社会信息量的位差,起到信息交流的作用,这就是图书馆的实质。同时,它又是科学文化教育事业的重要部门,因而不可避免地具有它所属系统的一些共性:社会性、科学性、教育性、服务性等。

由于图书馆属性的多样性,决定了它是一个多职能的整体。一是基本职能——存贮和传递文献资料,这是任何图书馆都具备的天然功能;二是社会职能——传递科学情报、进行社会教育、丰富群众文化生活、保存文化遗产等,这是社会赋于图书馆的历史使命。图书馆的基本职能是图书馆过程本身的直接作用,图书馆的社会职能是基本职能的伸延,是图书馆活动的间接社会效果。前者决定后者,后者影响前者进一步发展和完善。二者密切结合,促进人类文明向前发展。

本章思考题

1. 图书馆为什么萌芽于人类文明的策源地？

2. 试比较古代图书馆、近代图书馆、现代图书馆在性质、职能方面各有什么特点。

3. 为什么说图书馆的本质属性是文献信息交流？

4. 图书馆的一般属性表现在哪些方面？

5. 图书馆的基本职能是什么？你对这个问题是如何理解的？

6. 试述图书馆在两个文明建设中的地位和作用。

7. 谈谈图书馆的基本职能与社会职能的关系。

8. 图书馆的产生发展与科学技术的关系？

本章主要参考文献

1. (苏)丘巴梁著　徐克敏等译:《普通图书馆学》　书目文献出版社1983年

2. 北京大学图书馆学系、武汉大学图书馆学系合编:《图书馆学基础》商务印书馆　1981年

3. 金岳霖著:《知识论》　商务印书馆　1983年

4. 周文骏著:《文献交流引论(初稿)》　北京大学图书馆学系　1982年9月

5. 华东师范大学图书馆学系编译:《美国及世界其他地区图书馆事业》书目文献出版社　1983年

6. 陈树楷　孙延军编:《信息与社会》　科学出版社　1984年

7. 周旭洲著:《新的挑战,新的思考,新的认识——再论现代图书馆与图书馆学》《湖北高校图书馆》　1985年第2期

8. (美)J. H. 谢拉著　孔　青等摘译:《关于图书馆学的基本原理》《图书馆学通讯》　1982第2期

9. 况能富著:《应当探索文献信息理论——文献信息论导言》《图书馆工

作》 1984 年第 4 期

10. 王嘉陵著:《浅论图书馆的基本职能与社会作用》 《四川图书馆学报》 1980 年第 4 期

第六章　图书馆事业的组织原理

当图书馆发展到一定的数量和有不同规模的类型时,便形成了一些图书馆群。而按照一定的原则和组织形式把这些图书馆群体组成一个紧密联系的有机整体,并成为社会整体结构中不可缺少的组成部分时,就构成了一个社会的图书馆事业。因此,图书馆事业这一概念,是泛指整个图书馆系统的。

图书馆事业作为一种社会事业存在和作用于社会,就必须遵循科学的组织原理。图书馆事业的组织原理,是图书馆学的基本理论问题之一。

第一节　图书馆事业的发展原理与建设原则

一、图书馆事业的发展原理

从图书馆的产生和发展的过程来看,对图书馆事业的发展,具有普遍意义的基本规律,谓之图书馆事业的发展原理。图书馆事业发展原理是以大量实践为基础的,所以其正确性为实践所检验与确定。从图书馆事业发展原理出发,可以对图书馆事业进一步实践起指导作用。推动图书馆事业的发展,具有普遍意义的原理是:

（一）图书馆事业的发展必须与经济发展的水平相适应

图书馆事业是教科文事业的一个组成部分,属于社会的上层建筑。经济是基础,决定着上层建筑的形式与内容。根据经济基础与上层建筑相互作用的原理,图书馆事业的发展受经济基础所制约;同时又反作用于经济基础。

经济发展的程度,影响着图书馆事业的发展速度和规模。只有经济发展了,国家才能为文化事业,包括图书馆事业的发展提供必需的物质条件,才能为图书馆的现代化建筑和文献资料的传递手段与装备的现代化提供必要的投资。

根据上层建筑与经济基础的相互关系,图书馆事业发展了,又能促进经济的发展。国民经济的工业、农业、建筑业、交通运输业、商业、服务业等部门,要持续发展,必须要有先进的科学技术,科学技术这种生产力的发展,离不开图书情报资料。因此,现代化的图书情报工作,既提高了科学技术的水平,又能促进经济建设的进一步发展。

制订图书馆事业的发展规划,要根据经济发展的情况进行。既不能超越经济发展的水平,也不能落后于经济发展的速度。超越了经济发展的水平,图书馆事业就不能巩固;落后于经济发展的速度,就会拖科学技术的后腿,从而影响经济发展的速度。

建国后,图书馆事业发展的实践证明,五十年代我国的经济建设取得了较大的发展,因而推动着图书馆事业的发展,图书馆的数量和规模都大大超过了旧中国图书馆事业的发展水平。例如,公共图书馆已从旧中国遗留下来的五十五所发展到一千多所。本世纪六十年代至七十年代中期,我国的经济建设屡遭挫折,未能取得应有的成就,从而使图书馆事业的发展处于停滞不前的状态。八十年代随着我国经济建设的迅速发展,推动图书馆事业以前所未有的速度向前发展。例如,八十年代不少公共图书馆和大学图书馆,为适应经济建设和培养人才的需要,都大兴土木,建设较现代化,宏伟而壮观的新图书馆,图书馆工作手段和装备的现代化建设正随着经济的发展在起步前进。

因此,图书馆事业的发展,要视经济基础的条件和可能,根据客观需要制订发展规划,正确处理好需要和可能的关系。既要防止在我国图书馆事业发展史中,曾出现过的脱离经济条件而盲目冒进的倾向,也要注意因对图书馆事业的重要性认识不足而形成的保守观念。

(二)图书馆事业与教育科学文化事业同步发展的原理

从整体宏观来看,图书馆事业是一个国家科学文化水平的重要标志之一。从三大类型图书馆的作用来看,科学与专业图书馆是科学研究必不可少的部分,大学图书馆是大学的中心和心脏,公共图书馆是社会文化教育的支柱。

以整体与部分的构成关系来分析,教科文事业的整体发展,需要包括图书馆事业在内的各个组成部分的发展。反之,图书馆事业等各种文化事业的发展,构成了完整的教科文事业的面貌。

图书馆事业与其它上层建筑有着极其密切的关系,尤其与文化教育有着不可分割的关联,图书馆是促进科学文化发达的工具。大学图书馆在大学中的地位和作用尤为明显,考察一所大学的水平,往往以教师队伍、实验仪器设备、图书馆来衡量。一所大学在创办和发展的过程中,系科专业的发展,教师学生人数的增加,就要同时考虑图书馆的建设,诸如阅览座位数、读者占有图书册数和购书费等问题。不然就会因师生人数的增加,而造成图书少,座位紧张、书库不足等现象,带来的后果是影响教学科研的进行。所以在一所大学里,图书馆与学校同步发展的原理是众所周知的。只有同步发展,才能适应师生对图书资料的需求和满足阅览自修的需要。扩大而言,各类型图书馆,同样要与教科文事业同步发展,才能适应并促进教科文事业的发展。

我国曾在相当长的一段时间内,教育、科学、文化事业发展缓

174

慢,其原因是多方面的,其中之一是国家的投资与经济发展的比例失调。正如邓小平同志在《目前形势与任务》中所指出的:"经济发展和教育、科学、文化、卫生的比例失调,教科文卫的费用太少,不成比例"。在整个教科文卫发展缓慢的情况下,图书馆事业同样处于停滞不前的状态。图书馆事业的兴衰与整个教科文事业息息相关,国家对教科文事业投资的增加,就会带动图书馆事业同步发展。

（三）图书馆事业的发展要适应广大人民群众的阅读需要

人类社会的发展是由生产力的水平所决定的。人们在提高生产力,进行物质建设的同时,也必须进行与之相适应的精神文明建设。人民的日常生活,包括物质生活与精神生活两个方面。经济发展了,人民首先解决了物质生活的基本问题,接着就要求与之相适应的文化生活。在人民的物质生活不断改善的基础上,对图书资料的需要便相应增加。他们渴望利用图书资料开拓视野,满足精神生活上的需要,同时希望通过图书资料学习新的知识,以适应提高生产力的需要。

北京、上海、广州等地的报刊曾报道过,广大的知识青年,为了领到图书馆的一张借书证,为了能在图书馆占有一个座位阅读图书,早早就排队等候图书馆开门。为了能在图书馆学习新知识,不少奋发学习的青年,不论酷暑严寒,朝朝暮暮,废寝忘食地到图书馆孜孜攻读。然而图书馆数量少、阅览座位不足,不少读者因领不到借书证,在图书馆找不到阅览座位而摇头叹息。这说明随着经济建设高潮的到来,人民迫切要求学习知识、强烈要求利用图书馆的愿望,必将推动我国落后的图书馆事业有一个较大的发展。图书馆的数量,必须要与读者的需要相适应,才能逐步解决读者到图书馆看书难、借书难的局面。

广大读者的阅读需要,是推动图书馆事业发展的动力,是建设图书馆的一个重要依据。我们必须按照这一原理去发展公共图书馆和工会、街道等基层图书馆,以适应广大人民对文化生活的需要。

二、图书馆事业的建设原则

依据一定的法则建设图书馆事业,谓之图书馆事业的建设原则。我国图书馆事业的建设原则有:

（一）国家办馆与群众办馆相结合

图书馆事业是有益于社会,造福于人民的公共文化设施。在我国兴办图书馆事业,应以国家办馆为主,群众办馆为辅。国家办馆与群众办馆相结合,是建设我国图书馆事业的主要原则。国家办馆是根据我国宪法规定的精神,由国家出钱兴办图书馆。县以上的公共图书馆、学校图书馆、科学院（研究所）等的图书馆都是由国家纳入教科文事业的建设规划,并从各方面保证这些图书馆的建设,从而促进了我国图书馆事业的发展。随着国民经济的发展和人民生活水平的提高,国家按财政收入增加的比例,投资建设图书馆事业,将会使图书馆事业得到更大的发展。国家投资兴办的图书馆,构成了我国图书馆事业的骨干和核心,是我国图书馆事业的主要部分。

然而,由于我国地域辽阔,人口众多,国家不可能在较短的时间内,拨出更多的款项来建设更多的图书馆,那么就要依靠群众的力量去兴办图书馆,以弥补国家办馆的不足。这是发展我国图书馆事业的有效办法之一,也是建设我国图书馆事业的原则之一。

群众办馆是指由集体所有制的工厂、农场以及街道、乡镇、社会团体,也包括个人出资或集资兴办的各种各样的图书馆（室）。它是图书馆事业不可忽视的组成部分。

为了普及图书馆事业,我们应当支持和鼓励群众兴办图书馆事业的热情。群众办馆必须坚持以自愿为原则,不能以行政命令去作硬性的要求和规定。当广大人民群众对科学文化要求愈来愈迫切的时候,群众认识到图书馆的重要性,就会自然产生兴办图书馆的愿望。我们对群众办馆的积极性要加以保护和引导,大力支持和协助群众办好基层图书馆(室),尤其是省、市、县各级公共图书馆,有责任和义务对它们进行帮助和扶持。

我国人民自古以来就有兴办图书馆的历史传统,几乎历代都有私人创办的藏书楼。解放前夕,我国就有四十多所私立图书馆,而且历来又都有不少爱国人士、文人学者为图书馆捐献宝贵的藏书。随着农村经济改革,农民富裕起来了,不少乡村办起了文化馆、图书室。近几年来,华侨和港澳同胞在广东等地出资兴建图书馆,捐赠图书的事例也不胜枚举。只要我们落实华侨政策,他们就会更加关心祖国的经济建设和文化建设。

就是国家兴办的图书馆,也要面向社会,争取工矿企业和社团的支持和赞助,把它逐步办成一个社会性的事业,以求得图书馆事业有更大的发展。

(二)全面规划,统筹安排,分工协作的原则

1957 年 9 月 6 日国务院全体会议第五十七次会议批准的《全国图书协调方案》中,指出为科学研究服务的图书工作,要全面规划,统筹安排。这一精神,是我国图书馆事业建设的重要原则。

全面规划,是根据国民经济的建设,教科文事业的发展,从宏观上制订整个图书馆事业的发展速度和规模,包括图书馆的分布、图书馆的建筑和设备、图书馆藏书、专业人员培养等方面较长远的整体规划。有了整体规划,图书馆事业的发展才有长远的奋斗目标。

统筹安排是指国家和主管部门根据图书馆事业的发展规划,有计划、有重点、有步骤地合理安排图书馆的建设。在保证重点图书馆建设的同时,兼顾边疆和少数民族地区图书馆的发展,在基建投资、经费分配、人力配备等方面都进行合理的统筹安排。

分工协作是指在同一地区或不同地区内,同一系统或不同系

统内的图书馆之间的分工协作。这种协作的目的是为了完成共同承担的社会职责和各自的任务。为一定社会的政治、经济服务,是每一个图书馆的共同职责。但不同类型,不同规模,不同功能的图书馆,在藏书建设和服务对象上,要有合理的分工,分工又必须协作,才能构成一个整体,分工协作是对立统一的组合关系。图书馆之间,只有加强协作,密切联系,才能发挥图书馆的整体功能。所以分工协作是建设我国图书馆事业的重要原则之一。

（三）党和政府的领导是建设图书馆事业的重要原则

加强党和政府对图书馆事业的领导,是建设我国图书馆事业的重要原则,是图书馆事业取得成就的根本保证。党对图书馆事业的领导,体现在贯彻党的正确路线,把党的方针、政策落实到图书馆的各项工作中去,使图书馆更好地发挥为社会主义的政治和经济服务的职能。政府对图书馆事业所采取的一系列措施,如经费的拨发、物质条件的提供、人员的配备与培训等等都保障了图书馆事业的发展。只有加强党和政府的领导,图书馆事业的发展才有保证。

建设和发展我国的图书馆事业,除上述的原理、原则外,还有图书馆自身的运动规律。概而言之,主观因素和客观条件是推动图书馆事业发展的动力。

第二节　图书馆事业的组织与管理体制

我国图书馆类型多,隶属关系复杂,要把整个图书馆事业,组成一个有机的统一整体,就要依据一定的原则进行组织,建立科学的管理体制。

一、政府对图书馆事业的领导和组织作用

我国政府是文化建设的组织者和领导者。宪法规定"国家发展为人民服务、为社会主义服务的文学艺术事业、新闻广播电视事业、出版发行事业、图书馆博物馆文化馆和其他文化事业,开展群众性的文化活动。"

解放以来,我国政府及其有关部门对图书馆事业的建设向来都很重视,发布了不少有关图书工作的法令文件。例如,1949年11月26日颁布《禁止珍贵文物、图书出口暂行办法》、1955年4月22日文化部《关于征集图书、杂志样本办法》、1955年7月2日文化部《关于加强与改进公共图书馆工作的指示》、1957年9月6日《全国图书协调方案》等等。这些办法、指示、方案等都是政府重视和组织图书馆事业的事例。在历届政府的工作报告中,都提到要发展各类型的图书馆或大力加强图书馆的建设。

这些都说明,我国政府是图书馆事业的组织者和领导者。

正是由于政府的领导和组织,为图书馆事业提供了开展业务所需要的起码条件,丰富了它的藏书,才保证了图书馆事业的发展,使其成为为科学研究和广大人民群众服务的教科文中心之一。

我国政府对图书馆事业的领导和组织作用,具体表现在:

(一)国家颁布了一系列关于图书工作的法令、条例、方案、办法和有关文件,这些具有法律性质的文件,保证了图书馆事业的发展和珍贵图书文献的保存。

(二)政府领导人对图书馆事业的发展作过多次重要指示,这既体现了政府对图书馆事业的高度重视,同时也为各个部门重视和支持图书馆事业提供了条件。

(三)国家投资建立了我国主要类型的各种图书馆,并从国家财政收入中,年年不断地为这些图书馆提供经费,使这些图书馆的藏书日积月累、不断充实。

（四）国家组织有关图书馆支持和关心民办图书馆的发展，国家宣传部门大力宣传民办图书馆的积极作用。

（五）国家在文化部建立了集中领导全国公共图书馆的图书馆事业管理局，指示成立了中央和地区性的中心图书馆委员会。

（六）国家重视图书馆专业干部的培养，在全国几十所高等院校开办了图书馆学专业和若干所中专学校，并采取多种形式对在职干部进行培训。

（七）国家为了提高图书资料人员的社会地位，发挥他们的积极性和鼓励他们努力钻研业务，批准了《图书、档案、资料专业干部职称暂行条例》，列为国家的业务技术职称系列之一。

政府对图书馆事业的领导和组织的具体措施，保障了我国图书馆事业的发展，所取得的成绩，超过以往任何历史时代。

二、社会团体、人民群众对图书馆事业的组织作用

在以国家办馆为主的同时，发挥群众办馆的积极性，是发展我国图书馆事业的重要方面。群众办馆的概念有两方面的含义，其一是社会团体、人民群众投资兴办图书馆；其二是人民群众参预国家兴办的图书馆的管理活动。

群众办馆的意义在于，图书馆事业不仅是国家的文化事业，而且是人民的文化事业、社会的事业。它可密切图书馆与群众的关系，使群众与图书馆有机地结合起来，促进图书馆为人民所利用，使图书馆事业成为一个广大人民群众共同关心、共同参预的社会事业。要把图书馆办成一个社会性的事业，就要充分发挥社会团体在图书馆事业中的组织作用。在社会团体、街道、乡镇、个人所创办的图书馆内，由他们自己管理和维持，这不仅不占国家财政预算和人员编制，而且能调动群众办馆的主动精神。这样一来就扩大了全国的基层图书馆网，吸收更多的读者利用图书馆，使图书馆具有普遍的社会性。

群众对图书馆事业的组织管理作用,还体现于在国家兴办的图书馆中,成立协助管理图书馆的群众机构,这个机构在国外叫"图书馆委员会"或"图书馆理事会"、"图书馆董事会"、"图书馆顾问委员会"等等。不论它叫什么名称,这个机构的性质是作为群众参预图书馆活动,监督和检查、关心与支持图书馆工作的群众性管理组织,而不是行政机构。对于群众参预管理图书馆的作用,H. K. 克鲁普斯卡娅在 1934 年就写道:"图书馆委员会具有重大的作用……假如我们不想和生活隔绝的话,这种委员会对我们是非常需要的……。图书馆员要善于鼓励这种委员会,为的是最终能够有效地帮助扩大图书馆事业和改造图书馆事业。"①

对于图书馆委员会的人选,委员的任期及活动内容等,可根据我国的国情和图书馆的规模以及地域来确定。

总之,成立有各方面人士及馆长参加的图书馆委员会,有利于发挥人民群众对图书馆事业的组织管理。

三、图书馆事业集中管理的意义

目前我国的图书馆事业,存在着以主管部门、行政领导关系来划分图书馆的管理体制。因此形成几个系统、多头分散、发展不平衡的状况。要充分体现社会主义国家图书馆事业的优越性,实行集中管理图书馆事业是非常必要的。列宁反复强调图书馆事业必须集中管理,反对无政府主义,分散主义和本位主义。列宁曾把集中管理图书馆事业称为建立有计划的图书馆网的最完善的形式。

集中管理图书馆事业的意义在于,便于国家对全国图书馆事业的发展作出全面规划,统筹安排、合理布局。可以避免分散管理所造成的各自为政,布局不合理、发展不平衡等弊端。

图书馆事业的集中管理具有多方面的内容和多种形式。一是

---

① H. K. 克鲁普斯卡娅:《论图书馆事业》,第 355 页。

集中管理分散在各地区、各系统的图书馆,使其成为有统一领导,统一规划,统一行动的图书馆体系。二是图书馆业务工作过程的集中管理。例如,集中编目,逐步使用全国统一的分类法,统一著录格式;集中出版新书目;集中编制联合目录等。三是文献整理加工的统一化。

集中管理图书馆事业,是历史发展的必然趋势,是图书馆事业的组织原则之一。在实行集中管理,反对分散主义的同时,也要防止统得过多、过死,不然就会挫伤图书馆对集中管理的积极性。

四、图书馆事业的管理体制

解放以来所形成的几个系统的图书馆并列平行的管理体制,难以适应图书馆事业进一步发展,尤其不利于各系统之间的协作、协调、统筹安排。

图书馆事业不但受经济的制约,同时也受科技、教育事业的制约和影响。因此,图书馆事业的管理体制也必须随着科技体制、教育体制的改革而进行相应的改革。

在全国范围内建立统管全国图书馆事业的管理系统,可以从中央到地方设立相应的管理部门。全国可在国务院直接领导下设立图书馆的管理机构,统管各部、委、办系统的各类型图书馆。或是赋予国家图书馆——北京图书馆统筹全国图书馆事业的职能,使之成为全国图书馆事业的中心,各图书馆业务活动的协调者和全国图书馆网的组织者。

第三节　图书馆网

图书馆网是近代图书馆事业发展的产物,发端于馆际合作,并为图书情报电子计算机检索网的建设奠定了基础。

一、图书馆网的概念

在人类社会科学文化还不发达的时期,记录知识,刊载科研成果的书刊资料为数并不多;图书馆的数量也很少,图书馆之间互不联系也可以单独开展业务活动来满足当时社会的需要。科研人员从事科学研究,从搜集资料到进行实验活动也可以自己单干,因此要求利用图书馆的愿望也不强烈。随着科学文化的迅速发展,图书文献数量的急剧增加,科研人员单靠自己去查找资料已不可能,必须依靠一个或多个图书馆的帮助,才能在文献的海洋中找到必需的资料。文献数量的剧增,读者对图书馆需求的增多,图书馆以往那种互不联系单独开展业务活动的方式,已不适应时代发展的要求。文献的增多,读者的需要,推动着图书馆事业的发展,不仅产生了各种类型的图书馆,而且促进图书馆之间朝着合作、联合的方向发展。在这样的历史背景下,十九世纪后期欧美一些国家的图书馆便开始馆际互借,编制联合目录等活动。到第二次世界大战结束后,科学技术的发明与发展,较之以往的总和还要多,文献资料的增长速度超过以往任何时期,这就使得图书馆在经费和业务活动等方面都面临着难以应付的局面,过去几个图书馆的合作、联合的形式,再也不能适应社会进一步发展的需要,于是不少国家纷纷组织自己的图书馆网。

图书馆网,就是在以往少数几个图书馆合作、联合的基础上,有计划地将分散在各地区、各系统、各种类型的图书馆组织起来,在统一领导、统一规划下统一行动,形成一个既有分工,又有合作的图书馆体系。

二、图书馆网的产生和发展

从世界范围来看,图书馆网的产生有着悠久的历史。近代图书馆从王宫、教堂以及私人藏书楼演变为向社会开放的图书馆以后,欧美某些图书馆界人士就提出了用"合作"、"联合"的方式来共同从事图书馆某项业务工作的意见。例如,1850 年美国的 C. C. 朱厄特提出的编制图书馆联合目录的设想;1876 年 T. H. 罗杰斯及其后的 M. 杜威先后提出的关于集中编目的意见;1893 年德国柏林皇家图书馆开始同各大学图书馆互借图书;1896 年美国芝加哥公共图书馆、纽贝里图书馆与克里勒图书馆就藏书专门化的范围达成协议;1902 年美国国会图书馆向委托馆发行印刷卡片目录。这样,由两个或两个以上图书馆之间的业务合作,进一步发展到一定地区、一定数量、一些类型或一些专业范围内的图书馆之间的合作,就成为一定范围的图书馆联合。这种合作和联合进一步扩展到分散在各个地区、各种类型的图书馆,形成一个既有分工,又有合作的图书馆休系,就组成了图书馆网。例如,在苏联,1920 年 11 月 3 日列宁签署了关于集中管理图书馆事业的法令,规定属于教育人民委员部管辖的一切图书馆,都应该联合成俄罗斯苏维埃社会主义共和国联盟的统一的图书馆网。

我国的图书馆网的建立,是在 1956 年党中央发出向科学进军的号召以后。当时广大读者,尤其是科技人员需要各种中外文的图书资料,而任何一个图书馆都不可能完全满足读者的要求。因此必须把分散在各系统的各种类型的图书馆组织起来,才能适应向科学进军,为科学研究服务的需要。1957 年国务院第 57 次会议批准的《全国图书协调方案》指出:为了改进为科学研究服务的图书条件,应在国务院科学规划委员会(现为国家科学技术委员会)下设图书小组,负责全国为科学研究服务的图书馆的全面规划、统筹安排等工作,并决定在北京和上海成立两个全国性的中心图书馆;同时在武汉、沈阳、南京、广州、成都、西安、兰州、天津、哈尔滨成立九个地区性的中心图书馆。

除了方案规定成立的两个全国性和九个地区性的中心图书馆委员会外,河南、湖南、吉林等许多省份,在本省科委或文化厅的批准下，也陆续成立了中心图书馆委员会或协作委员会。

我国全国性和地区性的中心图书馆委员会的成立及其所开展的业务协作协调活动，是我国图书馆网产生和形成的标志之一。

1966年至1976年，由于十年浩劫，我国的图书馆事业遭到了严重的破坏，图书馆网被迫停止了活动。1979年起，各省的中心图书馆相继恢复活动，不少原无中心图书馆委员会的省份，也先后成立了中心图书馆委员会。从此，我国的图书馆网又开始了新的发展里程。

从世界图书馆事业的发展趋势来看，图书馆网已从以业务上的协作协调为主要职能的协作网（又称图书馆事业网），发展到图书情报的电子计算机检索网。五十年代以来，电子计算机应用到图书情报工作，使传统的图书馆发生了巨大的变革，电子计算机不但应用到图书馆的图书采购、图书编目、图书流通、编制文摘索引等各个方面，更重要的是利用计算机进行存贮和检索文献资料，利用现代化的通讯技术联结多个计算机检索系统，形成计算机检索网络。

网络的出现，使图书馆网有了新的发展和增加了新的内容。当前，图书馆网是图书馆协作网与计算机检索网的综合。

电子计算机检索网，就是将图书情报单位的许多计算机检索系统，用通讯线路联结起来，形成的检索网络。用户通过终端设备，可以检索到网络内各个文献数据库所贮存的文献资料。

电子计算机检索网与图书馆协作网有极其密切不可分割的关系。协作网是检索网的基础与前提，并为检索网提供藏书和目录等条件。计算机检索网的建立，又能促进图书馆协作网的进一步发展，两者关系密切，相辅相成，互相促进。

三、建立图书馆网的意义

建立和发展图书馆网,必须以列宁关于建立图书馆网的论述和我国党和政府的有关指示为指导思想。1915 年 5 月,列宁在全俄社会教育第一次代表大会上说:"我们应当利用现有的书籍,着手建立有组织的图书馆网来帮助人民利用我们现有的每一本书,应当建立有计划的统一组织,而不是建立许多平行的组织。"1957年,我国国务院为了改进为科学服务的图书条件,通过了《全国图书协调方案》,1978 年五届人大通过的政府工作报告指出:"发展各种类型的图书馆,组成为科学研究和广大群众服务的图书馆网。"列宁的上述论述和我国政府的指示精神以及有关文件,都是我们建立图书馆网的理论依据和指导思想。依此建立起来的图书馆网,具有下列的积极意义:

(一)可以充分发挥馆藏的作用

为数众多的各种类型的图书馆是组织图书馆网的基础。各种类型的图书馆,在为一定社会的政治、经济服务中,既有共同的任务,但由于各馆的性质、规模和具体任务的不同,其藏书数量与特色和服务对象便有所不同。各馆在一定的范围内虽可满足读者一定的需要,而在其它学科或更大的范围内,就难以满足读者的需求。如果组织起图书馆网,通过参网的图书馆编制联合目录,就可以通过馆际互借或通用借阅证来满足读者需要,就可以达到列宁所指出的,建立有组织的图书馆网来帮助人民利用我们现有的每一本书。从这个意义上说,一馆的藏书,可以变成多馆的用书,国家的藏书。

在科学技术迅速发展,图书情报资料增长很快的今天,图书情报资料已成为国家的一种资源,只有组织起图书馆网,才能充分满足社会对图书情报资料的需求,达到共享图书情报资源的目的。

(二)有助于图书馆系统藏书专业化、系统化随着科技的发展,出版物源源不断,文献数量成倍增长。任何一个图书馆都不可能以有限的经费、人力、馆舍去收集整理无限的出版物。世界著名的图书馆管理专家拉瑟福德·罗杰斯说:"我们正被淹没在信息的海洋里,整个图书馆系统目前正面临着书籍过剩的困难。"为了应付不断涌现的新书刊和减轻书库面积的压力,美国大多数综合性图书馆,主要是大学图书馆,不得不联合起来,建立全国性的图书馆网,并采取步骤协调网内各成员馆的藏书建设,使他们分别承担几个领域的藏书任务,使藏书走上专业化的轨道。例如,美国康奈尔大学图书馆主要收藏有关东南亚的书刊资料。

要使我国的图书馆,能够较全面系统地收藏外国的书刊资料,只有通过图书馆网,进行图书馆之间的协作,分工收藏,使藏书走上专业化的轨道,在藏书专业化的基础上,才能使专业性的书刊完整,从而达到系统化。

(三)可以充分发挥图书馆为科学研究服务的作用

为科研服务,是科学与专业图书馆、高等院校图书馆、省级公共图书馆都承担的共同任务。图书情报资料是进行科学研究的重要条件之一。《全国图书协调方案》指出,要改进为科学研究服务的图书条件,除有关部门积极引进国外的书刊资料外,只有建立起图书馆网,进行藏书建设的协调,各馆分工搜集国内外有关的书刊资料,才能使网内图书馆藏书品种多,资料全。这样图书馆之间,就可以通过编制联合目录,进行馆际互借或复制影印等方式来满足科研人员对图书资料的需要。

图书馆要发挥为科研服务的作用,应在迅速搜集到文献资料的前提下,组织网内成员馆分工进行文献的题录、简介、文摘及数据加工,为科研人员提供情报检索工具,加速情报交流,缩短科研人员查找资料的时间,把精力集中用在科研课题上,达到早出成果的目的。

（四）图书馆网的发展，有助于建立计算机检索网络

图书馆网是建立图书情报电子计算机检索网络的基础。在国家统一规划、统筹安排下，有计划有步骤地加强和装备一批重点馆，先实现图书馆工作的自动化。例如，北京图书馆是全国综合性的中心图书馆，是全国藏书的中心，应在该馆集中编目和联合目录的基础上，发展我国的机读目录系统，使之成为我国的检索中心和数据中心；与此同时，可在一些专业馆建成专业的文献检索中心和数据库，再进而建成联机检索网络。

要实现图书情报的电子计算机检索系统，全国所有的图书情报单位都必须参加统一的网络，避免各自为政、各行其是的现象发生。

总之，建立图书馆网，才能充分发挥图书馆在社会中的作用，才能更合理、更系统地搜集国内外的图书文献资料，才能更好地共享图书情报资源，才能有效地促进图书馆的现代化。

四、我国图书馆网的组织

积极发展各种类型的图书馆是组织和建立图书馆网的前提条件，而遵循一定的建网原则，才能有效地开展图书馆网的协作协调活动。

（一）组织我国图书馆网的原则

我国地域辽阔、人口众多，为了有效地组成为科研和广大人民群众服务的图书馆网，就"应当建立一个有计划的统一的组织，而不应该建立许多平行的组织"。① 我们必须以此作为组织图书馆网的原则，集中建立全国性的图书馆网，以便合理地统筹安排、全面规划我国的图书馆事业。在统一建立全国性的图书馆网的前提下，可以分系统或专业性质建立全国纵向图书馆网。同时还要建

---

① 《列宁全集》中文版第 29 卷，301 页。

立地区性的图书馆网与之相贯通,形成从中央到地方的图书馆网。建立地区性的图书馆网,除要有各省市公共图书馆、大学图书馆、科学与专业图书馆参加外,不可忽视组建工厂、乡村、街道、中小学等基层图书馆的网点,努力办好这些图书馆并把这些图书馆组织起来,对提高整个民族的科学文化水平有着重要的意义。因为这些图书馆面向广大人民群众,是直接为广大群众服务的图书馆,是构成我国图书馆网的宏大基础。

(二)我国图书馆网的组织

组织和建立我国的图书馆网,应根据我国的国情和现行的管理体制,有计划有步骤地进行组织,克服各行其是的弊端,才能体现社会主义的优越性。根据我国的管理体制和图书馆事业的现状,我国的图书馆网应由纵、横两个系统组成。纵向是按主管部门的领导关系和专业性质组织起来的图书馆网。这个网是将一个系统或一种类型的图书馆组织起来,共同开展网内的业务活动及规划网内图书馆事业的发展,网内的图书馆分散在各地区。例如,中国科学院的图书馆系统,有在京区的科学院图书馆及属下研究所图书馆,有在省市(区)的分院图书馆及研究所图书馆。他们之间在业务上有上下隶属的关系,上级馆有指导基层馆的任务。纵向网内的图书馆同属一种类型或专业性质相同,藏书性质相近,总体任务相同,业务活动的内容大体一致,故利于协作。横向图书馆网,是按地区将各种类型、各系统的图书馆组织起来,形成一个协作协调、分工开展活动的图书馆网。该网的组织机构,中心图书馆委员会或协作委员会,均冠以地区名称。例如,广东省中心图书馆委员会。委员会的成员是由各馆的负责人或有关主管部门派出代表组成,委员会属下的办公室是协作活动的办事机构,需有固定的人员编制与活动经费,才能开展委员会成员馆之间协作协调的事宜。如未解决编制归属,应由各成员馆轮流派出较固定的工作人员专司其事。

纵向图书馆网组织系统

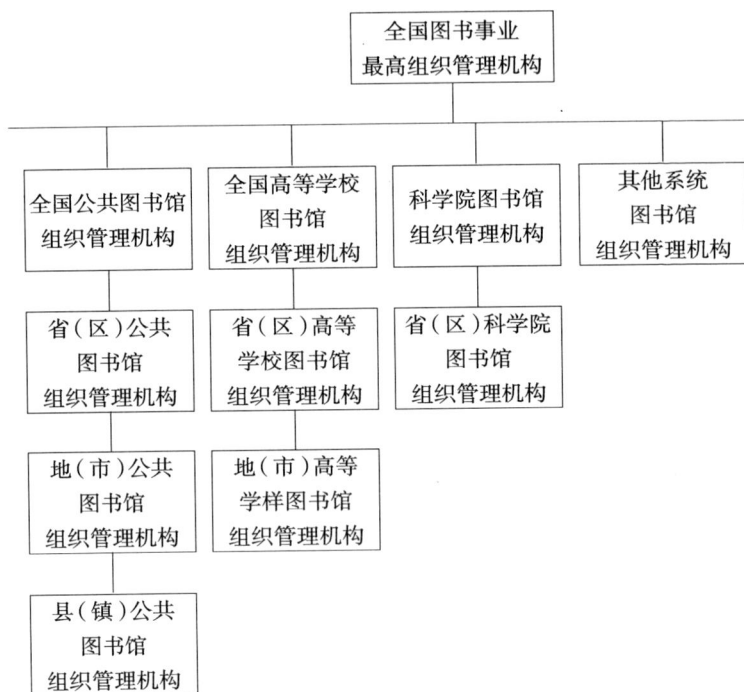

```
                    ┌─────────────┐
                    │ 全国图书事业  │
                    │最高组织管理机构│
                    └─────────────┘
```

| 全国公共图书馆
组织管理机构 | 全国高等学校
图书馆
组织管理机构 | 科学院图书馆
组织管理机构 | 其他系统
图书馆
组织管理机构 |

| 省（区）公共
图书馆
组织管理机构 | 省（区）高等
学校图书馆
组织管理机构 | 省（区）科学院
图书馆
组织管理机构 |

| 地（市）公共
图书馆
组织管理机构 | 地（市）高等
学样图书馆
组织管理机构 |

| 县（镇）公共
图书馆
组织管理机构 |

注：1.应建立的全国图书馆事业最高组织管理机构，是领导全国图书馆事业的职能机构；又是全国图书馆网（包括协作网与计算机检索网）的组织者。

2.纵向图书馆的组织管理机构名称，统管全国公共图书馆的是文化部图书馆事业管理局、省的是文化厅图书馆管理处；高等学校图书馆是全国高等学校图书馆工作委员会和省高等学校图书馆工作委员会；科学院系统的图书馆管理机构，亦有相应的机构名称。这些组织管理机构，应是图书馆网的组织者。

3.纵向图书馆的组织管理级层，可视各类型图书馆的分布而组建。例如，高等学校，目前多设在首都和省会，有些地（市）已有多间高等学校的，可视需要设地（市）高等学校图书馆工作委员会。

4.其它系统的图书馆，包括政府各部、委、办的专业图书馆，部队图书馆，工会图书馆等，都应设置组织管理机构。

横向图书馆网内的各成员馆,因同处一个地区,相互之间联系密切,活动方便,能就近开展协作活动,是纵向图书馆网所不及的。尤其是进行藏书分工、馆际互借、通用借阅、干部培训等活动,都比纵向图书馆网方便有利。

横向图书馆网组织系统

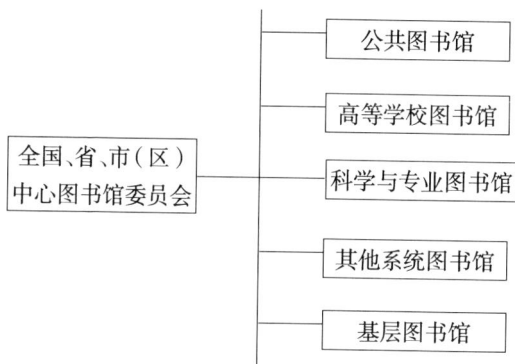

```
                                    ┌─── 公共图书馆
                                    │
                                    ├─── 高等学校图书馆
全国、省、市(区)                    │
中心图书馆委员会 ───────────────────┼─── 科学与专业图书馆
                                    │
                                    ├─── 其他系统图书馆
                                    │
                                    └─── 基层图书馆
```

注:横向图书馆网的组织,在一个省(区)无统管图书馆事业
　　的职能机构时,可由该省(区)的中心图书馆委员会担负
　　起图书馆网的组织任务。

不论是纵向图书馆网或横向图书馆网,都是全国图书馆网的一个分支子系统,它们之间的关系是相互补充、相辅相成的关系,是既有分工,又有协作的关系。

在组织图书馆网和开展业务活动的过程中,要充分发挥公共图书馆的作用,北京图书馆是国家图书馆,是全国图书馆事业的中心。省、市、自治区图书馆是联结上下公共图书馆的枢纽,又是本地区图书馆事业的中心,应在地区性的图书馆网内起骨干作用。高等学校图书馆是图书馆网内的一支重要力量,不但数量多,且藏书丰富,业务基础较好,是图书馆网的重要支柱之一。科学与专业图书馆,直接为科研、生产服务,藏书专深,是图书馆网的重要组成部分。

五、我国图书馆网的活动内容

我国图书馆网的活动内容,根据 1957 年国务院公布的《全国图书协调方案》的规定,从中心图书馆委员会(或协作委员会)的性质职能来看,并从其开展的业务范围来考察,图书馆网的活动内容是相当广泛的,不但内容多,而且范围大,涉及图书馆事业的各个方面:

(一)协助行政领导部门研究图书馆事业的统筹安排和全面规划

图书馆担负着为科学研究、教学、生产建设服务和提高整个民族科学文化水平的任务,而要完成社会赋予它的这些职责,图书馆事业必须要有一个整体的发展规划,才能适应社会对图书馆的需要。因此,各级中心图书馆委员会、各系统的图书馆工作委员会有责任协助管理机构和领导部门制订图书馆事业的全面发展规划,使图书馆布局合理、城乡网点交错、有重点地建设一些图书馆,并使图书馆之间既有分工,又有合作,在统筹安排下,使图书馆事业得到全面发展。

(二)研究和解决本地区或本系统图书馆的藏书建设

藏书建设的协作协调,是图书馆网重要的活动内容之一。研究商定各馆藏书的范围、特点,使各馆逐步形成藏书特色,进而形成地区性的藏书体系。

首先,在图书采购方面,由于科学技术的迅速发展,科学文献不断增加,任何一间图书馆的购书经费和馆舍空间都是有限的,不可能全面搜集所有的书刊资料。我们组织图书馆网的出发点之一,就正如《全国图书协调方案》所指出的,改善为科研服务的图书条件。要改善,首先就要搜集,尤其是搜集科学技术发达国家的图书资料。因此,外文书刊采购的分工入藏,是整个藏书协调的重点。

再者,调拨和交换书刊是图书馆网协调藏书建设,互通有无,发挥书刊作用的重要活动内容之一。调拨和交换书刊可以清理一些图书馆积压的多余图书,减轻书库的压力,同时可以使一些藏书基础较为薄弱或新建的图书馆的馆藏得到充实。调拨和交换,要在调查研究的基础上,本着互通有无、等价交换、有偿或无偿的精神进行。

再就是,研究和解决建立地区性的保存本图书馆。保存图书文献典籍是历史赋予图书馆特有的社会职责,是图书馆固定不变的重要职能之一。然而这一职能并不是任何图书馆都有的。所以建立地区性的保存本图书馆,应摆到图书馆网的行动日程上来,理论上的探讨,要付诸图书馆网实施。

(三)编目工作的协作

这方面的活动主要是统一编制新书卡片、全国性和地区性联合目录、新书通报等。统一编制新书卡片,可以减轻各馆分编人员的工作量和减少分编人员,同时有助于实现文献著录的标准化,提高分编工作的质量。联合目录是读者查找书刊资料的工具,又是图书馆之间开展馆际互借的依据。以联合目录为工具,通过馆际互借的方式,可以把一馆的藏书,变成多馆的藏书,达到资源共享的目的。新书目录通报,是指各馆将新近到馆的中外文图书,按照一定的格式编排印成的书目。这种书目,由各馆分发给读者查阅。而由中心图书馆委员会编印的新书通报,则是组织网内成员馆,着重编印综合性的或专业性的新书通报目录。

(四)书刊流通方面的协作

主要是指在图书流通中所进行的馆际互借和发放通用借阅证。

馆际互借,是指馆与馆之间根据协议向对方馆借阅本馆缺藏的书刊,来满足本馆读者需要的一种借阅方式。在进行馆际互借时,本地区的互借,一般派专人发送。本地区以外的互借,则采用挂号邮寄,以防丢失。馆际互借的书刊,主要是借阅教学、科研、生产上急需的书刊,而不是一般的文艺小说或普及性读物。馆际互借是提高图书利用率,互通有无,互相弥补缺藏的一项有积极意义的工作。促进这项工作的开展,是充分发挥图书馆网作用的体现。开展这项工作要克服本位主义和私有观念才能收到效果,然而亦不可强求它馆互借不能借出的保存本或善本,这些可通过复印或抄录的方法来进行。图书馆网的组织者,有责任把馆际互借的馆数,扩大到网内各成员馆。

通用借阅证,主要是指发放通用阅览证和借书证。持有借阅证的读者可到网内各成员馆和一些参加此项协作的非成员馆的任何一间图书馆内,阅览或借出需要的书刊资料。这项工作的意义不但扩大了一间馆的读者数,而且可以使读者享有使用多馆藏书的权利。发放通用借书证,取决于各馆的藏书基础和服务能力,可逐步在教学、科研、生产的高、中级人员中试行,然后再扩大借阅面。

为使书刊流通的协作更有成效,使享有通用借阅证的读者,更了解书刊的内容及其收藏情况,图书馆网可根据需要,组织成员馆举办新入藏书刊展览,或配合经济建设,科学研究举办某一专题的书刊展览。

(五)研究和解决有关业务问题

主要是指图书馆网内成员馆存在的共同性问题。随着图书馆事业的发展,从整体来看,图书馆面临许多共同性的问题,需要图书馆网组织成员馆共同解决,才有利于图书馆事业的整体发展。例如,分工订购原版外文书刊、编制联合目录、组织干部培训、编印业务学习丛书、开展专题讲座、组织经验交流、组织图书调拨、研究图书馆现代化、包括建立计算机检索网络等共同性的问题,不是一两家图书馆的人力、财力所能解决的,需要通过成员馆通力合作、共同承担才能解决。

研究解决共同性的有关问题,尤其是关于图书馆学的研究,图书馆网的组织机构——中心图书馆委员会或图书馆协作委员会,要加强与图书馆学会的联系与协作,学会是在党领导下的群众性学术团体,两者之间对组织图书馆学研究、组织经验交流、组织学术讲座等,要密切结合、分工协作,避免互相重复。对于当前图书馆现代化问题,两者要共同组织人力,从理论上和实践上探索图书馆现代化的道路。

（六）研究和解决在职干部业务水平的提高问题,开展业余、函授教育

要发展图书馆事业,建设现代化的图书馆,提高图书馆的工作水平,首先要提高图书馆干部队伍的素质,尤其是业务技术水平。

我国大学的图书馆学教育正在发展,每年都为图书情报单位输送一大批毕业生,然而暂时还远远不能满足图书馆的需求。因此,提高在职干部的业务水平就成为迫切的任务。五十年代后期,各地成立了中心图书馆委员会,对在职干部的培训,给予了很大的重视,以多种方式培训干部。各地区可根据本地的条件和不同情况,开办业余大学或接受有关院校图书馆学系的委托,协助开办图书馆学函授班,举办进修班或专题短训班等方式来培训干部,使在职干部的科学文化水平,业务知识和技能得到提高。

中心图书馆委员会在培训在职干部中,做了大量的组织工作和教学行政管理工作。诸如制订培训干部的教学计划,聘请有一定理论水平、又有实践经验的专家学者讲课、组织人力编写教材等,都发挥了图书馆协作网在这方面的组织作用。

建设现代化的图书馆,需要一大批有现代科学知识和图书馆学知识的干部。当前除进行在职干部的普及教育外,应考虑逐步把重点转移到提高的问题上来。诸如图书馆现代化管理、自动化技术等方面的培训。

第四节　图书馆法

一个法治的国家,不仅制订有国家的根本大法——宪法,而且还制订有各种各样的专门法规。

一个法制健全的国家,都有一系列的专门法规。为了保卫国家不受外来侵略,有兵役法;为了发展经济,有经济法;为了发展科学技术,有创造发明法或专利法;为了发展文化教育事业,有教育法和图书馆法等。

图书馆法是由国家的立法机关制订的一种专门法规,是国家图书馆政策的集中体现。这是因为一个国家的图书馆法,是根据宪法的精神,以法律条文的形式反映国家对图书馆各个方面的有关规定。因此,图书馆法与国家的政策是一致的,它是一个国家法律体系的组成部分。

一、图书馆法的历史

从世界范围看,图书馆法具有悠久的历史。在资本主义社会,资本家为了追求超额利润,需要人民掌握新技术、新工艺,他们不但提倡普及学校教育,而且兴办近代图书馆,来提高劳动者的科学文化水平,以适应资本主义工业化生产的需要。在十九世纪初,欧洲许多王家的图书馆相继公开,图书馆从王室、从教堂、从僧院办到社会上去,于是出现了公共图书馆。

公共图书馆担负着普及科学文化知识的任务。为了满足读者的需要,必须丰富图书馆的藏书,一些国家不但颁布了呈缴法,规定出版单位出版的书刊,都要无偿地呈缴若干本给指定的图书馆;而且需要以立法的手段来保障图书馆事业的发展。于是,英国在1850年颁布了第一部图书馆法。美国的一些州于1850年也陆续通过公共图书馆法,日本于1899年颁布了图书馆法令,其后瑞典(1905年)以及其他许多国家都通过了图书馆法规。由此可见,图书馆法是在资本主义制度下,公共图书馆出现后的必然产物。

苏联十分重视制订和颁布图书馆法。1920年11月3日苏联人民委员会颁布了《关于集中管理俄罗斯苏维埃联邦社会主义共和国图书馆事业》的法令。这个法令是按照列宁对图书馆的建议,在列宁亲自领导并直接参加下拟订的,体现了列宁对图书馆事业的基本观点。这是第一部社会主义国家关于图书馆事业的法律。1934年苏共中央执行委员会通过了《关于苏维埃社会主义共和国联盟的图书馆事业》的决议,这个决议是苏联第二部综合性质的图书馆法律。

东欧的一些社会主义国家,例如,在捷克斯洛伐克社会主义共和国(1959年),波兰人民共和国(1968年),德意志民主共和国(1968年),保加利亚人民共和国(1970年)等国家都制订了图书馆法规。规定了图书馆在社会主义建设中的社会职能与任务。

我国的图书馆法是在藏书楼趋于解体、公共图书馆萌芽的时候,清朝政府于1910年(宣统二年)颁布的《京师图书馆及各省图书馆通行章程》。这是我国第一部图书馆法,对我国从藏书楼到近代的图书馆的建立起了一定的促进作用。辛亥革命以后,1915年(民国四年)教育部颁布了通俗图书馆规程十一条和图书馆规程十一条,1930年(民国十九年)教育部又颁布了图书馆规程十四条。这些规程,在当时的社会条件下,虽有很大的局限性,但在我国图书馆事业的发展史中有一定的历史意义。

解放以后,我国的图书馆事业有了很大的发展,由于国家的法制尚未健全,虽还没有一部图书馆法,但在三大类型图书馆系统中,颁布了一些具有法律性质的条例。如1956年教育部颁发的《高等学校图书馆试行条例(草案)》、1978年国家文物事业管理局颁发的《省、市、自治区图书馆工作条例(试行草案)》、1978年中国科学院《关于图书情报工作暂行条例（试行草案）》、1981年教育部颁行的《中华人民共和国高等学校图书馆工作条例》和1982年的《省（自治区、市）图书馆工作条例》等等。这些条例体现了我国一些主管部门对图书馆的政策。然而这些条例不是国家立法机关制订的，所以没有法律的强制性和权威法。随着国家法制的逐步健全，在我国图书馆事业的发展过程中，在这些条例的基础上，结合我国的国情以及世界图书馆事业的发展趋势，一部社会主义时期的图书馆法必将在我国诞生。

二、制定和颁布图书馆法的意义

图书馆法是法律体系中的一个组成部分。每个国家的图书馆法，都是根据该国的社会制度和社会条件与人民群众对图书馆的需求来制定的。图书馆法的立法程序，是由有关部门指定或公议推举的起草者拟定草款，经广泛征求意见，反复讨论后，报经国家的立法机关审定通过。一经颁布，就有法律效力，具有强制性、统一性和权威性。制订和颁布一部图书馆法，不仅健全了一个国家的法律体系，而且对图书馆事业的发展具有深远的影响和意义。

（一）图书馆法是确保图书馆事业的依据。

一部完善的图书馆法，明文规定办馆宗旨、图书馆的任务、图书馆的性质和社会职能、经费、藏书、馆舍标准、图书馆分布等。这就明确了图书馆的办馆方向、服务对象和活动范围，图书馆赖以发展的物质条件就得以保障；就能够依法办馆、以法治馆，图书馆就能够以法律为依据，进行科学管理，图书馆事业就得以顺利发展，各项业务活动得以正常进行。

反之，如果没有图书馆法，图书馆事业就无法可依，就会出现以人代法，以权代法的局面。我国在"文化大革命"的十年浩劫期间，所出现的批判"资产阶级办馆路线"，强调图书馆是"阶级斗争的工具"等偏离办馆宗旨的方向，图书馆藏书被禁锢，甚至被抢夺焚毁,阅览室和书库被封闭等无法无天的境况,都是因为无法可依所造成的恶果。

(二)图书馆法能够确立图书馆在社会中的地位,图书馆法能促使各级主管部门重视图书馆事业。

图书馆法的总则,一般都明文指出图书馆的方针任务及其发展方向,并反映出图书馆在社会中的地位。法的颁布和实施,具有强制性,这样就能保障图书馆事业在任何情况下,都能健康迅速地发展,就可以依法约束和制裁那些对图书馆事业缺乏认识而不负责任、不履行图书馆法的部门和个人,这样图书馆的社会地位就得到法律的保护和确认,从而引起各级主管部门对图书馆事业的重视。

反之,如果没有图书馆法,就无法可依。局部的图书馆工作,甚至会因人事变动而受到影响。

有了图书馆法,对法制观念薄弱,不重视图书馆事业的发展,违反有关规定的部门或个人,可依法追究其法律责任。

(三)有了图书馆法,图书馆专业人员的地位、待遇、生活福利就能得到确认和保障。

为了确保图书馆各项业务工作的开展,图书馆需要有一定数量和较高质量的工作人员去开展工作。图书馆法规定图书馆人员的编制、专业人员的比例及其职务职称和文化水平的要求,这些规定就能确保图书馆专业人员的质量,同时他们的地位待遇、生活福利等合法的权益就得到法律保障和维护,就能调动他们的积极性,从而使他们更加热爱图书馆事业。

反之,如果没有图书馆法,人员编制就无依据,人员的素质得不到保证,就会造成不适用的人太集中而又调不出去,需要的人才进不来的局面。

有了图书馆法就可堵塞乱进人员的积习弊端。

(四)颁布和实施图书馆法,有利于广大人民群众享用图书馆,便于广大读者对图书馆工作进行监督;亦有助于图书馆实行民主管理,从而加强党和政府对图书馆事业的领导。

图书馆事业是国家举办的文化教育事业,是重要的社会公共设施之一,它应该为广大读者所享用。图书馆法的总则,一般都明文规定图书馆服务的宗旨,广大人民享有利用图书馆藏书的权利。如果某一图书馆不全心全意为读者服务,不方便读者,随意闭馆或缩短开馆时间,读者有权依据图书馆法提出申诉,这样有利于读者对图书馆进行监督和实行民主管理。实施图书馆法,人民群众就会更热心支持图书馆工作,便于加强党与政府对图书馆事业的领导和监督。

三、图书馆法的内容

一部图书馆法反映一个国家图书馆事业和图书馆工作的各个方面。但它是一个总的、概括性的总纲,而不是包罗万象的具体工作细则。

一部图书馆法反映出一个国家对图书馆的政策。因此,不同的社会制度,不同的历史文化,不同的经济条件的国家,它的图书馆法的性质内容就有所不同。

图书馆法应包括一个国家各类型图书馆在内的总的图书馆法,或称图书馆事业法。它是各类型图书馆应遵循的准则,又是有关部门主管和支持图书馆事业的依据,也是各阶层读者有权利用图书馆的凭据。除了总的图书馆法外,还有以某一类型或某一图书馆为范围的图书馆法,如公共图书馆法、大学图书馆法、国家图书馆法(或国会图书馆法)。其遵循的准则和范围只限于某一类型的图书馆。

不论是总的图书馆法或某一类型的图书馆法,其基本内容应反映下列几个主要方面。

(一)图书馆的性质、方针、任务:图书馆法将明确规定图书馆这个机构的性质和国家对图书馆的方针,明文规定图书馆的主要任务。

(二)图书馆藏书:图书馆藏书是国家财产,受法律的保护,任何人不得损毁破坏。规定藏书应达到的读者起码占有数,规定某些图书馆藏书的范围和特色,规定呈缴本制度(也可另行颁布呈缴法)。

(三)经费:规定各类型图书馆经费来源及其在国家或地方财政收入中所占的拨款比例(或在一个事业单位所占事业费的比例)。

(四)人员编制及待遇:规定图书馆人员的构成,人员编制定编的依据,人员职务或业务技术职称及其待遇,生活劳保福利和权利。

(五)管理体制:规定各类型图书馆总的管理体制及某类型图书馆的分层管理体制,反映各管理体制的相互关系,规划图书馆协作网和计算机检索网络,反映图书馆与图书馆学会、图书馆协作委员会的关系。规定图书馆长的职责及资格,任免程序及任期。

(六)馆舍与设备:规定各级各类公共图书馆在本地区城镇人口中,多少人占有一个阅览座位和占有图书馆的面积,规定各级学校的馆舍面积及教师、学生同阅览座位数的比例。规定馆舍规模、设备标准及经费来源。

(七)图书馆的发展与布局:规定建立各类型图书馆的标准。例如,规定中、小学校必须要有一定规模的图书馆;各县必须建立公共图书馆;规定在什么情况下要建立特种图书馆(如盲人图书馆、残疾人图书馆)等等。对图书馆的布局,规定在城镇居民中,应按多少人数及地域距离建立一所公共图书馆等。

(八)业务技术规范与服务标准:规定图书馆各项业务工作的标准化和规格化;规定各项服务标准(如服务时间、服务方式、馆际互借)等等。

一部完善的图书馆法,要充分反映上述的基本内容,它与图书馆的条例、工作细则、工作标准、规章制度关系极其密切,是纲与目的关系。图书馆法是各馆制订具体条例、工作细则、规章制度的依据。各馆制订的条例、细则、规章制度是图书馆法在本馆的具体化,因此,必须符合图书馆法的精神。

本章小结

本章分四节论述了我国图书馆事业的组织原理。

第一节关于图书馆事业的发展原理与建设原则,是以马克思列宁主义、毛泽东思想的观点,从经济基础与上层建筑相互关系方面,论述图书馆事业的发展与国民经济发展的水平相适应的原理;又从整体与部分的关系方面,概述图书馆事业与教科文事业同步发展的原理。从我国的国情出发,结合我国图书馆事业的状况,分析了图书馆事业的发展要考虑广大群众的阅读需要,以及发挥两个积极性,即国家办馆与群众办馆相结合的原则去建设我国的图书馆事业。

在我国图书馆事业的组织与管理体制的第二节中,对我国图书馆事业的组织原则,首先提到政府及其所属主管部门对图书馆事业的领导和组织作用,再就是贯彻社会性原则与集中管理图书馆事业的原则。根据我国图书馆类型多,管理多头分散的情况,阐述了集中管理图书馆事业的必要性和重要性。又根据我国四个现代化的建设的需要,论述了图书馆事业必须实行与经济体制、教育体制改革相适应的管理体制,从而提出我国图书馆事业管理体制的设想。

第三节从图书馆网的概念,图书馆的发展所产生的图书馆网,到电子计算机在图书情报工作中的应用所产生的电子计算机检索网,论述了传统的图书馆网有了新的含义,形成了图书馆协作网与电子计算机检索网两个分支不同的概念。着重论述建立图书馆协作网的意义,介绍了我国图书馆协作网的组织及其活动内容。

第四节扼要概述了近代图书馆法的历史,着重论述了制订和颁布图书馆法对图书馆事业的发展与广大人民群众享用图书馆的意义,阐述图书馆立法的重要性和必要性。根据一些国家图书馆法的内容,结合我国的国情,对图书馆法的内容作了阐述,并对图书馆法与图书馆规章制度的关系作了扼要概括。

本章思考题

1. 图书馆事业的发展,为什么要与国民经济和教科文事业的发展相适应?

2. 图书馆的建设为什么要满足广大群众的阅读需要?

3. 群众办馆的含义、组织方法及其作用。

4. 你认为图书馆事业应办成一种什么样的事业?

5. 分析我国图书馆事业发展缓慢的原因。

6. 试述集中管理图书馆事业的作用。

7. 你认为我国图书馆应实行哪种管理体制?

8. 试述加强党对图书馆事业的领导与实行馆长负责制的关系。

9. 建设图书馆网的意义。

10. 概述图书馆协作网的产生和发展。

11.《全国图书协调方案》产生的历史背景、主要内容及其现实意义。

12. 试述中心图书馆委员会的任务和主要的活动内容。

13. 图书馆立法的意义。

14. 你认为我国的图书馆法应包括哪些内容?

15.《京师图书馆及各省图书馆通行章程》产生的历史背景及其意义。

16.我国解放后,颁布过哪些具有法律性质的图书馆条例? 其意义何在?

本章主要参考文献

1.北京大学图书馆学系　武汉大学图书馆学系合编:《图书馆学基础》商务印书馆　1984 年　第52—54 页　78—93 页

2. O. C. 丘巴梁著　徐克敏　郑莉莉　周文骏译:《普通图书馆学》　书目文献出版社　1983 年

3.《中央书记处图书馆工作的指示(附:图书馆工作汇报提纲)》《青海图书馆》　1980 年第3—4 期

4.高树榆:《试谈把图书馆办成一个社会事业》《图书馆学通讯》1981 年第1 期

5.吴正芬:《我国图书馆事业落后的社会因素》《四川图书馆》　1981 年第1 期

6.罗健雄:《从加强横向联系谈图书馆的体制改革》《广东图书馆学刊》　1981 年第3 期

7.《全国图书协调方案》《中华人民共和国国务院公报》　1957 年118 期

8.徐文绪:《中国图书馆网的回顾与前瞻——中国图书馆学会提交国际图联第四十八届大会论文》《山东图书馆季刊》　1981 年第2 期

9.梁林德　吴慰慈:《论我国图书馆网的建设》《吉林省图书馆学会会刊》　1979 年第1 期

10.鲍振西:《进一步发挥中心图书馆委员会的协作与协调作用》《图书馆》　1964 年第3 期

11.杜克:《我国图书馆网建设初探》《图书馆学通讯》　1979 年第1 期

12.孙云畴:《谈谈图书馆法》《河南图书馆季刊》　1982 年第1 期

13.谢其元:《关于制订我国图书馆法的一点设想》《四川图书馆学报》1981 年第4 期

14.柳成栋:《我国近代图书馆法的产生与发展评略》《广东图书馆学刊》　1985 年第2 期

第七章　图书馆类型的研究

随着社会分工向专业化方向发展,不同人群对图书馆的需求也日益多样化,于是各种类型的图书馆便相应地不断出现。所谓图书馆类型是在综合、分析、比较所有图书馆特点的基础上而形成的概念。本章主要论述划分图书馆类型的意义和标准,分析各类型图书馆的性质、藏书成分、服务对象、业务工作等方面的特点。从而在宏观上掌握它的发展规律。

第一节　图书馆类型的划分

按事物的不同性质,区别其类属,进而探索事物的发展规律,这是人类认识世界的基本方法之一。为了满足不同读者对文献信息的不同需要,人类社会便产生和发展了数以万计的图书馆。仅就我国而言,据1985年4月新华社报导:"到目前为止,全国共有各种类型的图书馆三十多万个,藏书达八亿册,从业人员有十八万人。"这众多的图书馆在读者对象、藏书成分、服务内容、工作方法等方面,都各有特点;同时又存在着这样或那样相同或相似之处。根据这些相同或相似的性质、特点而形成的各种群体,就构成了图书馆的各种类型。

研究图书馆类型的划分,对于促进图书馆事业的发展,有着重要的指导意义。

一是有助于掌握不同类型图书馆的性质特点和它在整个图书馆系统中的地位。各类型图书馆的有机组合构成了整个国家图书馆系统，它们各自处于不同的地位，发挥不同的社会职能。图书馆的社会职能取决于它的性质和特点，同时又通过它所担负的具体任务和业务活动来体现。我们只有充分掌握图书馆的性质特点，才能充分发挥图书馆的作用。

二是有助于全面规划图书馆事业的发展。将具有不同特点的图书馆进行区分研究，才能为领导部门进行统计分析、制订规划、分类指导提供科学依据。发展各种类型的图书馆，组成为科学研究和广大群众服务的图书馆网，是今后一个时期我国图书馆事业建设的重大任务。要使各种图书馆布局合理、功能齐备，就必须深入研究国内外不同类型图书馆的特点和发展规律，这是推动图书馆事业发展的重要条件。

三是有助于建立不同的协作方式，总结交流经验，提高图书馆工作水平。学习同一类型图书馆的经验和方法，是改进图书馆工作的重要途径。同一类型图书馆，其任务、服务对象、工作性质基本相同，它们之间最便于互相学习和交流，或成立某种协作组织。实践证明，这些协作方式，不仅促进各类型图书馆工作的开展，而且有利于总结各类型图书馆的特殊规律，促进整个图书馆学研究水平的提高。

图书馆类型的划分，在不同国家、不同的情况下，有不同的划分方法，苏联主要是依据图书馆的任务，把图书馆划分成大众图书馆和科学与专门图书馆两大类。而美国和加拿大则划分为大学图书馆、学院图书馆、中小学知识传播媒体中心、专业图书馆、公共图书馆、州和省图书馆、联邦图书馆等类型。一般说来，划分图书馆类型有以下一些方法：

一、基本上按领导关系来划分。我国有：（一）文化系统的国家图书馆和公共图书馆。公共图书馆包括：省、市、自治区图书馆；区、县(市)图书馆及儿童图书馆。(二)教育系统的学校图书馆，包括高等学校、中等专业学校图书馆，中小学图书馆(室)。(三)科学与专业系统的科学图书馆，包括中国科学院及其分院图书馆、中国社会科学院及其分院图书馆、各专门研究所的图书馆(室)。(四)工会系统的工会图书馆，包括各城镇工人文化宫的图书馆及厂矿企业所属的工会图书馆。(五)军事系统的图书馆，包括军事机关图书馆、军事院校图书馆、连队图书室。此外，还有工矿企业的技术图书馆及政府部门或机关、团体图书馆及部属研究院(所)图书馆(室)等等。

二、按藏书成分来划分。有：(一)综合性图书馆，包括公共图书馆、综合性大学图书馆，中国科学院图书馆等。(二)专业性图书馆，包括科学研究机构图书馆、专业院校图书馆及高等学校的系、科图书馆(室)、厂矿企业技术图书馆(室)。(三)通俗图书馆，包括工会、街道、乡村图书馆(室)以及儿童图书馆。此外还有报刊图书馆；古籍图书馆；版本图书馆；视听图书馆等等。

三、按读者对象来划分，有：普通图书馆，儿童图书馆(室)，青年图书馆，盲人图书馆(室)，少数民族图书馆，军人图书馆等等。

四、按主要任务来划分，有：科学图书馆，大众图书馆。

五、按藏书规模来划分，有：大型图书馆——藏书在一百万册以上，中型图书馆——藏书在五十万册至一百万册之间，小型图书馆——藏书在五十万册以下。

此外，按所有制来划分，有：国家所有制图书馆，集体所有制图书馆，私人图书馆(室)。

鉴于世界各国对图书馆类型的划分方法很不一致，为便于国际间图书馆的交流和对世界图书馆事业作出准确的统计，1974年国际标准化组织颁布了《国际图书馆统计标准〔ISO2789—1974(E)〕》。其中《图书馆的分类》一章，将图书馆分为六大类：国家图书馆,高等学校图书馆,其他主要的非专门图书馆,学校图书馆,专门图书馆,公共图书馆。这一标准,可供我们划分图书馆类型时参考。

从我国的实际情况出发,我国过去主要按领导关系来划分图书馆类型。根据这种划分方法,我国解放以来已逐步建设起各种图书馆。其中以公共图书馆、高等学校图书馆、科学图书馆发展较为迅速,形成了三个比较大的基本类型。这些图书馆的藏书体系最完整,技术力量最雄厚,是我国图书馆事业的支柱,已起到藏书中心、协调中心和服务中心的作用。

上述国内外图书馆分类方法,从不同的角度揭示了图书馆的类型。但是,任何单一的划分方法,都不能完全揭示各类型图书馆的特点。比较各种划分方法,我们认为,以图书馆的职能来划分类型比较合适,可将图书馆分为国家图书馆、公共图书馆、科学与专业图书馆、高等学校图书馆、其他类型图书馆等五个类型。

第二节　国家图书馆

国家图书馆是各国图书馆事业的重要组成部分,对本国图书馆事业的发展起着重大的作用。

国家图书馆这个概念,曾不断发展变化。早在18世纪末期,国家图书馆作为一种比较特殊的图书馆类型便产生了。到19世纪中叶,世界上共有20个国家设立了国家图书馆。但在相当长的时期里,国家图书馆是国家的总书库这一概念,是人们认识它的重要标志、甚至是唯一的特征。因而国家图书馆的宗旨也就定为把本国的图书文献世世代代地保存下去。但随着社会的发展,时代的潮流猛烈地冲击了这种偏狭的观点,人们越来越不满于国家图书馆单纯地收藏和保存文献,越来越迫切地要求利用这极为丰富的图书文献。这种不满和要求,使国际图书馆界围绕国家图书馆的发展途径问题,展开了有益学术讨论。其结果是,国家图书馆现在已变成一个包括几种职能在内的,比较复杂的综合性概念了。它既是一国的藏书中心,也是一国的书目中心和图书馆学研究中心,同时还是馆际互借和国际书刊交换的中心。

概括起来讲,国家图书馆,是由国家举办的面向全国的中心图书馆,它担负着国家总书库的职能,是国家图书馆事业发展的首要推动者,是各类型图书馆的指导者,是全国图书馆在各项业务工作规划中,起中心作用的图书馆。各国的国家图书馆由于所处的历史时代、地理环境以及社会制度的不同,在形式、规模以及作用等各方面,都有很大的差异。但有一点却是共同的,即他们都代表了本国图书馆事业的发展水平,体现着一个国家文化、教育事业的现状。

本世纪、特别是第二次世界大战以后,除了原有的一些国家图书馆,又有许多国家,尤其是亚、非一些新独立的国家,纷纷建立了国家图书馆。各国的国家图书馆互相影响、互相促进,有了很大的发展。据联合国教科文组织 1976 年统计,全世界共有 116 所国家图书馆。从成立的年代来看,最老的国家图书馆是法国国家图书馆;从藏书量和工作人员的数量来看,世界上最大的是美国国会图书馆,其次是苏联国立列宁图书馆。

各国国家图书馆,建立的基础是不同的。有的,是沿袭历代的皇家图书馆发展而成,如设在巴黎的法国国家图书馆,该馆起源于1480 年建立的王朝图书馆,与历代皇家图书馆一脉相承;有的,是由许多私人图书馆并集而成,如英国国家图书馆的前身——1753年建立的大英博物馆和 1925 年以鲁米扬切夫伯爵的私人藏书为基础建立的苏联国立列宁图书馆;还有美国国会图书馆是在 1800年作为议员图书馆而收买杰斐逊总统的私人图书馆后建立的。

各国国家图书馆的类型也不同。概括起来,大体上可分为四类:一是公共性的中央图书馆。它的服务对象是整个社会。我国的北京图书馆、法国的国家图书馆以及苏联国立列宁图书馆均属这种类型。二是政府性的议会图书馆,这类图书馆除具有公共图书馆的性质外,它的主要任务是为议会服务。如美国国会图书馆和日本的国立国会图书馆。三是以科学图书馆兼作国家图书馆。罗马尼亚的国家图书馆就是如此。四是以大学图书馆兼作国家图书馆。如芬兰的赫尔辛基大学图书馆,挪威的奥斯陆大学图书馆就担负了国家图书馆的任务。

尽管有如上种种不同,但各国国家图书馆从其所担负的职能上来讲,却有许多的共同之处。

什么是国家图书馆的职能,这历来是个有争议的问题。1970年联合国教科文组织通过的《关于图书馆统计国际标准化的建议》中指出:"国家图书馆,不管其名称如何,它是按法律或其它安排,负责收集和保存本国出版的所有重要出版物,并担负国家总书库职能的图书馆。正常情况下,国家图书馆还履行以下几项职能:出版国家书目,拥有一个丰富的外文馆藏(包括有关本国的外文图书);作为国家书目情报中心,编制联合目录,出版回溯性的国家书目。"但由于各国情况不同,到目前为止,国际图书馆界还没有形成一个统一的看法。

根据我国的实际情况,并参考大多数国家图书馆实际担负的主要职能,我们把国家图书馆的职能归纳如下:

一、收集国内外出版物,成为图书资源的中心

所谓图书资源,就是图书馆根据自己的需要,搜集并经过整理的书刊资料。它也包括以非印刷形式出现的磁带、视听资料和缩微复制品等。图书馆资源是图书馆服务的基础。

全面系统地收集、保存国家文献,是国家图书馆的基本任务。它要求国家图书馆将国内各种语文的出版物,全面采集入藏,使本馆成为本国书刊资料查询和借阅的最终基地,能够保证这一基本任务实现的前提,则是大多数国家都已建立的呈缴本制度。根据国家出版法的规定:全国各出版社,每出版一本新书都要呈缴一定的样本给国家指定的图书馆,所呈缴的样本称为呈缴本,这种制度称为呈缴本制度。呈缴本制度的起源极早,可追溯到法国1537年12月28日制定的《蒙特菲利法》。该法规定,每种新出版的图书应免费送给皇家布洛耶图书馆一册。其目的是充实王室图书馆的藏书及检查印刷品的发行。在呈缴本制度制定以来的四个半世纪中,法国国家图书馆的藏书有了很大的发展,从某种意义上说,它保存了法国文化的遗产,为文明的延续作出了极大的贡献。我国也确立了呈缴本制度,早在1950年召开第一次出版工作会议时,就明确规定了全国各出版社出版的书刊,要向北京图书馆缴送,1955年4月25日中央文化部正式颁发的《关于征集图书杂志样本》文件中,重申了向北京图书馆缴送图书的规定。到目前为止,世界上除美国国会图书馆外,几乎所有的国家图书馆都依靠这项制度实行国内出版物的全面收藏。美国虽然没有实行呈缴本制度,但它在美国国会图书馆内设有"版权局",根据美国"版权登记法"的规定,凡在美国出版的书刊一律每种送两册给国会图书馆,这实际上,也就起到了呈缴本制度的作用。

呈缴本制度,保证了国家的储存制度,保证了国家图书馆能够系统、全面地收藏本国的出版物,从而形成了大规模藏书,使国家图书馆能够成为名副其实的国家总书库。

国家图书馆作为面向全国的中心图书馆,在全面、系统搜集本国出版物的同时,还拥有一个丰富的外文馆藏。对国外出版的外文书刊资料,均视内容、水平、语种、著者、年代、地域以及出版物类型等情况,分别进行采选,力求全、新。

国家图书馆虽然比一般的图书馆有较充裕的购书经费,但面对浩如烟海的外文图书资料,任何国家图书馆都不可能、也不需要进行全部的采集。不同国家、不同类型的国家图书馆在采选时的方针和原则是不一样的。如:北京图书馆,按全面采选、着重采选、适当采选和不宜采选四个级进行采选,首先考虑适合党政军领导机关、科研部门和重点生产建设单位等主要服务对象的需要,对国际机构和外国政府出版物,尽力采集,并使之成为本馆藏书的一个特点。同时,也考虑到本馆的综合性质,适当地加大采选数量,扩大采选的题材范围。美国国会图书馆则首先考虑的是如何满足国会议员的需要;其次是联邦政府的官员和政府各部门的需要;最后才是一般公众的需要。尽管如此,根据本馆的方针、任务、有重点、有选择地采选有关外文书刊资料,应是一切国家图书馆采购外文书刊资料时所应遵循的原则。

国家图书馆由于有呈缴本制度的保证,有较充裕的购书经费,还有与国外进行书刊交换的有利条件,以及受国家的委托,成为某种专藏资料的保存馆(北京图书馆就是国家指定的联合国出版物的保存馆),这些都为国家图书馆成为图书馆资源中心和国家藏书中心创造了有利条件。

二、国家书目中心

书目是揭示和报导藏书的工具,书目是图书馆开展科学情报服务的重要手段之一。作为国家图书馆,应当成为全国书目情报中心。

(一)编印国家书目:呈缴本制度为国家图书馆编制国家书目提供了基础和保证。美国国会图书馆从1891年开始出版《著作权登记目录》,日本国立国会图书馆定期出版《纳本周报》,我国则由中国版本图书馆编印出版名为《全国新书目》,为避免工作上的重复,北京图书馆没有再进行此项工作。

(二)编制回溯性书目:国家图书馆极丰富的馆藏,为编制回溯性书目创造了条件。从1979年开始,北京图书馆已着手编辑

1911—1949年、1974—1978年中文图书目录,并计划今后逐渐补编,以期成为一套完整的中文图书目录。

(三)编印统一编目卡片:统一编目也是以呈缴本制度为基础的。通过编制统一编目卡片,不仅可以提高目录的质量,避免著录的重复,而且可以缩短编目时间,节省人力和开支,发行印刷卡片目录这一工作,是美国国会图书馆首先开创的,并很快为世界各国图书馆所效仿,而且被认为是国家图书馆的一项重要任务。我国是从1958年开始图书统一编目工作的。近年来,要求国际协作进行图书编目的呼声越来越高,国际图协编目委员会为了统一全世界的著录格式,出版了《国际标准著录规则》供各馆使用。电子计算机在图书馆的应用、美国MARCⅡ磁带目录的发行,使图书编目的国际协作又进入了一个新的阶段。

(四)编制联合目录:联合目录能集中反映多馆藏书的特点及分布情况,促进馆际互借,方便读者借阅,并能协调各馆书刊补充,节约外汇及加强馆际间的协作。开展联合目录工作是实现全国图书情报资源共享的一个重要手段。因此,作为国家书目中心的国家图书馆应把编制联合目录作为自己的重要任务之一。美国国会图书馆正在编辑出版1956年以前的《全国出版物联合目录》。我国在1957年颁布《全国图书协调方案》后,曾成立了全国图书联合目录编辑组,十年动乱期间,一度停止工作。现在,北京图书馆又恢复了联合目录组,并正在为建立我的书刊联合目录报导体系而努力。

三、积极开展科学情报工作,成为国家图书情报中心

为科学研究服务,是各国国家图书馆担负的主要任务之一。许多国家图书馆都将科学研究人员作为本馆的主要服务对象,如:法国国家图书馆就在规章制度上规定:年满18岁,并具有大学毕业证书及有学位的学者,才能成为经常读者。许多国家图书馆还通过为科研人员设立专门阅览室,来体现本馆的主要服务对象和服务工作的重点。同时,根据国家图书馆藏书品种多,复本少,馆内阅览占有很大比重这一特点,几乎所有的国家图书馆都广泛地利用复制和复印的方式,来满足科研人员的需要。

不仅如此,国家图书馆还积极开展科学情报服务。社会的进步,推动着图书馆由低级向高级、由简单到复杂地向前发展。第二次世界大战以后,经济和科学技术等领域的发展愈来愈离不开情报,人们阅读书刊,不仅要从中吸收知识,受到教育,还要从中直接获取情报。因此,图书馆以传统方式进行的活动,已满足不了现代社会的日益发展的种种需要,图书馆要加强科学情报服务,已成为大势所趋。事实上,现代图书馆已经成为情报系统中的重要的分系统。1976 年 8 月 20 日—21 日在洛桑召开的国家图书馆馆长会议上,就通过了有关国家图书馆在国内及国际情报系统中的作用的一系列政策,指出:"国家图书馆在国家情报系统中的作用有三:(a)作为中央图书馆提供必要的服务;(b)在国家情报系统的图书馆部门中起领导作用;(c)积极参加国家情报系统计划及全国发展工作。"

近年来,很多国家图书馆都在大力加强图书馆的科学情报职能。如,1973 年,澳大利亚政府根据科技情报服务调查委员会的建议,修订了 1960 年制定的国立图书馆法,赋予了国立图书馆情报服务的职能。目前,所有的国家图书馆都开展了参考咨询与书目索引的工作,这实质上,就是具有图书馆工作特点的科学情报工作。

四、图书馆现代化、网络化的枢纽,图书馆学研究的基地

图书馆现代化,主要是指电子计算机文献缩微技术与复制技术、视听资料等在图书馆中的应用。

图书馆网络化,主要是指应用现代通信技术,使情报传递网络化,它是图书馆事业发展到一定阶段的产物。

国家图书馆负有组织图书馆现代技术装备的研究、试验、运用和推广工作与开展全国图书馆网络化的设计、组织和协调工作的责任。它应把全国各种类型的图书馆都组织起来,建立以国家图书馆为核心的图书馆网,使全国居民都能通过这个网,获得他们所需要的各种资料。它在推动图书馆实现现代化过程中起中心和枢纽作用。

国外一些经济比较发达的国家的国家图书馆都拨出大量的经费,并先后成立了"业务机械化室"(日);"机械化新技术研究部"(苏);"网络与协调部"(澳)等部门,来专门从事这方面的研究工作。

理论是制定政策的依据,政策是事业发展的保证。图书馆事业要想得到发展,必须加强图书馆学的研究。而进行图书馆学研究与进行其它学科研究一样,资料是必不可少的。国家图书馆得天独厚,享有呈缴本制度,又是国际书刊交换和馆际互借的中心,且具有雄厚的人力、物力资源,因此,应当担负起为图书馆学研究收集、编译和提供国内外情报资料、组织学术讨论的重任,推动图书馆学研究的发展,成为图书馆学研究的基地。

美国国会图书馆把使其成为"图书馆学研究中心"作为它的六项任务之一;日本国立国会图书馆和苏联国立列宁图书馆都设置了图书馆学资料室;我国的北京图书馆也成立了图书馆学资料中心;此外,澳大利亚、奥地利、加拿大、法国、丹麦、瑞典、新加坡等国的国家图书馆,也都设有专门机构,从事图书馆学的研究。

五、实现资源共享,成为馆际协作的中心

资源共享(UAP 是 Universal Availability of publication 的缩写),即要在世界范围内,实现全部出版物的广泛流通。

资源共享和各种类型的图书馆都有关系,但是由于国家图书馆负有全面收集和保存本国出版物以及大量与本国有关的外国出版物的使命,且是全国的书目中心,所以,国家图书馆为发展资源共享担负着重要的职责。

馆际协作是实现资源共享的有效方法和手段,它包括馆际互借、国际书刊交换、外事交流,合编书目等。

有效的互借系统,是实现资源共享的重要条件,是资源共享最具体的表现形式,馆际互借不但包括图书馆资料的馆际互借,而且包括缩微胶卷和复制品的提供。作为全国藏书中心的国家图书馆,在国内外互借工作中起着全国中心的作用。它不仅要为所在地的读者服务,而且应通过馆际互借方式为全国各地读者服务,它应当成为国内查找资料的最后基地。当读者所需要的书刊资料在国内找不到时,国家图书馆还应当积极地通过国际互借的渠道,向外国图书馆借阅。

各国的国家图书馆都很重视书刊交换工作。国际书刊交换是补充馆藏的重要来源之一,也是获取一些难得资料的有效方法,国际书刊的交换与赠送,还起到了增进各国人民之间相互了解和加强友谊的作用。据1976年的资料统计,美国国会图书馆与70多个国家的100多个单位互换政府出版物;苏联国立列宁图书馆与世界上106个国家的3790个单位有交换关系;在我国,曾先后由北京图书馆、中国科学院图书馆、中国科学技术情报研究所、北京大学图书馆、清华大学图书馆等单位,对外开展书刊交换工作,而其中只有北京图书馆可以用全国各出版社的出版物进行交换,其余单位,原则上只交换他们自己出版的书刊。因此,北京图书馆的交换工作,无论在人员、经费、联系的国家和交换的出版物,均居全国第一位。它既接受其它系统图书馆的委托向外征集书刊,同时也常常是国外寄往国内的书刊邮件的转发者,故在某种意义上,北京图书馆起着全国交换中心的作用。

国家图书馆还有责任,为国际活动选派或推荐代表本国图书馆利益的人选,参加国际图书馆组织及各项外事交流活动,国家图书馆应是本国国际交流的中心。

北京图书馆,是我国的国家图书馆,它的前身是清末筹建的京师图书馆,于1912年正式对外开放。目前,其藏书已达1000余万册,是国内规模最大,藏书最丰富的综合性图书馆,在国际上也享有盛名。据1983年《中国百科年鉴》统计,北京图书馆现已成为亚洲藏书最多,世界珍本古籍保存最多的图书馆。

第三节 公共图书馆

公共图书馆,其英文名称是 Public Library,因此,曾译为民众图书馆,大众图书馆等。无论从其本身的性质、类型的特点、目的和任务,以及影响范围的广度而言,公共图书馆与其它类型的图书馆都有很大的不同。

公共图书馆顾名思义,就是为广大群众所利用的图书馆,它不仅为公共所有,而且面向整个社会,为每一个进馆阅读的社会成员提供藏书服务。概括起来说,在我国,公共图书馆是国家举办的、面向社会公众开放的图书馆,它是社会主义教育、科学、文化事业的重要组成部分,是学术性的社会服务机构。我们把公共图书馆作为图书馆的一种类型,正是以它的公共性为出发点的。

通常认为,公共图书馆发端于西欧最早的资本主义国家,它是资本主义生产方式逐渐取代封建生产方式的文化产物。公共图书馆的出现,说明图书馆开始注意到为民众服务,标志着图书馆事业逐渐走向成熟。从此,图书馆不再只是文化财产的保存单位,同时还是科学研究的辅助性机构和社会文化教育机关。公共图书馆的出现。在图书馆发展史上,是有划时代意义的,它的规模及被利用的程度,是一个国家科学和文化发展水平的标志。

我国建国 35 年来,公共图书馆在旧中国遗留下 55 所公共图书馆的基础上,有了较大的发展,据 1985 召开的全国图书馆工作会议统计:到 1984 年底,全国有县级以上公共图书馆 2,217 所;藏书 24855 万册;建筑面积达 145 万平方米;文化部系统的儿童图书馆已达 46 所。预计到 85 年年底,全国 80% 以上的县都有图书馆,实现"六五"计划规定的指标。①

尽管如此,我国公共图书馆事业的发展仍存在着严重的不足,到目前为止,全国省级图书馆还未建齐(西藏自治区,尚未建馆,目前只成立了一个筹备组),全国还有许多县没有图书馆,就是已建立的图书馆,也存在着经费不足,空间紧张、设备短缺等各种物质条件困难。同时,图书馆管理体制的不合理、图书馆之间缺少必要的协作和协调,以及专业干部的缺乏等等,都严重地阻碍了图书馆事业的发展。

1980 年中共中央书记处第 23 次会议通过的《图书馆工作汇报提纲》中,对图书馆事业的发展提出了几点意见,提纲指出:"目前尚无省级图书馆的西藏自治区要立即着手筹建,正在筹建的河北省图书馆要加快建设速度,争取早日建成。""中等以上的城市和大城市的区,都要设立少年儿童图书馆,县、区、市图书馆要设立少年儿童阅览室。"并提出了改善图书馆的条件,发展图书馆教育和科研事业,加速图书馆专业人员的培养,以及加强和改善对图书馆事业的领导等几项意见。这个提纲,对图书馆事业的发展,有巨大的推动作用。

我国的公共图书馆通常指各级地方政府的文化主管部门管辖的图书馆。它包括省(直辖市、自治区)图书馆,县(市、区)图书馆,以及儿童图书馆等。

---

① 《全国已有县级以上图书馆两千多个》,《光明日报》1985.7.19

一、省(市、自治区)图书馆

省(市、自治区)图书馆,是指我国省、直辖市自治区一级地方的公共图书馆。《省(自治区、市)图书馆工作条例》中指出:"省(自治区、市)图书馆(以下简称省馆)是国家举办的、综合性的公共图书馆,是社会主义科学、教育、文化事业的重要组成部分,是向社会公众提供图书阅读和知识咨询服务的学术性机构,是全省(自治区、市)的藏书、图书目录和图书馆间协作、协调及业务研究、交流的中心。"它是全国公共系统中的骨干,在全国图书馆事业中占有重要地位。

省馆贯彻百花齐放,百家争鸣,古为今用,外为中用的方针,坚持为人民服务、为社会主义服务的方向,同时担负着为本地区国民经济、科学研究服务和为普及与提高广大群众的科学文化水平服务的任务,并以为科研服务为其工作的重点。

(一)省(市、自治区)图书馆的特点

1. 藏书是综合性的,并带有明显的地方特色。

省馆的方针、任务决定了省馆应具有一个综合性的科学藏书体系,它要根据本地区政治、经济、文化特点,收集社会科学、自然科学和技术科学等各学科知识领域内古今中外的书刊资料,既要有研究性、史料性的资料,又要有通俗的、普及性的读物,用以满足不同阶层、不同类型的所有读者对象的广泛需要。同时,各省级公共图书馆,由于地区经济、文化、历史特点的差异,使其藏书在地方文献、地方出版物等方面,带有各自的地方特点。如:南京图书馆收藏太平天国史料多;而甘肃省图书馆则收藏西北地方文献多,反映了各地区图书馆不同的藏书特色。概括起来说,省馆的藏书具有综合性与通用性、地方性与科学性几方面的特点。

2. 读者成分广泛、复杂。

省馆的读者对象十分广泛,工、农、兵、学、商各种职业、各种年龄、各种文化程度的读者都有,一些馆还有少数民族的读者;而且由于省馆读者的工作、职业、单位以及居住地址等经常有所变化,造成省馆读者成分有很大的流动性。而这种广泛性和流动性造成读者需要的多样性和变异性,给省馆的读者工作带来一定的复杂性。因此,省馆应以本馆所担负的主要任务、本馆的服务对象及藏书特点作为依据,有计划、有重点地发展读者,并定期调整自己的读者队伍。

3. 省馆承上启下,活动领域广泛,业务要求专深。

社会需求的广泛性、多样性与图书馆藏书的不完备性之间的矛盾,使图书馆网的出现成为必然。省、市馆都是该地区的中心馆,因此,省、市馆在图书馆网络中起着中心枢纽的作用。它不仅负责协调各图书馆的活动,而且对下一级或基层图书馆(室)负有业务辅导的责任,这在《省(自治区、市)图书馆工作条例》中是有明确规定的。在公共图书馆系统中,省馆在辅导工作范围的广泛、程度的专深等方面,是其它图书馆所不能比拟的。一个省、市自治区图书馆事业的现状和业务水平,往往与该省、市、自治区图书馆有着直接的关系。

(二)省、市、自治区图书馆的任务

有关省、市、自治区图书馆的任务,在《省(自治区、市)图书馆工作条例》中,作了如下规定:

1. 宣传马列主义、毛泽东思想,宣传党和政府的政策法令,向人民群众进行共产主义和爱国主义教育。

2. 为本地区的经济建设和科学研究提供书刊资料。

省馆应通过馆内流通阅览、馆际互借、书目参考、咨询解答等服务方式,来满足本地区科研和生产以及一般读者对图书资料的需要。

随着社会的发展,民众对图书馆工作提出了越来越高的要求。省一级公共图书馆,不仅是该地区收藏文献资料的中心,而且也是

220

当地开展情报工作的一个重要阵地。

3. 传播科学文化知识,提高广大群众的科学文化水平。

社会教育性是所有图书馆都具有的共性,而公共图书馆在这一点上,表现得尤为突出、明显。

省馆的读者大致可分为两类:一是大众性读者,一是从事科研工作的读者。省馆在重点为科研性读者服务的同时,由于所在区域的其它公共图书馆数量和规模都较小,能量有限,所以,它也通过开展图书流通和阅读指导等服务工作,承担了一部分向广大读者、特别是广大青年传播、普及科学文化知识,从而提高广大群众文化水平的任务。

4. 搜集、整理与保存文化典籍和地方文献。

省馆是该地区的藏书中心,为了搞好藏书建设,根据本地区经济建设和科学研究的需要,省馆不仅要全面收集经典著作、参考工具书、检索工具书,对各学科的基本理论著作、情报资料也要有系统、有选择地收集,并要重点地收藏本地区建设需要的专业性资料,有关本地区的地方文献,是省馆着重收藏的对象。这样它才能成为地方文献的收藏中心和查阅中心。

5. 开展图书馆学理论和技术方法的研究,对市(地)、县(区)图书馆进行业务辅导。

省馆应全面收集图书馆学的业务书刊,建立本地区图书情报学查阅中心,积极开展图书馆学理论和技术方法的研究,才能起到本地区图书馆事业发展推动者的作用。

业务辅导工作,是公共图书馆工作的一个重要组成部分。每一个公共图书馆,不论其规模大小,都有各自的辅导部门和辅导任务。但由于各馆的规模和人员等条件的不同,辅导工作的范围、程度和内容也往往不同。省馆在公共图书馆系统中,无论在人力、物力、财力以及业务技术等方面,都优于其它图书馆,因此,它负有对市(地)、县(区)图书馆进行业务辅导的责任,努力促进图书馆业务水平的提高和基层图书馆事业的发展。

6.在省(自治区、市)政府有关部门的领导下,推动本地区各系统图书馆之间的协作和协调。

省馆担负着本地区中心图书馆委员会的日常工作,对加强本地区各系统图书馆的协作、协调起着组织的作用。是建立本地区图书馆网的组织者。

(三)省馆的组织机构

按条例规定,省馆应设馆长 1 人,副馆长 2—3 人,还应设有由正、副馆长和各部主任组成的馆务委员会,并一般设有以下业务机构:业务办公室、采编部、阅览部、书目参考部、研究辅导部,各馆根据需要还可增设保管部、期刊部、古籍部、特藏部和技术服务部等。

二、市、县(区)图书馆

(一)市图书馆

这里所指的市图书馆是省会所在的市或省辖市的市图书馆。在公共图书馆系统中,它们的地位和作用介乎省(市、自治区)图书馆和县(区)图书馆之间。这类图书馆,虽然现在还不是非常普遍,但大多数馆都有一定的规模,藏书基础也较好,服务工作有一定的水平,并积累了较丰富的经验,因而起着重要的承上启下的"中继"作用。

市图书馆隶属于本地区的政府文化行政部门,它是其所在地区的藏书、目录、馆际协作和业务辅导中心。

它一般都有一个以本地区政治、经济、文化、科学教育实际需要为主的综合性的藏书体系。从总体来看,市馆的藏书数量比省级少、品种不全、文种单一,故其必须主动与其它图书馆建立协调关系,并协助有关部门和领导,大力扶植图书馆事业,有计划、有步骤地发展各类型图书馆(室),组成以市馆为中心,各类型图书馆(室)为纽带的市级图书馆网。

在为科研和广大群众服务这一总任务之下,市馆的服务对象主要是本地区的工厂和科研单位的生产、科研、管理人员。

在业务工作上,市馆还负有对县(区)馆进行业务辅导的责任。此外,根据需要和现有条件,以文献检索为中心环节,开展定题服务和咨询工作,是市一级公共图书馆做好科技情报服务工作的主要手段。

(二)县(区)图书馆

县(区)图书馆是我国公共图书馆的基础,是公共图书馆中数量最多的一部分。它联系着我国城镇、农村和我国人口最多的农民,在普及科学文化知识,丰富群众文化生活中,有着十分重要的作用。

县馆是为本县的政治、经济、文化服务的文化教育机构和设施,是本县范围内的藏书、目录和图书馆之间的协作、协调及业务研究、交流的中心。

在县馆的服务对象中,大众性读者占多数,科研性读者为数较少,绝大多数读者并非为完成确定的科研生产任务而借阅书刊,故在建设藏书体系的过程中,要根据普及与提高相结合、以普及为主的原则,采选专业书刊的比重不宜太大,应以普及性读物为主,从而建立起一个适合广大农民和城镇工人、居民实际水平的比较通俗的综合性藏书体系。县(区)馆的主要服务对象是农业战线和直接为农业服务的科技、管理人员,因此,侧重为广大群众服务,重在普及是目前县级图书馆的主要任务。

为了更好地完成为广大群众服务的任务,县馆在开展馆内流通借阅的同时,开办借书站和流通点等多种方式,送书到农村,送书到基层,是普及和提高广大群众的科学文化水平的服务方式。随着形势的发展,许多国营农场、县办工业、社队工业蓬勃发展,农村的经济体制改革,又使农村涌现出各种科技户和专业户,他们都迫切需要各种图书情报资料,来指导科研和生产实践。因此,大力加强县图书馆的情报传递职能,为本地区生产科研服务,也成为立足于基层、服务于基层的县公共图书馆的艰巨任务。

县级公共图书馆,它的主要辅导任务是县级范围内的厂矿、学校和农村等基层单位的图书室,其中又以辅导农村图书室为主。各县图书馆都应配备辅导人员开展业务辅导工作。并应协助有关文化、教育部门,发展基层图书馆(室),建立本地区图书馆网,组织基层图书馆(室)之间的协作协调活动。

三、儿童图书馆

儿童图书馆属于公共图书馆系统,是公共图书馆不可分割的组成部分。它以广大少年儿童为对象,担负着公共图书馆为儿童服务的重要使命。

少年儿童图书馆是利用特定的书刊资料,对广大少年儿童进行思想品德教育、普及科学文化知识的社会科学文化教育机构。

这一概念指出了少年儿童图书馆是一种社会科学文化事业,也是帮助少儿利用书刊资料的重要的社会教育场所,它既体现了儿童图书馆带有所有类型图书馆的共性(即:教育性、社会性、科学性和服务性),同时,又体现了儿童图书馆以为少年儿童服务为特点的个性。

儿童图书馆,作为儿童社会教育的一个机构,随着全社会对儿童的日益重视,也经历了一个发展壮大的过程。早在1914年,当时北京的京师通俗图书馆就曾附设一个儿童阅览室;1917年10月12日,直隶省天津社会教育办事处举办儿童图书馆,成为我国最早的一所儿童图书馆;1940年,又正式以"儿童图书馆"的名称,在上海首创成立了一所儿童图书馆;建国以后,党和政府对儿童图书馆事业的发展非常重视,仅1980年以来,中央就在1980年的《图书馆工作汇报提纲》和1981年的《关于全国少年儿童图书馆工作座谈会的情况报告》两个文件中对儿童图书馆事业的发展提出了重要的指导性意见；1982年，在文化部召开的全国少儿图书馆（室）先进集体、先进工作者表彰会议上又提出："'七五'计划期间，要普及街道、集镇的儿童图书馆（室），实现小型分散的方针"，"后十年，即2000年前，要争取实现以公共儿童图书馆为骨干，其它各类型图书馆为基础的省、市、县级儿童图书馆网，以尽快适应中国三亿多少年儿童的实际阅读需要。"从而为儿童图书馆事业的发展指明了方向。目前儿童图书馆已从小到大、从少到多逐步发展起来，成为我国图书馆事业的一个重要组成部分。

儿童图书馆本质上属于公共图书馆系统，是公共图书馆的一个组成部分。但从广义上，我们按隶属关系可对其进行如下划分：

①文化部系统的儿童图书馆——包括省、市、区、县少年儿童图书馆或儿童分馆，及省、市、区、县公共图书馆附设的少年儿童阅览室等。

②教育委员会系统的学校图书馆（室）——主要指中、小学图书馆（室），也包括区少年宫、少年之家图书馆（室）。

③共青团系统少年儿童图书馆——省、市少年宫图书馆（室），各级共青团组织举办的图书馆（室）。

④工会系统的少年儿童图书馆——包括工人文化宫、工人俱乐部、工会图书馆附设的儿童阅览室。

⑤街道和乡镇系统的少年儿童图书馆——街道、乡镇的少年儿童图书馆（室），街道文化站图书馆（室）。

上述这些广义上的儿童图书馆，各自都有本身的特点和发展历史，它们都在不同的方面发挥着自己的作用。但他们仍有很多共性，仍须在许多方面密切联系，相互配合。

儿童图书馆在藏书、读者对象和业务工作等方面有如下特点：

(一)藏书范围的广泛性和藏书内容的普及性

少儿读物，是对儿童进行教育的物质基础，是儿童获得知识的重要来源，了解少儿读物的种类、特点，掌握目前儿童读物的出版现状,及时向有关部门征订少儿图书和刊物,是开展儿童图书馆活动的重要保证。根据少年儿童的年龄特征,为了满足少年儿童通过图书增长知识、陶冶性情的要求,儿童图书馆的藏书一般浅显易懂,生动有趣、多为普及性读物,要有一定的复本量。由于儿童读物内容更新较快,流通量大,破损快,因此,在广泛征集儿童读物的基础上,儿童图书馆要进行迅速而又准确的加工、整理,并采用科学的方法加以保管,从而建立起一整套管用结合的、适合少年儿童的藏书体系。

儿童图书馆不仅要系统收藏少儿读物,而且还要为从事少儿教育、教学的工作者、儿童工作研究者、儿童文学、艺术工作者、儿童服务工作者提供最新的科研情报和参考资料,适当补充关于儿童图书工作方面的书目研究资料,因此,藏书范围具有一定的广泛性。

(二)读者对象的可塑性

儿童图书馆的服务对象,一般是从六周岁到十四、五周岁年龄范围内的少年儿童(但当今世界各国对早期教育日益重视,已出现了一种扩大到为婴儿服务的发展趋势)。处于这个年龄阶段的少年儿童,有着旺盛的求知欲,同时又具有逻辑思维能力薄弱,判断是非能力较差,可塑性极大的特点。

儿童时代虽然短暂,但却是培养一个人判断能力及评价能力的重要时期,因此,儿童图书馆必须根据少年儿童的特点,在阅读内容、阅读方法和阅读质量上,对读者进行指导,尽一切可能,把最好的图书提供给儿童。同时应根据儿童的心理特点,通过举办读书报告会、故事会、科普讲座、文化课辅导讲座以及图书展览等丰富多彩的活动,把思想性、知识性、趣味性结合起来,培养他们读书的兴趣,开拓他们的视野,启迪他们的思维,陶冶他们的情操,使他们具有健康的情感和丰富的想象,成为四化建设需要的德、智、体全面发展的有用人才。

（三）业务工作的专门性、馆际协作的广泛性和学科研究工作的必要性。

儿童图书馆的研究工作，是图书馆学研究的重要组成部分，一个国家的图书馆学如果缺少了这部分的内容，那么，起码是不完整的研究工作，加强儿童图书馆的研究工作势在必行。在我国虽然成立了"中国图书馆学会少儿组"，从事儿童图书馆学的研究，但从总体上来说，这方面的研究仍属一个空白点。

儿童图书馆员，首先是一个图书馆员，他同样必须受图书馆学基础教育，对整个图书馆事业要有所了解。同时，还必须掌握儿童图书馆服务的专门知识与技能，包括儿童读物、儿童心理、儿童教育学等方面的知识，以及为儿童服务的专门技能。这种业务工作和技术的专门性，要求不断加强儿童图书馆员的业务培训与辅导工作，从而使他们能准确地评价少儿读物的质量，并能进行准确的选择；还应具有能根据儿童的兴趣，把书和儿童联系在一起的技能。因此对于儿童图书馆来说，最重要的是要有一支业务技术高的工作人员队伍。纵观我国儿童图书馆员队伍，无论从质量上，还是从修养上都远远不能适应儿童图书馆事业的发展。因此，加强业务培训工作，也就成为儿童图书馆业务研究和业务辅导部门的一项重要任务。

目前，我国儿童图书馆的数量还相当少，服务质量也不高，因此，各系统的儿童图书馆开展广泛的馆际协作，发挥各自图书馆的特长和职能，把各馆已有的人力、物力、资料组织起来，建立一个以公共系统的专业儿童图书馆为中心，互相联系、分工合作的全国规模的少儿图书馆网，才能更有效地完成共同的任务。

第四节　科学与专业图书馆

科学与专业图书馆在全世界数量很多,分布极广,是图书馆事业的一支重要力量。在《中国图书馆名录》中,这一类型图书馆被称为"学术图书馆与专门图书馆"。它是依靠一些专门人材及其所掌握的专门知识,为专业人员提供图书情报资料的机构。

科学与专业图书馆是伴随着各种科研机构的建立,为满足专业人员的科研需要而产生的。1570 年就有法国巴黎制药学高级图书馆;1593 年,在苏格兰阿伯丁的玛丽斯夏学院有一个藏书二万册以上的医学图书馆,这可算是世界上比较早的科学与专业图书馆了。在我国,科学与专业图书馆的出现比较晚,是一个新兴的图书馆系统。解放后,这个类型的图书馆发展非常迅速。仅就其中规模最大的中国科学院图书馆来说,它于 1949 年 11 月筹建,于 1950 年 4 月 28 日正式成立。至 1985 年全院已有藏书五百多万册,订有中外现刊五千四百种以上。与此同时,中国科学院系统已建有上海、兰州、武汉、成都四个地区图书馆,一百四十多个图书情报机构,拥有藏书一千九百多万册,工作人员达二千六百多人,初步形成了相当规模的中国科学院图书情报系统。经 1985 年 11 月 14 日中国科学院院长办公会议研究,为了有利于实行图书、情报工作一体化,进一步加强科技情报工作,以适应当今科技工作发展的需要,并有利于沟通国内外科技情报部门的交往,决定将"中国科学院图书馆"改名为"中国科学院文献情报中心",其英文名称为"The Documentation and Information Centre of the Chinese Academy of Sciences"。考虑到中国科学院图书馆已在国内外享有一定声誉,在同国外图书馆联系工作时,继续使用"中国科学院图书馆"的名称。中国科学院图书馆改名文献情报中心后,除继续做好原图书馆工作外,要大力加强科技情报工作,积极开发信息资料,更好地为科学研究服务。中国科学院文献情报中心的主要任务是:第一,紧密结合该院的科研方向、任务,搜集、整理、保管、开发和提供国内外科学技术文献;第二,根据全国分工,组织建立该院文献情报检索体系和自动化服务系统,开展检索服务;第三,围绕院领导制订发展战略、政策、规划、措施的需要,组织调研国内外情况,提供情报服务;第四,对该院地区图书馆(或地区文献情况中心)和研究所图书情报室进行业务指导,协调全院文献情报工作,组织经验交流和干部培训;第五,组织开展文献情报工作的理论、方法、标准化和现代化的研究与应用;第六,组织参加国内外有关的学术交流和合作。

1984年9月,又正式建立了中国社会科学院文献情报中心,它是中国社会科学院逐步实现图书、资料、情报一体化的重要步骤,也必将成为我国社会科学文献情报的重要中心之一。

《国际图书馆统计标准》将科学与专业图书馆称为"专门图书馆"。同时指出:这种图书馆是"由协会、政府部门、议会、研究机构(大学研究所除外)、学术性学会、专业性协会、博物馆、商业公司、工业企业商会等或其他有组织的集团所支持的图书馆"。在我国,科学与专业图书馆的范围,主要包括科学院系统的科学图书馆、政府部门所属的研究院(所)专业图书馆、大型厂矿企业的技术图书馆以及其它专业性的图书馆。

科学与专业图书馆的类型很多,有综合性的,也有专科性的。如中国科学院图书馆、中国社会科学院图书馆,属综合性图书馆;中国农业科学院图书馆,中国医学科学院图书馆、中国地质科学院图书馆、中医研究院图书馆,属专科性图书馆。综合性的科学与专业图书馆,可以为多种专业性质不同的读者服务,它既可以为学者和专家们所利用,又可以为需要深入钻研书籍的一般读者所利用。由于综合性的科学与专业图书馆藏书内容广泛,因而给读者提供了综合利用图书财富的条件,尤其对于交叉学科知识领域的需要,更为便利。专科性图书馆专门满足学者和专家们在比较狭窄的专业范围内的一些具体需要。由于这类图书馆都是一些政府部门、科研机构、企业单位的一个组成部分,并使图书馆本身的工作服从这些机构的任务和计划,因此可以做到把图书情报直接提供给这些机构的每一位工作人员,图书馆服务的目的性和服务效果更为明显。

在外国有很多科学与专业图书馆具有公共性质,实行对外借阅,广泛开展科学情报活动。而我国的情况各有不同,中国科学院的服务范围除面向本院系统之外,亦面向全国;各分院图书馆亦面向所在地区;各研究院、所专业图书馆和厂矿企业图书馆则主要为本单位需要服务。

一、科学与专业图书馆的任务

科学与专业图书馆是科学研究的重要部门,它在科学研究、生产建设方面起着"耳目"、"参谋"的重大作用。科学与专业图书馆最重要的职能就是传递科学情报。它与公共图书馆有明显的不同,它的任务主要不在于社会教育,保存文化遗产,普及科学文化知识,而在于为科学研究和生产技术服务,具体来说,有如下几方面:

(一)紧密结合本系统、本单位的科研方向与任务、收集、整理、保管和提供国内外科学文献,为科学研究和生产技术服务;

(二)调研国内外科学技术的发展情况和趋势,收集和分析国内外科学情报,不断向科研人员和领导部门提供分析报告和有科学价值的情报资料;

(三)组织科学情报交流,编译出版图书情报刊物,宣传报道国内外的最新科学理论和技术;

(四)对本系统所属图书馆和情报单位进行业务辅导,做好本系统的图书情报协调、经验交流和干部培训等工作；

（五）开展图书情报理论、方法和现代化手段的研究，参加国内外有关学术活动。

以上五项任务，除第四条主要由院图书馆担负外，其余是所有科学与专业图书馆共同的任务。

二、科学与专业图书馆的特点

（一）实行图书情报一体化

图书与情报本来就共存于图书馆之中，图书馆工作与情报工作之间有着必然的内在联系。它们在工作内容和工作方法上具有相似的程序，都重视科技文献资料的收集、加工、分析、报导、检索和提供。科学与专业图书馆所在的系统或单位，把图书馆当作科学与技术信息传输的重要机构，都将情报工作统一到图书馆里进行，实行图书情报一体化。中国科学院 1981 年第四次学部委员大会通过的《中国科学院章程（试行）》规定：中国科学院图书馆是全院的图书情报中心，"负责科学技术文献、情报的搜集、整理、研究和提供"。以地区来说，我国存在着北京的中国科技情报研究所、上海科技情报研究所、中国科技情报研究所重庆分所三大情报中心。这些情报中心，都有相当规模的图书馆，收藏大量的中外文献资料，广泛开展情报分析研究，为促进科学技术的研究及经济建设提供多种服务。实践证明，实行图书情报一体化便于将图书工作与情报工作统一规划，相互协调，避免重复，有利于推行科学的工作标准和提高工作效率，对读者利用可带来更大的方便。

（二）藏书体系反映学科领域的先进水平和动向

《国际图书馆统计标准》指出：科学与专业图书馆所收藏的大部分是有关某一特殊领域如自然科学、社会科学、农业、化学、医学、经济学、工程、法律、历史等学科的文献资料。科学与专业图书馆的藏书主要特点，可概括为"专"、"新"、"精"、"全"四个字。所谓"专",就是专业性强,严格按本单位的科研、生产方向建立文献情报资料收藏体系。所谓"新",就是藏书补充的重点必须是反映国内外最新科学理论和技术成果的资料,尤其是国外书刊占有相当大的比重。所谓"精",就是入藏的文献多是经过精选的专著及有关工具书,对一般书籍严格按需要入藏,对一些陈旧无用的资料及时加以剔除,馆藏的新陈代谢比较快;所谓"全",就是凡符合本单位所需要的书刊资料,力求收集齐全,不但包括本学科,而且包括相关学科的资料;文献类型不但包括书刊资料,而且包括诸如缩微品、录像带、录音磁带等各种载体的文献。为保证藏书建设的需要,一般都重视书刊资料的国际交换。与中国科学院图书馆建立交换关系的国家就有八十四个、一千四百多个单位。

(三)服务对象主要是科学研究工作者和工程技术人员

这些读者科学文化水平较高,懂得外文,研究课题专业性强,所需的资料要求全面系统。因此,科学与专业图书馆突破单一的借阅形式,广泛开展各种图书情报服务项目,采用定题跟踪报道文献资料,接受大宗的专题回溯检索,编制各种推荐性和参考性书目、索引等,紧密结合这些读者的特点,不断提供分析报告和各种有价值的图书情报资料。

(四)有较丰富的情报工作经验,有一套较科学的业务工作方法

科学专业与图书馆在业务活动上,比较侧重情报资料的收集、加工、报导、检索、提供,工作专深而细微。它们根据各单位的研究课题,积极开展情报的调查研究和分析,系统摸清各课题的国内外发展水平和动向以及有关的指标、参数,千方百计为制订科研政策和规划,为读者开题、攻关、评价成果,提供有效资料。他们及时组织科技情报交流,宣传报导最新的科学理论和技术。为保证书刊资料工作的顺利开展,它们利用经费充足、技术力量强的优势,积极采用各种现代化技术和设备,把电脑逐步运用到采编、检索、存

贮、流通等各个业务方面,逐步建立地区的、全国的、甚至国际的检索网络。例如美国马里兰州贝塞斯达的国立医学图书馆,拥有数百名工作人员,收藏几百万册书刊资料,有从图书馆中心的目录厅和文献资料升降机井道向四周延伸出去的传输系统,日常工作广泛应用大型电脑和各种先进的视听设备。

（五）配备有一批素质较好的图书情报工作人员

要使专业人员得到需要的专业情报,科学与专业图书馆要求工作人员除必须具有图书馆学、情报学的知识外,一般都应具有比较广博的专业知识和一定的外文水平。因此,在科学与专业图书馆内,受过专门学科教育,如学过化学、受过电脑技术方面训练的人员,在全部工作人员中所占的比例比其他类型的图书馆要大,他们在整个图书馆干部队伍中是一支不可忽视的力量。就以中国科学院图书馆来说,正因为有一批水平较高的工作人员,他们在解放初期,编出了具有一定质量的《中国科学院图书馆图书分类法》,并被国内很多图书馆所采用;他们长期出版图书馆学刊物（现为《图书情报工作》）及编制许多专题目录索引、馆藏新书通报等,在全国图书馆界、情报界有很大影响。目前,在电脑应用研究方面,也作出了一定的成绩。

三、科学与专业图书馆的业务机构

科学与专业图书馆设置业务机构,一般遵循以下基本原则:一是便于组织领导,有利于对工作人员的管理;二是能最大限度地减少书刊资料、人力、物力、设备的重复和浪费;三是有利于提高工作质量和工作效率,方便读者利用。

世界各国的科学与专业图书馆的组织形式各不相同。目前我国大都根据业务工作来划分机构,按采访、编目、阅览、参考顺序设立部门;有的按照学科性质来建立机构,除采编之外,在读者服务部门按照学科分设若干机构;也有的完全按照文种来划分,采访、编目、阅览一贯制。

根据科学与专业图书馆的特点,其业务机构应分内部工作和对外服务两个方面。内部工作,即采访、编目部门,按业务工作划分;为了适应一般阅览与专门研究的不同需要,更深入地为科学研究服务,在对外服务方面则按学科、出版物类型划分,分别设立普通书刊阅览参考部门和特种文献资料阅览参考服务部门。这样设置机构既有利于提高服务质量,也便于按专业分工提高工作人员的水平。

总之,科学与专业图书馆机构设置要符合图书情报一体化要求,或建立新的情报业务部门,或对于图书馆传统的业务部门赋予情报工作的职能。

第五节　高等学校图书馆

高等学校图书馆是高等学校的图书情报中心,它根据高等学校教学和科学研究的需要,搜集、整理和提供各种知识载体为广大师生服务。《国际图书馆统计标准》规定:高等院校图书馆是主要服务于大学和其他第三级教学单位的学生和教师的图书馆。

我国第一所近代高等学校图书馆,如果从京师同文馆书阁算起,大约已有一百二十多年的历史。解放后,我国高等学校图书馆事业虽然和整个教育事业一样,经历了曲折和坎坷的道路,但是其发展速度仍是相当迅速的。1950 年只有一百三十二所高校图书馆,藏书共七百九十四万册,高校图书馆现已增至九百多所,系图书室有四千多个,藏书达二亿五千多万册[①]。为适应教学、科研计划所提出的广泛要求,世界发达国家高等学校图书馆近几十年中

---

① 见《光明日报》1985 年 7 月 23 日报道。

发展也是较快的。第二次世界大战以前,美国和加拿大藏书超过一百万册的大学图书馆不到十所,而现在至少已有六十所。其中哈佛大学图书馆藏书已超过八百万册。很多国家把大学图书馆视为"大学心脏"、"学习中心",把现代化图书馆与高水平的教学队伍,先进的实验设备,称作是办好现代化大学的三大支柱。

高等学校分综合性大学、多科性文科或理工科大学、专科性大学,因此,各个学校的图书馆也就有各种差异。然而就其基本性质来说,都是相同的,那就是:高等学校图书馆不仅是服务性的组织,而且是一种教学和科学研究的重要学术性机构。这是因为:要进行教学和科学研究,首先要搜集、积累、查阅文献资料。高等学校图书馆的工作是教学和科学研究的前期劳动,是整个教学与科学研究活动不可分割的组织部分。另一方面高等学校图书馆所开展的工作,如分类、编目、参考咨询、情报分析等等,本身就带有学术性;同时,为了提高工作质量,总结经验,高等学校图书馆还必须进行图书馆学与目录学的科学研究工作,把研究的新成果运用到工作中去,只有这样才能不断提高工作水平。

一、高等学校图书馆的任务

高等学校图书馆的任务,一方面由高等学校图书馆的性质所决定;另方面必须服从高等学校培养德、智、体全面发展的各种专门人才这一基本任务。它必须根据学校的专业设置、培养目标、教学计划、科研项目,发挥其教育职能和传递情报的职能,包括对学生进行品德教育;直接配合教学进行专业教育;扩大学生的知识面,进行综合教育及对读者利用文献提供方法指导,进行书目教育等。高等学校图书馆的主要任务是:

(一)根据学校的性质和任务,采集各种形式的书刊资料,用科学的方法进行分编与保管;

(二)采用图书馆的多种宣传形式,配合学校不断对学生进行道德品质教育；

（三）根据教学、科学研究和课外阅读的需要，开展流通阅览和读者辅导工作；

（四）开展参考咨询和情报服务工作；

（五）开展文献检索与利用的教育和辅导工作；

（六）统筹、协调全校的图书资料情报工作；

（七）培养图书馆专业干部；

（八）进行图书馆学、目录学和情报学理论、技术方法及现代化手段应用的研究。

总之，启发智力、交流学术、开发智力资源，是高等学校图书馆工作的重要内容；为教学和科学研究服务是高等学校图书馆工作的重点。

二、高等学校图书馆的特点

由于高等学校图书馆的基本性质相同，因而不同类型的高等学校图书馆，也具有一些共同的特点：

（一）读者对象主要是教师和学生

这些读者文化水平比较整齐，读者的需要随着教学活动和科研进度而变化；读者的阅读需要、借阅时间、流量高峰等，都有明显的规律性。

这种规律性的表现，首先是读者需要的稳定性。读者对教学用书需要的特点是由教学工作的特点所决定的。高等学校的课程、内容、体系具有相对的稳定性，而且专业设置和教学计划也比较稳定。因此，决定了读者对教学参考用书的品种和数量的需要也是经常的、比较稳定的。每年虽有一些变化，但基本上是相同的。

第二是读者用书的集中性。这是由于教学工作是按教学计划、教学大纲进行的，有统一的进度。读者用书的集中性主要表现在两方面：一是用书品种的需要集中于正在进行教学的有关课程的主要参考书刊上；另一个是读者对教学参考书的用书时间也是集中的。这就造成了高等学校图书馆必然出现某个时期某种图书紧张的状况。

第三是读者用书的阶段性。教学工作是有阶段性的，开学、上课、考试、放假，每个学期都重复一次。开学之初，读者要还假期借阅的书刊，同时要借本学期需要的教学参考用书。上课阶段主要借阅教学参考书，容易出现供不应求的现象。考试阶段一般集中借阅最主要的教学参考书。放假期间文艺书籍流通量大大增加。同时一个学生从低年级到高年级的各个阶段，对所需书刊资料的范围、目的性也都有显著的差别。

（二）藏书不仅有一定的数量，而且有一定的质量，把质量放在首要的地位

高等学校图书馆的藏书补充，以学校专业设置、专业教学计划、教学大纲、科学研究计划、师资培养计划为依据，坚持保证重点、照顾一般、繁荣学术、适应发展的原则。其藏书特点是：综合性大学和师范院校一般多为综合性的；多科性理工科院校和单科性院校基本上是专业性的。其共同点是根据学校系科的专业性质和发展趋向，对有关专业的书刊全面搜集，与专业相关的学科重点入藏，一般书刊有选择地适当入藏，专门性著作与参考书兼藏。特别对一些基础理论尖端科学及不同学派和观点的著作全面收藏。普通书刊根据需要有选择地入藏。教学参考用书按学生的一定比例入藏，所以复本较多。为了保证藏书质量，一般都较重视解决藏书的剔除和储存问题，注意剔除过时无用的书刊资料。

（三）紧紧围绕学校教学和科研的特点安排图书馆各项业务工作

图书馆对书刊的加工整理、藏书和目录的组织，外借处和阅览室的设置，都是依据学校的教学和科研需要来进行。如综合性院

校,基本书库往往划分为文科部分和理科部分;专科性院校,有些馆把专业藏书组成基本书库,成为基藏;单科性院校,往往突出专业书籍,组织相应的书库。按照教师和学生人数的一定比例,设置阅览室座位,阅览服务在整个服务方式中的比重,为各类型图书馆中之最。都普遍采用诸如开架借阅等办法,以方便师生获得书刊资料。整个书刊资料服务工作与教学和科研进程密切联系,都有一定的计划性和阶段性。高等学校图书馆都比较重视开展查阅文献方法的教育和辅导,不少图书馆开办文献检索与利用课,以提高学生的情报意识和查找文献情报资料的能力。仅一九八四至八五年度,学习该课人数已超过十万人。

(四)有一个较为密集的图书情报资料网。

一般高等学校的系(科)及研究所(室)都设有资料室。校图书馆是学校的图书情报资料中心,为全校师生员工服务;资料室收藏与本系有关的专业文献资料,开展情报资料工作,以本系的师生为服务对象。校图书馆与系(所)资料室组成了一个较为稠密的图书情报资料网络。教学和科学研究都离不开图书情报资料,校图书馆担负统筹、协调全校的这项工作。目前我国高等学校图书馆与系(所)资料室的关系基本有三种情况:一是资料室在行政、人事和业务上都由图书馆领导,它们实际上是分馆;二是行政、人事归系(所)领导,业务上由校图书馆负责,由校图书馆统一采购、分类、编目和目录组织;三是资料室完全独立,与校图书馆只有业务上联系。三种情况以第二种情况居多。为充分发挥学校图书情报资料网的作用,图书馆与资料室既要有所分工,又要互相配合。

三、高等学校图书馆的组织机构

目前,我国高等学校图书馆一般都实行校(院)长领导下的馆长负责制,有的由副校长兼任图书馆馆长,比较普遍的是由校长或分管教学科研的副校长分管图书馆工作。馆长主持全馆工作,负责制订全馆规划、工作计划、经费预算、干部培训及规章制度等。

根据高等学校图书馆的任务,各馆都设置有采编、流通、典藏等业务部门,各馆还根据自己的条件和需要,建立特藏、情报服务、技术服务等部门。

为加强高等学校图书馆工作,我国在 1981 年以后,由原教育部分别颁发了《中华人民共和国高等学校图书馆工作条例》及《高等学校图书、资料、情报工作人员守则》。为加强对全国高等学校图书馆工作的统一领导,又成立了全国高等学校图书馆工作委员会,作为教育部主管全国高等学校图书馆工作的机构。在此以后,各省也普遍建立了相应的组织。以上这些,对全国高等学校图书馆各项建设工作起了很大的推动作用。

第六节　其他类型图书馆

除了上述的几个主要类型图书馆之外,还有版本图书馆、军队图书馆、中等专业学校图书馆、中、小学图书馆(室)、工会图书馆(室)、街道图书馆(室)、乡村图书馆(室)以及特种类型图书馆等。这些类型图书馆的广泛建立,能充分体现图书馆事业的普及程度,也标志着一个国家图书馆体系的完善程度。

一、版本图书馆

版本图书馆是指根据国家的有关规定或版权法案被指定收藏本国出版部门免费缴送图书的图书馆。它的主要任务是为国家征集、管理、保存全国出版物样本,编辑出版国家书目,以及各类专题书目。其中,国家书目的编辑是版本图书馆特有的任务。

版本图书馆一般不接待读者阅读,但有义务为上级机关及有关单位提供图书出版情况和资料。根据国家的出版法规定,全国各出版社每出一种新书,必须抽出一定数量的样本缴送版本图书馆。各个出版社向指定的图书馆缴送的样本即为呈缴本,这种制度称为呈缴本制度。呈缴本制度的实行,保证了版本图书馆能够全面系统地收藏国内的出版物。

版本图书馆与其它类型图书馆有着明显的区别。其特点是收藏范围广,版本全,种类多,各种文种体裁的出版物都有完整系统的收藏,所藏书刊一律不外借,这些特点都是由版本图书馆的性质决定的。

我国的版本图书馆成立于1950年,最早是出版总署图书馆,并即开始实行呈缴本制度。1956年改为文化部出版事业管理局版本图书馆。在"文革"中(1970—1972)被合并到北京图书馆,作为版本书库。1973年又划回到国家出版事业管理局。1983年改为中国版本图书馆。到1982年底止,共收藏了图书样本100多万册。由于版本图书馆属于出版局系统,故侧重从出版工作角度收集和保存样本。

中国版本图书馆收藏的出版物,大量的是用汉文出版的各种图书、杂志和报纸,也有蒙、藏、维、哈、朝、壮、彝、傣、景颇等14种民族文字的出版物,还有我国用英、法、德、俄、日等42种外国文字出版的书刊,以及专供盲人阅读的盲文书籍。它从经典著作的精装本、豪华本到简装本、普及本和小册子,从大型的画册到青少年喜爱的连环画册和低幼读物,从木版水印的古代名画到受农民欢迎的单幅年画,从全国主要的大型报刊到地方出版的科技小报,……这些包罗万象的出版物,都是全国各出版单位根据我国政府的规定缴送的。国内出版物收集之全,是其它类型图书馆不能比拟的。它比较完整地保存了建国以来我国各类出版物的样本(解放前的由北京图书馆收藏),成为珍藏我国出版物的巨大宝库。

中国版本图书馆还具有与其它图书馆不同的一些业务内容。它的工作内容包括征集、典藏、分类,编目、业务咨询、编辑出版

《全国总书目》、《全国新书目》和各种专题书目,为上级机关及有关部门提供所需要的出版情况和资料。《全国总书目》和《全国新书目》都是该馆编制的定期书目。这两个国家书目从 1950 年开始编辑出版,至今不断。近几年来,版本图书馆还编辑出版了《1949—1976 古籍目录》、《1949—1979 全国少年儿童图书综录》、《1949—1979 翻译出版外国古典文学著作目录》等等。除此之外,它还根据该馆的任务和工作特点,编制了各种卡片目录,主要有书名目录、著者目录和分类目录,还有出版者目录、翻译书目以及各种专题性的资料目录,这些卡片目录是提供各种图书出版资料和数据的基础,是开展各种咨询活动的基础,是分析研究图书出版情况的基础,是反映馆藏特点的基本记录。

二、军队图书馆

军队图书馆是我国图书馆的一个重要组成部分。它自成系统,是根据中国人民解放军的各机关、院校和各军兵种部队的需要而专门设置的,它们分别隶属于不同的军事机构。其主要类型有:军事领导机关图书馆、军事院校图书馆、军事研究院(所)图书馆和连队图书室等。除连队图书室较小外,其它的图书馆都具有一定的规模。军队图书馆的经费、设备条件都较好,藏书也比较丰富,但藏书的特点各不相同。其服务范围主要限于军队。军队图书馆与地方图书馆之间在业务活动上有一定的联系。

军事领导机关图书馆的服务对象主要是营以上的干部,主要任务是向指挥员提供军事领导理论与作战指挥等方面的书刊资料。藏书的重点是古今中外的军事书刊资料,以及各门学科的书刊资料。

军事院校图书馆,系指中国人民解放军各总部、各军种、兵种和各军区的各级军事院校图书馆。它在性质、任务、职能和工作特点等方面与高等学校图书馆相似。其服务对象是全校的师生和干部,主要任务是为教学和科研服务。藏书范围是根据各学校的专业性质而定的。不同类型的军事院校收藏的重点也不一样。一般都是以教科书和教学参考书、科研文献为主。其中军事书籍在藏书中占一定比例。

军事研究院(所)图书馆,以军事科学研究人员为服务对象,主要任务是为军事科学研究服务,侧重收藏有关军事科学方面的技术书刊,军事研究方面的成果资料以及一些机密文献等。其中外文书刊比重较大。因此要求馆员必须具备一定的专业知识。

连队图书室是为军队营以下单位设置的,为广大指战员服务的基层文化教育设施。它面向连队,主要任务是提高广大指战员的政治思想觉悟和科学文化水平,帮助他们掌握军事知识和作战技术,丰富他们的业余文化生活。藏书主要是通俗易懂,适合战士阅读的各种书刊、报纸。

三、中等专业学校图书馆

中等专业学校图书馆(简称中专图书馆)在整个中等专业教育中占有重要地位,在整个图书馆事业中也是一个重要类型。它是学校的图书资料中心,是为教学和科研服务的具有一定学术性的服务机构,它的工作是学校教学和科研工作的重要组成部分。

中专图书馆介于高等学校图书馆与中学图书馆之间,规模适中,读者对象主要是学校的师生员工。中专图书馆主要有为各部门培养专门人才的银行学校图书馆、公安学校图书馆、卫生学校图书馆、水利学校图书馆等;有为各生产部门培养初级技术人员的技工学校图书馆,如:机械学校图书馆,烹调学校图书馆等;为各种专业学校和社会各部门培养受过基本训练的专门人员的职业中学图书馆,如:美术学校图书馆、外语学校图书馆等。

中专图书馆有明显的专业性,它根据各自专业的特点,收藏基础科学、技术科学和与本专业有关的书刊资料。其藏书特色十分明显。中专图书馆的主要任务是贯彻党的教育方针,主动为教学提供书刊资料、以提高教学质量,用科学的方法管理图书,做好学生的借阅和课外阅读辅导工作,为培养社会主义建设人才,发展教育科学文化事业而做出贡献。

中专图书馆在国外十分普及,数量庞大,并受到了广泛的重视。在苏联,仅图书馆中专学校就有 130 所之多,占各种图书馆学校的80%。由此可见,苏联的中专图书馆的数量之多是十分可观的。在科学技术发达的美国,中专图书馆不仅数量多而且文献资料传递手段和装备现代化程度也很高;中专图书馆的工作人员不仅具备业务知识、科学技术知识,而且有较强的管理操作能力。因此,他们在服务质量和效率上,都达到世界较高水平。

在我国,由于教育的迅速发展和"四化"建设的需要,各种中专学校,技工学校和职业中学相继建立,使中专图书馆的数量大增。虽规模较小,但读者总人数已接近于高校图书馆,发挥着巨大的作用。许多省市都相继成立了中等专业学校图书馆工作研究会(委员会)、制定了中等专业学校图书馆工作条例,对中专图书馆的业务工作、领导体制、组织机构、人员配备、经费、馆舍和设备等做出了具体的规定。就目前情况看,中专图书馆新馆较多,普遍存在着管理体制不完善,人员不足,工作人员业务水平低,经费、设备缺乏等问题。要充分发挥中专图书馆的作用,就必须切实做好以下几项工作:

(一)必须提高对中专图书馆的重要性的认识,加强对中专图书馆的领导。

(二)调整和改进中专图书馆不合理的人员结构,重视新生力量,不断充实一些年富力强,具有责任心的专业干部。

(三)提高馆长的业务水平和管理水平,对图书馆进行科学化管理;有计划、有步骤地对现有工作人员进行培训,建立一支又红又专的专业队伍。

四、中、小学图书馆(室)

中、小学图书馆(室)是为提高中、小学的教学质量而设置的。"是学校和社会主义图书馆事业的组成部分。"①它担负着宣传马列主义、毛泽东思想,为教学提供图书资料,对学生进行思想教育和丰富他们的文化科学知识等重要任务,在配合教学,提高学生的政治思想觉悟及科学文化知识方面起着重要的作用。

中、小学图书馆(室)的藏书侧重于学习参考书、有益于青少年心身健康发展的科普读物、自学丛书以及适合青少年阅读的政治、文艺书刊等。中、小学图书馆为全校的师生服务。其管理人员除专职工作人员外,也有的由教师兼职。此外,为使中、小学生从小养成热爱图书的良好习惯,还让他们当图书馆义务管理员。

中、小学图书馆的发展与一个国家的教育水平有着密切的关系。在非洲和亚洲,由于教育落后,中、小学图书馆在设备、藏书、经费等方面条件较好的为数不多。在亚洲少数地区已推行综合性教育改革计划。在欧洲,中、小学教育发展较快,中、小学图书馆受到普遍的重视。在美国和加拿大,中、小学图书馆已被"中、小学知识传播媒体中心"一词所取代。它承担着图书馆的服务职能,但在藏书和服务范围上较传统的学校图书馆更为广泛。由于教育和社会重大发展的推动,美国、加拿大政府对中、小学图书馆十分重视,在经费、人员等方面予以大力的支持,使中、小学图书馆得以飞跃发展。

1980 年国际图联在马尼拉召开的中、小学图书馆会议上,通过了《联合国教科文组织中、小学图书馆宣言》,指出:"中、小学图书馆是保证学校对青少年和儿童进行卓有成效的教育的一项必不

---

① 《天津市中、小学图书馆(室)暂行工作条例》,见《图书馆规章制度便览》图书馆小丛书,第 5 辑,倪波等编,1982 年 12 月。

可少的事业。"①这个宣言的颁布,使中、小学图书馆的重要性得到了进一步的肯定。

我国的中、小学图书馆尚处在十分落后的状态,主要表现在缺乏必要的馆舍、经费、设备,工作人员不足,无阅览室,书库面积小。据统计:我国现在中学约十四万所,小学约九十一万所,但除了重点和条件较好的中、小学拥有图书馆和专职管理人员外,全国约有二分之一中学,八分之七的小学还没有图书馆(室)。有的中学图书馆仅供教师阅览,而不向学生开放。这种状况远远不能适应我国教育的发展需要,严重影响了教学质量的提高和人才的培养。要改变这种状况,必须做到:

(一)加强对中、小学图书馆的领导,实行集中统一管理,建立图书馆协作网,明确认识中、小学图书馆的性质、任务,制订切实可行的发展规划,在各方面予以投资。

(二)配合教学,积极开展图书借阅,除为教师提供参考资料外,还要结合中、小学生的特点,采取多种形式组织学生阅读、培养广大中、小学生的阅读兴趣,做好阅读辅导工作。

(三)应设专职图书馆员负责图书馆工作,提高业务人员工作水平,充分发挥中、小学图书馆的积极作用,为培养有理想、有道德、有知识的一代新人做出应有的贡献。

只有这样,中、小学图书馆才能有较大的发展。

五、工会图书馆(室)

工会图书馆(室)是工会组织举办的群众文化事业,是基层图书馆事业的一个组成部分,它是职工学习政治、学习文化、学习科技知识的重要场所,也是对职工进行思想教育的重要阵地,它在传

---

① 《联合国教科文组织中、小学图书馆宣言》,韩扬云译,《图书馆研究与工作》,1983年第4期68页。

播社会主义精神文明,提高群众的文化水平,丰富群众的业余文化生活等方面都起着重要作用。

工会图书馆的类型较多,主要有中华全国总工会图书馆,省、市、自治区总工会图书馆,市、县(区)工会图书馆,专门的产业工会图书馆,还有厂、矿、农场、林场等基层工会图书馆(室)〔包括工会所属的俱乐部、文化宫图书馆(室)〕等。

工会图书馆遍布全国各省、市、区、县各个系统,面向广大职工群众,直接服务于基层。其特点是:大众读者居多,需求多样化,藏书面广,普及与提高并重。它主要收藏专业技术书和科普读物,各种基础知识读物,文、史、哲书籍以及通俗易懂的文艺小说等。它的主要服务对象是工人、干部、家属和退休工人等。

中华全国总工会为了加强工会图书馆工作,于1955年7月在北京召开了全国第一次工会图书馆工作会议,讨论了工会图书馆的方针和任务。根据当时具体情况确定工会图书馆应在国家文化事业的方针指导下,适应工作的要求,贯彻"面向基层,为生产服务,为群众服务"的方针。规定了工会图书馆的基本任务是"利用图书馆报刊帮助职工学习马克思列宁主义,向职工进行时事政策教育;并帮助职工获得科学技术,文学艺术等方面的知识,提高职工的政治、文化技术水平,以教育和帮助职工积极地参加国家的社会主义建设事业,同时,还应用图书、报刊为职工家属服务。"这次会议所确定的工会图书馆的方针和任务,从总的精神上看,直到今天仍有现实意义。

工会图书馆所担负的主要任务是:

(一)宣传马列主义、毛泽东思想,帮助职工提高政治理论水平和思想觉悟。

(二)广泛开展图书流通阅览和宣传辅导工作,充分利用馆藏书刊,有的放矢地为职工服务,提高广大职工的科学文化水平。

(三)主动及时地为职工的技术革新提供图书资料。

（四）满足职工家属、退休工人的阅读需要，丰富他们的文化生活。

我国工会图书馆（室）发展较快，从数量上看，由建国初的四十四所发展到现在的十四万六千多所，还有基层工人文化宫、俱乐部二万四千六百多个，其中设有图书室的占绝大多数；从规模上看，大、中、小类型齐全，形成了一个完整的系统；藏书总量已达二亿二千多万册，接近公共和高校图书馆的总藏书量，成为我国图书馆事业中不可忽视的重要类型。此外，读者的阅读倾向也发生了很大变化。在五十年代初，连环画、通俗读物在工会图书馆流通量较大，七十年代末又开始转向文艺小说，到八十年代初，由于政治形势的好转，充分调动了工人的积极性，工人钻研技术、学习文化、通过自学、函授等方式进行深造的越来越多，专业技术书刊，科普读物及各学科基础知识方面的书刊已成为工会图书馆藏书中重要的一部分。

工会图书馆的专职人员一般较少，有很多都是兼职的。工会图书馆要想搞好工作，必须加强对图书馆的领导，一方面培养专业人员，一方面发动群众，依靠读者积极分子协助开展工作，建立合理的规章制度，不断提高科学管理水平，更好地为职工服务。

六、街道图书馆（室）

街道图书馆（室）是解放后发展起来的基层图书馆的一个类型，它是为城市居民服务、由街道居民委领导、居民集体自办的群众性文化单位。它的主要服务对象是街道办工厂，企事业单位的职工居民、待业青年、在校学生，青少年儿童和退休职工等。街道图书馆（室）虽规模较小，但数量较多，服务面广，在宣传马列主义、毛泽东思想、提高广大居民群众的政治思想觉悟和科学文化水平，普及科学文化知识等方面起着重大作用。

街道图书馆的中心任务是为居民服务，为生产服务。随着我国的经济体制改革,街道办的集体所有制企业、事业有了飞快的发展,街道图书馆(室)与职工群众的生产、生活联系日益紧密,藏书范围不断扩大,它主要收藏科技书刊、文艺书刊和少儿读物。

街道图书馆(室)的特点在于它的群众性。经费来源于街道工厂,企、事业积累的公益金,或群众的自愿捐献。馆舍、工作人员都由群众自己解决,为了方便居民群众,规章制度也是按群众的要求制订的。

街道图书馆(室)的经营方法主要有两种:一是免费借阅,方便群众;一是收费借阅,用以积累资金,扩大服务范围。

我国的街道图书馆发展较快,但很不平衡,在发展过程中有起有落,深受政治形势的影响。近年来由于我国实行了经济体制改革,从而加快了街道图书馆的发展速度,个体图书户大批涌现,解决了居民读书难的问题,又丰富了群众的业余文化生活。由于街道图书馆(室)是居民自办的,所以市图书馆必须加强对它的业务辅导,组织街道图书馆(室)的协作工作,建立街道图书馆协作网,使街道图书馆事业不断巩固和发展。

七、乡村图书馆(室)

我国乡村图书馆(室)是建国以后发展起来的,是我国基层图书馆的一个类型。它是直接为农民服务的文化设施,在普及科学文化知识,提高农民的文化水平,为科学种田和农业现代化提供书刊方面起着积极的作用。其中心任务就是为广大农民服务,为生产服务。

乡村图书馆(室)应根据本地农民群众的文化水平和农业生产特点来采购图书,一般应以普及性通俗读物为主。其活动应坚持业余自愿、节约、不脱离生产、不脱离群众的原则。

乡村图书馆(室)与县图书馆的联系十分密切,县图书馆要把为农村生产技术服务做为工作的重点,对乡村图书馆(室),进行业务辅导,在书刊上予以支援。乡村图书馆只有在县馆的大力支持下,才能更快、更好地向前发展。

目前,我国乡村图书馆(室)是集体所有制的民办图书馆事业。据统计全国农村集镇文化中心就有五千五百多个[1],集镇公社大队的图书馆(室),阅览室的数量也极为可观。要切实搞好乡村图书馆(室)的工作,就必须在各县普及乡村图书馆(室),建立一个由区图书馆,乡(镇)中心图书室和村图书室的三级组成的图书馆网,在县图书馆的辅导下,有组织、有领导地开展活动。

自三中全会以来,由于生产责任制的实行,全国农村出现了大好的形势。随着农村经济的发展,农民生活条件的改善,文化水平的提高,科学种田的需要,特别是在中央关于加强农村群众文化工作的指示指引下,乡(镇)、村的图书馆活动有了新的发展。还出现了不少家庭图书室。这种家庭图书室的特点是:紧密配合生产需要,以专业户、重点户为主要服务对象,积极主动热情地为广大农民提供图书;讲求经济效益,农民自筹资金、自己管理、自负盈亏;规模较小,藏书数量种类不多,侧重于收藏适合本地特点的农、副业科技书籍,图书室一般都采用开架和半开架借阅;服务方式灵活多样,既有免费借阅方式,又有公平合理的收费借阅方式,并以公价代销书刊。这种家庭图书室对繁荣我国农村文化事业有一定的意义。

实践证明,要办好乡村图书馆(室),必须加强领导,因地制宜,讲求实效,稳步发展,根据农村经济的发展水平来规划乡村图书馆(室)的发展规模和速度。做到:

(一)从实际出发,量力而行,不搞一刀切。

(二)图书馆(室)的活动内容、形式、规模要因地、因时、因人

---

[1]　吴慰慈:《新中国图书馆事业建设的主要成就》,《图书馆学通讯》,1984 年第 4 期。

制宜,紧密配合生产建设。

（三）乡镇建立协作组,实行五统一（采购、分编、流通、制度、借阅）。

（四）争取多方支持,解决书源、县馆要关心乡村图书馆（室）的建设。

（五）配备热爱图书工作的管理人员,做好服务工作。

解放以来,我国农村图书馆事业成绩的取得,是全国各级供销合作社、新华书店和各省、市、自治区图书馆共同努力的结果,今后仍要搞好各方面的协作,共同为发展我国农村图书馆事业做出努力。

八、特种类型图书馆

特种类型图书馆,主要指专为残疾人服务的图书馆。这种图书馆的服务对象具体包括:肢体伤残者、聋哑人、盲人、智弱人、老年人和病人。这种统称残疾人图书馆的主要任务是根据服务对象的各种特殊条件和需要,提供各种方便的特殊服务,满足残疾人阅读和学习文化的需求。特种类型图书馆在普及科学文化知识,扩大读者范围,解决残疾人的困难等方面起着重要的社会作用。

特种类型图书馆与其它类型的图书馆有很大区别,它要想有效地为残疾人提供图书服务,必须具备一定的条件。首先要在馆舍的设计中周密地考虑残疾人特殊需要的公共设施。如为残疾者专设的自动门电梯,专用厕所,轮椅道,以及视觉残疾者使用的盲文瓷砖墙和音调和谐的入口编钟等设施。在医院里,可按病床数量建筑相应面积和设备的图书馆。

国家级的盲人图书馆有录制音响资料的职责,因此要配备合乎要求的录音设备,为视弱者服务的图书馆,则需添置一些专用的放大阅读器（放大 4—20 倍）以及大字本图书。

其次,在人员配备上,根据残疾人的特殊需要,工作人员的数量要比普通图书馆多,而且必须经过特殊的培训才能进行工作。

为残疾人提供的服务形式主要有:

(一)为对视觉残疾者服务,图书馆备有供盲人收听"会说话的图书"的设备和盲文图书,供盲人读者使用;备有放大阅读器和大字本图书,供视弱者使用;有的图书馆还提供朗读服务。

(二)为听觉残疾者服务,主要是配备会"手语"的工作人员,按需要开展服务。

(三)为病人服务,为没有病员图书馆的医院病人送书,可视需要开展朗读服务。

(四)为肢体伤残者、盲人、病人和一切来馆阅读有困难的伤残读者送书上门,可采取流动书刊,邮寄等方式来为他们进行特殊服务。

目前,在世界人口中,残疾人占有相当数量,越来越多的国家向他们提供图书馆服务,使他们得以在社会上工作学习,这是图书馆的一种社会责任。

早在十九世纪末,一些国家的图书馆就开展了对盲人的服务。然而,更有组织、更有计划地开展这类工作还是在本世纪的五、六十年代。到了七十年代末、八十年代初,图书馆为残疾人服务得到了社会广泛的重视。除欧洲各国在这方面做得较为突出外,在非洲的发展中国家也开始探索为残疾人提供服务。在图书馆事业较发达的美国和苏联等国家,为残疾者提供服务的图书馆已形成了网络。

美国以国会图书馆的全国盲人和残疾人服务部为中心,向全国 28 个地区的盲人图书馆进行业务辅导,美国共有 169 个公共图书馆向盲人提供服务,其中 39 个是盲人图书馆。

苏联以俄罗斯联邦共和国中央盲人图书馆为中心,形成了全国特种图书馆网,该网共有 69 个固定的盲人图书馆,142 个分馆,1186 个流动馆,71 个为盲童和视弱儿童设立的学校宿舍图书馆,以及 2200 个朗读小组。

总之,为伤残人提供图书馆服务得到了社会各方面的支持和政府拨款,愈来愈被人们所重视。

在我国,这项事业还是一个空白,我国的残疾人和老年读者是一个极大的潜在用户群,我们应创造条件,与社会各界广泛合作,把文献资料送到残疾人和老年人中间去,要建立一个管理机构,全面计划和统一安排为残疾人和老年人服务的各种政策和措施。此外,在馆舍建筑,工作人员培训,盲文图书出版等方面都要考虑为残疾人服务的问题。

我国应加强领导,奋起直追,赶上世界各先进国家图书馆的服务水平,这是时代赋予我们图书馆界的使命。

本章小结

本章共分六节,首先阐述了划分图书馆类型的意义和划分方法。在分析、综合了各种划分方法的基础上,提出了以图书馆的职能作为划分类型的标准,据此可将图书馆分为国家图书馆、公共图书馆、科学与专业图书馆、高等学校图书馆、其它类型图书馆等五种类型。

对上列五种类型的图书馆,分别论述了它的发展历史、性质、作用、任务、特点、组织结构和体系结构,这对我们掌握和研究各类型图书馆提供了一些基本的情况。

本章思考题

1.试述划分图书馆类型的意义和划分方法。

2.以图书馆的职能来划分图书馆的类型,我国有哪些类型的图书馆?

3.试述国家图书馆的概念、种类及其职能。

4.简述公共图书馆的产生和发展、性质、任务、特点、组织机构及体系结构。

5.试述科学与专业图书馆的概念、性质、任务和特点。

6.试述高等学校图书馆的发展概况及其性质、任务、特点。

7.其它类型的图书馆主要包括哪些图书馆？简述它们之间的异同。

8.其它类型的图书馆在图书馆事业中的地位和作用。

9.简述工会图书馆的发展,它的特点和任务。

本章主要参考文献

1.北京大学图书馆学系武汉大学图书馆学系合编:《图书馆学基础》商务印书馆 1981 年

2.O.C.丘巴梁著 徐克敏 郑莉莉 周文骏译:《普通图书馆学》 书目文献出版社 1983 年

3.鲍振西 李哲民著:《国外的国家图书馆》 《北图通讯》 1979 年第4 期

4.林申清译:《国家图书馆的职能与现状的国际比较》 《图书馆学刊》1983 年第4 期

5.谭祥金:《国家图书馆在图书馆事业中的地位与作用》 《北图通讯》1979 年第2 期

6.文化部 1982 年颁发:《省(自治区、市)图书馆工作条例》 见倪波等编《图书馆规章制度便览》(图书馆学小丛书第五辑) 1982 年12 月

7.沈继武:《省级公共图书馆藏书结构及读者特点》 《四川图书馆学报》 1983 年第1 期

8.郑莉莉:《儿童图书馆工作概述》 《儿童图书馆》 1982 年第1 期

9.华东师范大学图书馆学系编译:《美国及世界其他地区图书馆事业》书目文献出版社 1983 年

10.刘兹恒:《高校馆几个理论问题的综述研究》 《津图学刊》 1984 年第1 期

11.李泡光:《珍藏和管理全国出版物样本的专业机构——介绍中国版本图书馆》《出版工作》 1983 年第 9 期

第八章　图书馆管理

随着科学技术进步和社会发展,图书馆活动越来越深入,活动难度和规模日益增大;业务活动的分工和协作趋向精细,投入人力、财力幅度增加;图书馆与社会接触日益密切。这些特点使图书馆不能再依靠传统的经验管理方法来进行管理。图书馆应以先进的管理思想,运用科学的方法、手段,推行现代管理,这是时代的需要,也是四化建设的客观要求。

图书馆活动大致包括业务活动和管理活动。业务活动是图书馆工作的基础,管理活动则是关键,它是按科学管理的原则,方法、手段来组织、指挥、监督、调节、控制图书馆人力资源和物质资源,以期最合理、最经济、最有效地实现最优化管理,达到图书馆的预定目标。

第一节　图书馆管理的含义和必要性

一、图书馆管理的含义

(一)管理:管理是自古有之,凡是有人类共同活动的地方,都有个管理问题。管理是人类共同劳动的客观要求,社会劳动出现分工协作,管理就随之产生。这是由于人类在那有分工和协作的集体活动中,需要统一的指挥和协调,才能使集体中的各部门和参与活动的每个人协调一致地进行活动,从而实现共同劳动的目标。正如马克思所说:"一切规模较大的直接社会劳动或共同劳动,都或多或少地需要指挥,以协调个人的活动,并执行生产总体的运动——不同于这一总体的独立器官的运动——所产生的各种一般职能。一个单独的提琴手是自己指挥自己,一个乐队就需要一个乐队指挥"。① 马克思清晰地阐明了管理是由共同活动而产生,随着社会发展而发展。管理活动的内容日益丰富,管理也从简单到复杂,由低级向高级发展。在社会系统中,共同活动的繁简直接影响了管理的复杂程度。共同活动的规模越大,意味着分工越精确,科学技术越进步,生产力的发展水平越提高,管理活动必然相应地复杂化,并成为必不可少的重要环节。

管理活动概括起来有两大方面,即工作活动和人事活动。前者包括决策、计划、执行、监督、协调等;后者是指领导、组织、激励、联系、培训等内容。

当前有关管理的概念提法甚多,不尽一致,有人认为管理是通过别人去完成工作;也有人提出管理是一个人或一些人管理一个机构;还有的认为管理是计划、组织、指挥、控制、协调的行动等等。综合各种看法,我们认为管理是为实现最佳目标,根据一定方针、政策,而进行的一种决策、计划、组织、指挥、控制的综合活动。

(二)图书馆管理:图书馆是人类社会所独有的一种社会现象,它是人类社会发展到一定阶段的文明产物。它随着文献出现而产生,又伴随着社会文化教育、科学技术的发展而不断变革和发展。在图书馆形成和演变过程中,图书馆管理也经历了由简单到复杂,由低级到高级,由传统管理到现代管理的过程。在社会、科

---

① 中共中央马克思恩格斯列宁斯大林著作编译局译:《马克思恩格斯全集》第23卷,人民出版社,1972年9月,第367页。

学技术日益进步的推动下,图书馆的规模、层次、内容和形式逐渐复杂化,图书馆管理方法也逐渐完善,管理水平也日趋提高。尤其是二十世纪以来,管理学引入图书馆,图书馆运用现代科学技术的理论、方法组织开展图书馆工作,使图书馆管理活动进入崭新阶段,图书馆管理的内容被赋以现代的含义。

关于图书馆管理的含义,目前存在着不同的看法:

1. 图书馆的科学管理,是指图书馆工作和图书馆事业达到计划性、合理化、规格化的要求,并具有先进水平的一种组织活动。(《图书馆学基础》)

2. 通过组织、计划等行动,最合理地使用图书馆系统的人力、财力、物质资源,使之发挥最大的效益,以达到图书馆预期的目标,完成图书馆任务的这一过程,叫图书馆管理。(《试论现代图书馆管理》)

3. 应用现代科学的理论和方法,按照图书馆工作和图书馆事业的固有规律,合理地组织和最大限度地发挥图书馆的人力、物力、财力等各种资源的作用,以便更好地完成图书馆的方针任务。这就是图书馆的科学管理。(《图书馆管理学纲要》)

上述提法是从图书馆和管理理论的不同侧面、不同特征来表述图书馆管理的概念的。我们认为,应当将管理学的理论、方法与图书馆工作结合起来。也就是说图书馆管理,是指应用现代管理学的原理和方法,合理组织图书馆活动,有效地利用图书馆人力资源和物质资源,发挥其最佳效率,达到预定目标的过程。并在此过程中不断审查改进,最终圆满完成任务。

二、图书馆管理的必要性

(一)科学技术发展的必然结果:图书馆当它以藏书楼的形态纳入社会信息系统中时,其职能只是保存文献。在藏书楼的全部活动过程中,工作者既是劳动者,又是管理者,合二为一,还没有专门的管理人员,图书馆管理处于萌芽时期。随着生产发展,科学进步,造纸术、印刷术的发明使用,为图书馆事业发展提供了条件,使图书馆活动具有丰富的内容和广阔的范围,促进图书馆的分工与协作。这时期,图书馆管理尽管规模较小,分工协作简单,但管理在图书馆活动中已成为不可缺少的环节。

科学技术飞速发展,促使社会生产力大幅度提高,由机械化、自动化大生产替代了手工劳动。图书馆活动规模更大,难度更高,集中人员更多,分工更细,部门之间协调、馆际协作要求越来越严格,这些都需要由图书馆全体成员来共同实现。图书馆发展到现代,已形成一个相当庞大的社会机构,因此,有必要在实现共同目标的前提下,对参预图书馆活动过程的每个成员、每个工作环节、每个部门进行组织、指挥、监督和调节控制的现代管理,使其保持良好工作状态,这已成为现代图书馆活动正常进行的主要条件之一。

当前,图书馆面临着信息时代的挑战,社会的政治、经济、技术条件、用户需求不断变化。图书馆的盛衰,不仅取决于图书馆效率的高低,而且方针、政策的正确与否起更大作用,在图书馆管理中作出正确决策,比以往更加需要、更为迫切,决策过程也相应更加复杂。依靠直觉,凭借经验进行决策已不能适应现实的需要,必须从实际出发,用现代科学技术方法,迅速收集大量数据、资料,依照图书馆系统的内在联系进行分析,选择最佳方案,才能作出正确决策。

(二)提高图书馆工作效率的重要机理:管理是人类活动出现分工和协作时才开始的,列宁曾指出:"劳动生产率,归根到底是保证新社会制度胜利的最重要最主要的东西"。[①] 要实现生产率

① 中共中央马克思恩格斯列宁斯大林著作编译局译:《列宁选集》第 4 卷,人民出版社,1972 年 10 月第 2 版,第 16 页。

的提高有诸多因素,分工则是最重要的因素。在集体活动中,分工所产生的效率,往往超过个人劳动生产能力的总和,分工对劳动能力起倍增作用。它不是单个分工效能的简单叠加,而是在相互联系的动态过程中效能的合成,这种合成的效能,大于各自效能的简单总合量,总合量的多寡取决于管理作用的发挥。虽然管理并不是直接生产产品,但对劳动过程中的总能力却有增大倍率的作用。管理对生产力起增大作用,对劳动效率产生倍增的效能。所以管理的本质是重视效果,提高效率。

以系统论观点分析,任何管理都是对一具体系统的管理,管理活动的对象,形成一个由各组成部分结合而成的系统。系统理论认为,各部分组成一个整体后,产生了总体功能,即系统的功能,系统功能大于系统内各组成部分的功能之和。而各部分之间的联系和发展是通过管理工作来促进系统中人、财、物、信息进行合理运动,使运动方向、速度、结构以及比例达到最佳化,实现系统功能最优化。

基于上述论点,当今世界上经济比较发达的国家非常重视现代管理,他们将管理与生产技术、科学视为现代文明的三支柱,并把管理科学化和科学技术现代化比喻为"两个车轮"。车无轮不能行走,社会主义建设没有管理,就不能有经济建设的高速度。同样道理,图书馆只有实行现代管理,才能最有效地使用文献、人员、设备、资金,最充分地调动图书馆成员的主动性和积极性,促进图书馆各项工作低耗、高效发展。

(三)提高图书馆效益和效果的有力措施:图书馆的效益是指图书馆向社会提供有用文献信息和有效的服务。而图书馆效果则是指图书馆投入的劳动消耗与获得效益之间的比例关系。效益与效果之间的关系是显见的,两者都与投入、产出直接相关。对图书馆来讲,要以最少的消耗来获得最大效益,也就是说以最少的人力、物力、财力耗费,最好地完成图书馆的目标和任务。图书馆作

259

为社会文献信息服务系统的组成部分,它以开发和利用文献资源来满足读者的需求,并通过图书馆与其他信息服务部门的相互联系、相互作用来满足整个社会的文献信息需求。这种有效服务是图书馆社会效益的体现。图书馆的社会目标还在于用有限的投入达到更有效地开发和利用文献资源,最大限度地满足社会需求。投入与有效服务的比例关系,就是图书馆文献开发和利用的效果。一定的投入所满足的社会需求越多,或在一定社会需求满足程度下投入越少,图书馆效益就越大。怎样来获得图书馆效益的提高和明显的服务效果,是当前图书馆工作中需要认真研究的问题。

大家知道,每当提到加强图书馆建设,通常理解为馆舍扩建、藏书量增长、人员设备的添加,而很少想到管理的改善,人们还没有看到管理与效益之间的关系。图书馆在实现高效益过程中,始终贯穿着现代管理的推行。我们分析一下这个例子,假设某馆藏书150万册,书库容量100万册,藏书滞留未分编上架不能流通的书刊上架率30%,也就是有45万册书刊占用了经费,没有发挥作用,不能获得效益。除非扩建馆舍、增加分编人员、剔除陈旧藏书,否则随着采购工作发展,藏书不能上架数还要增加,上架率还要低,效益就更差。再假定扩建相应书库100万册,需修建费50万元,那么目前这45万册藏书全部上架要投入25万元资金(包括分编人员增加),才能暂时解决滞留藏书全部投入流通。如果换另一种办法,在管理上下功夫,分析藏书发展规划,藏书使用情况,调整藏书采购范围,剔除呆滞藏书,开展馆际互借,使书库容量与藏书发展基本均衡,并确保流通率不降低,这种方案的实施费远远低于25万元。那么,所余20多万元资金用于其他方面,无疑可以创造新效益,获得新效果。所以图书馆建设投资用在纯粹的扩建馆舍,增加藏书经费,添人加设备的传统办法与改善管理,提高投资效益水平的确存在效益差别。实践证明,图书馆在相同条件下,获取效益的多寡因管理方法的不同而有所差异。推行现代管理,可以在相同条件下获得更大效益、更佳效果,反之则降低甚至不能取得效益。我国要实现四个现代化,经济力量还很不足,用在图书馆的经费、物质条件是有限的,图书馆事业的发展与人们对知识信息的迫切要求形成矛盾。改善这种矛盾状态,除了依靠国家投资外,还应当开发图书馆潜在效能。图书馆推行现代管理则是挖掘潜力的有效措施。在我国目前条件下,图书馆实行现代管理更具有重要现实意义。

（四）图书馆现代化的重要标志:党的十一届三中全会决定把全党工作重点转移到社会主义现代化建设上来,提出在本世纪末实现工业、农业、科学技术和国防的现代化。在实现全国总目标的过程中,图书馆在为四化建设服务的前提下,实现图书馆自身现代化,这是图书馆的总任务。实现图书馆现代化的标志是什么? 除了在文献贮存、流通方式、技术手段、服务效果、干部队伍、先进设备、馆舍等方面达到现代化水平以外,必须具备现代化的管理思想、高效的管理组织、科学的管理方法,先进的管理手段、民主的管理方式、专业化的管理人员,否则图书馆现代化将成为泡影。综合考虑,图书馆推行现代管理应列为图书馆现代化的重要标志之一。

早在十月革命后不久列宁就指出:"社会主义政党在世界历史上第一次基本上完成了夺取政权和镇压剥削者的事业,紧接着就要解决管理这个任务。我们必须不愧为完成社会主义革命的这个最困难的(也是最崇高的)任务的人。"①列宁把管理的必要性,提高到如此高度,视为社会主义革命最崇高、最困难的任务,对于我们今天实现图书馆现代化,仍有重要指导意义。管理现代化是一次全民性的"智力革命",在中国人民夺取政权后,实现社会主义现代化建设中必须进行一场"智力革命",为此把管理问题提到

---

① 中共中央马克思恩格斯列宁斯大林著作编译局译:《列宁选集》第3卷,人民出版社,1972年10月第2版,第496页。

战略的高度来认识,把图书馆推行现代管理作为图书馆现代化标志之一,是顺应了时代的要求。

第二节　图书馆管理的原则与职能

图书馆管理原则是对图书馆进行科学管理的准绳,它是图书馆管理过程中必须遵循的守则。而图书馆管理职能,是指图书馆管理的功能。

一、图书馆管理原则

图书馆管理是为了提高图书馆的效益倍率。要实现这个目的,图书馆工作就要遵循客观规律,并据此制定出指导图书馆活动的管理原则。在图书馆活动中,管理原则起主要作用,一切管理活动都要在管理原则指导下进行,管理原则是图书馆的人、财、物使用和信息处理的依据。管理原则在图书馆管理活动中具有重要意义。

(一)民主集中制原则:党的十二大报告中提出:"我们一定要按照民主集中制的原则,继续改革和完善国家的政治体制和领导体制,使人民能够更好地行使国家权力,使国家机关能够更有效地领导和组织社会主义建设。"①这个原则是党的组织原则和人民政治生活的基本准则,同样也是图书馆管理的基本原则。执行民主集中制原则主要是两方面:

1.领导与群众:要求馆长和管理人员依靠全馆成员同心协力地办好图书馆,广泛吸收工作人员参加到图书馆管理工作中来,领导和管理人员要听取他们的意见,接受他们的监督,增强工作人员

---

① 胡耀邦:《全面开创社会主义现代化建设的新局面——在中国共产党第十二次全国代表大会上的报告》,天津人民出版社,1982年9月,第31页。

的职业责任感,才能充分调动群众积极性,才能实现上级和下级、管理人员与工作者、领导与被领导协调一致,使管理工作既有群众基础,又有统一指挥。

2.个人负责与集体研究:图书馆行政管理工作要由馆长主持,还要有行政系统领导班子的集体研究。在这个领导班子里,正确处理馆长与领导班子成员之间的关系,发挥其他领导成员的积极作用,以便及时提供馆长进行决策的意见和方案。在这样的集体中,形成各有分工,各负其责、各司其职的局面,谋求图书馆管理的合理性。

应当指出的是,现代资本主义企业实行的"职工参与管理制",与社会主义的这种民主集中制有着质的区别,不能简单地相提并论。

(二)系统原则:按照系统分析的观点,任何一个管理对象都是由多个要素组成的一个系统,这个系统既受外部环境制约,又受内部各要素影响;不仅与其他系统发生关系,还要处于一个更大系统之内。图书馆是一个开放系统,要使图书馆管理效率达到最佳化,有必要应用各种技术方法,对图书馆进行定性和定量分析,为图书馆领导在决策过程中,从若干可行方案中选择最佳方案提供科学依据。

1.图书馆系统原则的目的性:图书馆系统以满足读者需要为目的,图书馆有针对性地收集文献,进行加工整理,提供服务,正是为达到这个目的。在图书馆管理中,必须使各项业务活动目的围绕着图书馆系统的总目标的实现。各子系统的活动应从全局效益出发,各局部效益的获得是为了全系统目标的实现,将局部的目的与系统的目标结合起来。

2.图书馆系统原则的整体性:体现在图书馆系统与子系统的关系中,系统原则要求我们处理问题首先要着眼于系统整体,因为由各子系统组成一个整体后,它就具备了整体功能。例如:图书馆网就具备单一图书馆所不具备的优点。一个图书馆网组织得好坏,就要看它的整体功能形成得怎样。在实际工作中,我们常遇到一个系统中各组成部分考虑得很仔细,却没有或较少考虑到全局的事例。特别是各组成部分之间或它们与全局之间有矛盾时,往往只顾局部而损害全局,这样就难以得到良好的效果。系统原则强调图书馆业务活动各子系统要服从整体,在保证全系统整体效益前提下,把各子系统效益与整体效益结合起来。例如为了提高为读者服务的效益,不能只考虑流通、阅览子系统,应以整体效益为各部门的总出发点,协调一致,取得最佳服务效果。

3.图书馆系统原则的层次性:图书馆系统中不仅包括分系统、子系统,还有各组成要素,层次结构明显,因而管理也应分层次进行。通常在图书馆管理中,分为高层管理(馆长、副馆长)、中层管理(各部主任)和基层管理(各业务小组)。系统分层管理可以使管理有序化、提高管理效率。各层次职责分明,各负其责,反之管理层次无序,指挥不力,各层次功能发挥不了,管理势必混乱。馆长、副馆长、各部主任与各业务组长、各岗位工作人员,职责范围不同,各层次按各自职责办事,相互协调,图书馆系统的管理才能奏效。

(三)分合原则:图书馆管理要在整体规划下明确分工,在分工基础上进行有效综合,才能实现高效管理。图书馆活动包括业务和管理活动,而业务活动大致分为采购、分类、编目、典藏、流通这几方面,管理活动就要面向全馆业务活动,着眼于业务各环节的相互联系、相互作用,从总体上进行综合部署,实现总体最优化。分合原则的前提是整体观点,弄清图书馆整体及其活动规律,才能避免业务活动分工上的盲目性。分工是关键,只有在全馆规划下合理分工,才能组成有序的系统。但是分工必须要有强有力的组织管理,使各部门步调协调,有计划地综合发展,才能有高效益,这就是图业馆管理的分合原则的要求。

从微观角度分析,图书馆系统的整体功能的实现,只能通过采购、分类、编目、典藏、流通各子系统的关联性来实现,任何一个系统的变易或故障都直接影响其它子系统的工作运行。如编目部门的工作效率,要影响藏书的呆滞率,影响流通部门的流通效率。在图书馆管理中,正确运用分合原则,处理提高服务效益问题,就要致力于流通工作,还要研究采购、分类、编目诸环节。

从宏观角度分析,图书馆事业系统是由各类型图书馆组成。在事业系统中,公共图书馆、科学院图书馆、高校图书馆等分系统的服务特点、性质、对象均有特色,各自活动都应围绕实现图书馆事业的总目标,只有在统一事业管理机构组织下分工协作,才能使图书馆事业获得最佳社会效益。

(四)反馈原则:图书馆为了提高文献利用率,开展书目情报服务,花了大量时间,投入一定人力,检查服务效果不佳,这一结果与原出发点产生偏离。分析其原因,存在几种可能性:可能是书目选题与读者要求存在偏差;也可能书目编制体例存在弊病,不便使用;还有可能宣传不得力,读者不知道怎样利用它。图书馆就要根据反馈的信息,采取对策,加以控制,直至预定目的实现,这样的工作程序才符合管理的反馈原则的要求。

反馈原则是为了达到预定目标,将决策、计划贯彻下去,在执行过程中对前一决策、计划所引起的客观变化作出反响。如前例,书目效果不佳,进行比较找出偏差,及时纠正控制,直到目标实现。也就是说,在图书馆管理过程中,使输出信息的作用返回,并用输出信息进行控制,促使改变执行中某种不利行为。这是个不断往复循环的过程,促使管理不断完善。

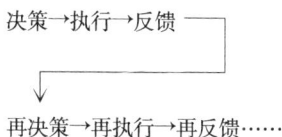

决策→执行→反馈 ────┐
                        │
                        ↓
再决策→再执行→再反馈……

原因产生结果,结果又形成新方案、新措施、新结果……。反馈把原因和结果沟通起来,实现共同的目的。图书馆管理是否有效益和活力,主要标志就在于反馈的灵敏、准确和有效程度。图书馆的各项业务活动在执行过程中产生的结果如何,关键在于反馈调节的得力与否。

(五)动力原则:在图书馆管理中要正确运用三种基本动力,管理活动才能有效运转。

1. 物质动力:这里指的是经济效果研究,这是管理的主要目的。要把图书馆管理和物质利益结合起来,对工作人员要有必要的奖励和提级调薪等物质动力的措施。另一方面要求用经济效益来衡量图书馆管理活动的成效。物质动力不是万能的,不宜过分强调,在管理中应用时,还要配合发挥精神动力和信息动力作用。

2. 精神动力:也是一种强大的动力。可以弥补物质动力的不足。在图书馆管理活动中,人的因素占主导地位,人是具有精神意识的。人的行为又受思想支配,在某种状态下,人的精神因素可以在工作中产生巨大能量。因此要强调对图书馆工作人员进行政治思想教育,树立爱事业、爱图书馆、热爱本职工作的信念。

3. 信息动力:信息能够产生动力。图书馆要了解各国、各地区图书馆情况,比较出差距,才能下决心奋起直追。信息是进取的动力,也是图书馆管理的基础。

上述三种动力,在运用过程中要控制适当的"刺激量"。也就是说,"刺激量"不可过大,否则会产生副作用;倘若"刺激量"过小,也起不到动力作用。同时不同级次人员也应采用不同"刺激量"。

二、图书馆管理职能

在图书馆管理过程中,包括若干个管理活动,即计划、组织、控制和决策。

（一）计划职能

计划职能是图书馆管理的基本活动,是管理的核心。图书馆计划管理要根据国家和社会的需要,要根据图书馆事业发展的需要,有预见性地、科学地组织、指挥、监督、调节图书馆管理系统的活动。它包括图书馆规划和计划管理两方面:

1.规划管理:是图书馆各项活动的计划、组织、进程及管理的依据。规划要体现图书馆的长远目标,以国家科学技术、文化教育的方针政策为出发点,具有科学性、预见性和可行性。要处理好需要与可能、数量与质量、局部与全局、当前与长远的关系,达到准确、先进、科学和现实可行的要求。

图书馆规划是实现奋斗目标的行动纲领,制订规划要有相对稳定性,决不能朝订夕改。实现图书馆现代化,这是图书馆的奋斗目标,为了实现这一目标,必须制订出具有先进性和现实性规划,才能鼓舞、调动图书馆系统的积极因素,为实现共同的目标统一行动。历史证明:图书馆事业没有科学的发展规划,必然要出现失误。例如,在"人民公社化"高潮中,在"左"的思潮影响下,大力发展公社图书馆,不切实际的规划,结果不但没有促进图书馆事业发展,反而使图书馆事业受挫。应引以为鉴。

2.计划管理:计划是图书馆规划的具体化,要体现出图书馆准备作的工作,怎么去作,并具体落实到人。图书馆计划是管理活动的行动基础,必须符合图书馆工作的客观规律。要在国家计划指导下通过计划编制、组织执行、检查执行情况,把图书馆系统内各种力量,各项工作科学地组织起来,指引图书馆工作协调进行,合理使用全馆人员及物质资源,以期达到最佳效果。

图书馆计划是围绕目标的实现而制订,图书馆又具有多种复杂因素,这些内部和外在因素的动态性使目标带有不肯定性。因此,图书馆计划管理要强调执行过程中的检查控制,及时调整,来消除不稳定性,使图书馆的整体工作始终围绕着目标的实现进行。

图书馆计划包括长期计划、年度计划和工作计划：

（1）长期计划：指图书馆制订一年以上的计划，具有长远的纲领性，也有称为远景规划的。编制长期计划要从全局观点出发，结合图书馆实际条件，让全馆成员对长期活动的发展有比较明确的方向和目标，才能调动全体成员的积极性和创造性。长期计划包括：

图书馆的发展规划：藏书数量、职工人数、馆舍扩建改建等；

图书馆的技术方法、手段的规划：现代化设备的增添，自动化水平的提高，缩微、复印、声相技术的采用等；

经济效益指标：现代化设备利用率、文献利用率、工时定额指标等；

工作人员的培养以及文化、生活福利方面的设施等。

（2）年度计划：图书馆根据长期计划具体规定出计划年度内有关业务、技术、财务等方面的计划。反映出图书馆计划年度内要作的工作，具体执行部门和完成指标的明确安排。它是图书馆工作人员的行动指南，综合了全馆各工作环节和各方面的活动。包括业务计划、劳动工资计划、物质供应计划、设备维修、更新计划以及财务计划等。

（3）工作计划：图书馆年度计划的具体执行计划，作为指导图书馆日常工作的一种计划形式，要规定各部门、小组按月、旬、日应完成的工作项目和工作量，以确保图书馆各项工作如期、按质、按量完成。工作计划是均衡完成图书馆年度计划的有力措施。

制定计划是图书馆计划管理的开始，更重要的是组织计划的实现。计划在执行过程中，要实现全面和均衡的要求。所谓全面，即保证计划规定的各项业务工作全面完成；均衡，是指按年、季、月、旬地完成计划。

图书馆检查计划执行情况是完成计划的保证，检查形式可采用日常检查、定期检查以及专题检查。专题检查是对图书馆根据具体任务而制订的计划执行情况的检查,如图书馆建立多文种文献计算机检索系统,列为图书馆专题项目,就要纳入专题检查范围,不定期地对系统建设过程中的薄弱环节及出现的问题进行检查、协调,按预定目标完成任务。

(二)组织职能

图书馆管理的组织职能,就是为了实现图书馆的目标,把图书馆的任务分解成若干个具体任务并组成相应部门,使任务部门化,并把图书馆的责、权分授给这些部门的管理人员。图书馆管理系统是一个复杂的、多层次的持续运行系统,这个系统不仅要与外部环境密切联系,其系统内部又有互相关联的多个子系统,在此系统中,组织职能起着主要作用,它涉及组织形式、组织原则、领导层次、编制确定、职责分授,以及系统内外、上下、左右关系的协调等。这些问题的妥善处理,直接影响到图书馆工作的效率和服务质量。

1.组织原则:

(1)统一指挥原则:管理系统中,组织职能最基本的关系是上下级关系。这种关系可以是"指挥链"或"层次链",表示管理层次如塔式结构,形成一条有力的指挥链条,常见指挥链形式如图:

```
┌─────────────────┐
│  馆        长   │
└────────┬────────┘
┌────────┴────────┐
│  业 务 副 馆 长 │
└────────┬────────┘
┌────────┴────────┐
│  部    主    任 │
└────────┬────────┘
┌────────┴────────┐
│  组        长   │
└─────────────────┘
```

在这一系统中,"权"与"责"贯穿始终。"权"是指挥权,原则上是从馆长到组长不中断的指挥权;"责"是指各层管理人员有明确的责任,权与责统一于整个指挥链中的各层次内。各下级层次只执行所隶属的上级层次的指令和决策,并且只有一个上级层次。

(2)控制跨度原则:这是指每一位主管者所管辖下属数量的幅度。产生这个原则的依据,在于图书馆中的每位管理者在各自职位中能有效管理的人数是有一定限度的,而人数的确定又受业务活动范围和完成任务时间所制约。控制跨度决定了图书馆的组织形式,跨度小,管理层次就要多。常见有两种形式:

纵深结构形式:犹如金字塔形式,控制跨度相应比较小,按层次授权尽职,层层节制,权力由最上级控制。例如,假设一个图书馆有48名非管理者,控制跨度是8,那么就要设6名组长来指导工作,并设2名部主任,每人管辖3个小组。这种结构形成馆长、部主任、组长三层结构形式。如图:

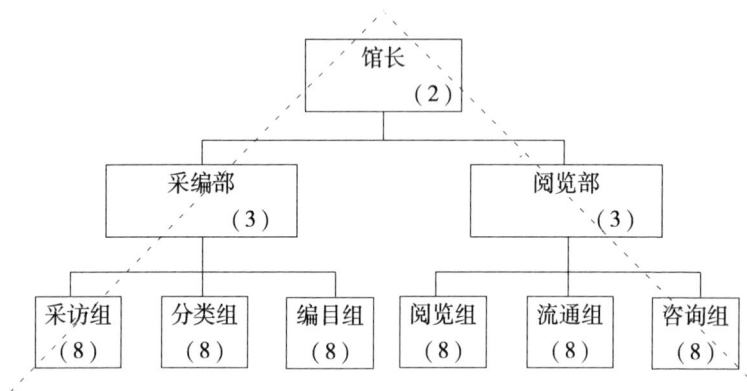

扁平结构形式:犹如长方形,控制跨度相应比较大,管理层次就少。通常是两级层次,下级按工作性质划分若干部门,统一由馆长指挥调配。如图(见下页):

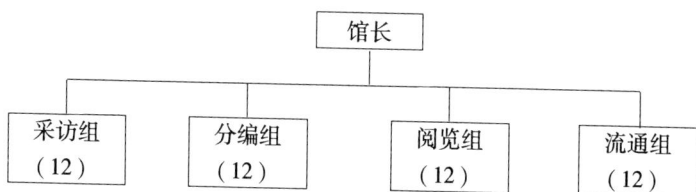

　　假设仍然是48名非管理人员,控制跨度是12,那么就要设4名组长来指导工作,馆长直接指挥组长,形成两层结构形式。这种形式跨度增加,控制范围扩大,但层次少,有利也有弊。因而产生了管理者控制跨度合理有效范围的研究,换句话说,要研究一个管理者所能管辖的人和工作数量。因为每位管理者时间、精力是有限的。要获得最佳跨度,受几个因素影响:

　　馆长和下属人员的能力;

　　馆长所承担非管理职责及占用时间情况;

　　所从事管理活动同一性程度;

　　新问题产生的多寡;

　　各业务部门之间影响程度。

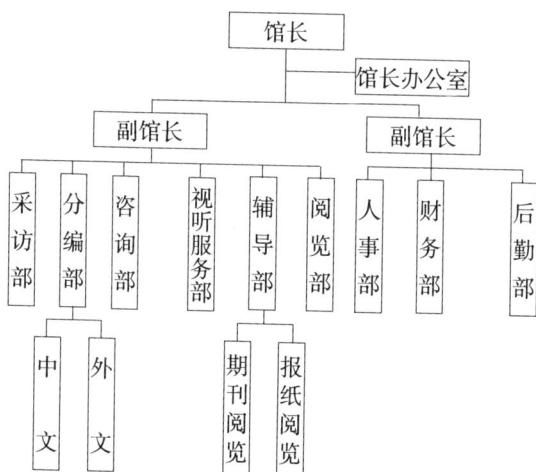

上述诸因素不同,就影响到馆长以及各部主任、组长的控制跨度,控制跨度小组织层次就多。如图所示,目前常见的四层管理结构,是馆长只与办公室主任、副馆长直接联系。这种形式适用于大、中型公共性、科学院、高等院校图书馆。

如果管理层次少,馆长就要直接与各业务组长联系,控制跨度就大了。扁平结构形式适合于规模小、人员少、业务范围专业性强的图书馆。控制跨度与组织结构形式关系极为密切,在组织形式设计中要考虑到跨度的大小。

(3)部门化原则:部门化与图书馆每项任务的专业化程度直接关联,任务分解的方法又随着专业化的细分而增加。虽然分工是集体劳动的客观要求,但专业分工也要有一定限度,并不等于专业化越细就一定能获得越好的效果。实践证明,分工程度低,费用高,产出少;分工程度高,费用少,这种状态到一定程度就会出现专业化消费超过所提高的效率。所以专业化程度在图书馆也存在一个适度问题。图书馆通常在专业化基础上,将若干门类群体性业务组合起来。

按图书馆的主要业务活动组织的职能划分部门形式。这种部门化形式,目前图书馆广泛采用,设置采访部、分编部、参考咨询部、流通阅览部等。按职能划分并组织业务工作,各部门之间又是个相互关联的集合体。

按劳动对象实行专业分工的对象划分部门形式。这种形式在图书馆一般是与职能划分结合使用,如设置期刊装订、印刷车间、复印室、专利文献服务部、善本服务部等。

按地区进行划分的地区划分部门形式。这种形式多见于按区域设分馆的图书馆,如高等学校图书馆按区域的不同分设几个分馆以及系资料室等。

2.组织结构:

组织结构是组织内各个有机组成要素相互作用的联结方式或

272

形式,也可称为组织的各要素相互联结的框架。组织结构是由人来确定的,但不能凭主观意志任意设置。要使组织结构科学、合理,就必须使它完全或近似地反映组织内、外部因素的客观联系。

图书馆工作的活动是在一定的空间、一定的时间,按一定的组织形式进行的。空间组织问题是指图书馆要有一定馆舍,各业务部门要有活动场地、书库、阅览室等,才能开展图书馆业务工作。时间组织是指图书馆各项业务工作,从采购一种图书开始,经过加工一直到入库上架,提供借阅,要经历多道工序,每个工作环节要占用一定时间,工作周期越短工作效率就越高。所以如何缩短工作周期是个复杂问题,涉及部门之间协作、调度以及组织形式的合理化。

组织内部各构成要素之间存在客观联系,从形式区分有纵向联系,即上下级隶属关系、领导和下属部门、成员之间的联系;还有横向联系,即平级间的协作关系,常见组织结构模式有:

(1)直线型:这是传统组织模式,强调直线组织法,一个图书馆上级和几个下属部门的联系渠道只有一条,即从上至下的直线管理,不存在平行的管理组织,常见于小型资料室。

(2)职能型:这是按图书馆工作性质的不同,设置业务部门的组织模式,实行职权分层。我国大、中型图书馆常采用这种形式。图书馆有各种不同类型的同种工作,如编目工作有图书编目、期刊编目,还可按语言分为中文、日文、西文、俄文等不同文种,不同类型文献编目工作;同样,文献采购工作也存在文献类型与语言文种的问题。在图书馆业务工作中,性质相同的工作并不鲜见,可以按工作性质来设置业务部门。正如上述两种工作,可集中设置在采访部和编目部来开展工作。这种按工作专业化形式来设置机构的方法可以把同性质、同类型工作集中在一起,有利于专业化技术管理和技术方法研究,有利于专题研究的开展,提高工作效率和技术水平。

这种组织模式也存在不利因素,每种文献要通过若干部门才能完成从采购到流通的全过程,工作路线长,程序、环节复杂,无形中增加了工序间的移交手续,延长工时,不利于文献尽快与读者见面。同时部门之间协作性强,造成管理复杂化。

(3)混合型:在图书馆实际工作中,常常将职能型与直线型结合在一起设计组织机构模式。在一个图书馆里,有的部门按职能划分,有的部门则采用直线形式,互补不足,有利于管理工作的开展。

(三)控制职能

控制职能是图书馆管理者为实现图书馆总目标,在执行计划过程中要保证完成计划而采取的行动。在实际工作中,控制是图书馆管理者进行指导和管理的权力。当图书馆目标确立、计划编制、组织机构设置都完成时,管理者的控制作用,就是要把计划的实施落实到工作部门,要检查计划执行情况,检查工作程序和完成情况,发现偏差及时协调、改正并防止差误的重复出现。

1.控制程序:

(1)确立标准:图书馆管理者检查计划执行情况,要有个衡量依据,这就是图书馆业务活动的准则,也就是工作标准。标准的制定要从图书馆目标出发,规定出衡量当前、过去和将来行动的具体指标。标准是检查、确定偏差的必要条件。在图书馆实际工作中,凡是能用"量"检查工作的,尽量采用定量的标准。例如为了衡量图书馆藏书使用情况,就要制订出文献流通量、流通率、藏书流通频率等标准。那些不能用"量"控制的,只能用定性的办法。要衡量工作人员的服务态度,可以根据接待读者热情、工作熟练程度、满足读者要求的适应程度以及读者的反映等来评定。

(2)获得信息:图书馆管理者在控制过程中要及时掌握实际结果与标准之间的偏差信息。例如在清理积压图书组织专业组时,落实任务、制订计划要考虑到人力、技术力量配置、设备、工作场地等问题。但在执行计划过程中,还会出现各种新情况,如某工作环节出现停工、待料等问题,管理者就要及时了解信息,加以协调控制。

(3)反馈信息:图书馆管理的控制系统是一个闭合线路。一个完整的控制系统,必须有适时反馈信息,才能使系统调整与目的趋向一致。图书馆要传递文献满足读者,从文献收集到提供流通,每个环节都会产生反馈信息。在收集到分类、编目过程中可能会出现的情况,要及时反馈到采购部门;在流通过程中也还会出现有关收集质量、分类编目差误问题,也需要迅速反馈到采购和分编部门;即使读者在阅览时也还可能提出反映、建议与要求,这些都应反馈到有关业务部门。管理者的职责就在于掌握各环节出现的偏差信息,及时反馈,从而纠正偏离目的的现象。反馈信息过程如图:

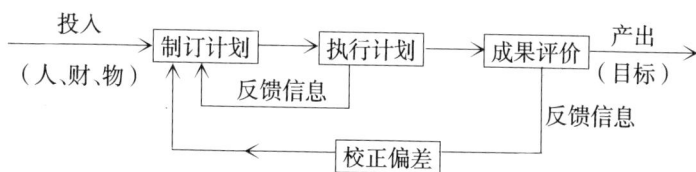

2.控制的类型:按职能区分有三种。

(1)预先控制:图书馆建立计算机文献检索系统时,要预先对经费、人员配备、机型选择以及计划的可行性进行分析研究。在确定项目和制订计划时,预先考虑到图书馆的人力资源和物质资源,防止出现偏差。

(2)现场控制:在计划执行过程中,随时监督、检查工作进展情况,保证按预订目标和计划进行。

(3)反馈控制:图书馆执行财务计划时,要对藏书采购经费进行分析,管理者要按实际支出和财务计划进行比较。实际支出是历史结果,若发现经费超支,就要分析原因,及时采取措施进行协调控制,也就是以最后结果作为改进措施的基础。

(四)决策职能:

所谓决策是人们在改造世界过程中,寻求并实现某种最优化预订目标的活动。具体来说,就是图书馆在管理者的组织与指挥下,依据图书馆工作的客观规律,确定图书馆的行动目标,选择行动方案并加以实施的全过程。图书馆在实现目标过程中,有若干行动方案,每种方案都各有利弊,这就要求管理者进行比较评价,从中选择最优方案。这种选择贯穿于图书馆管理活动中。决策水平的高低,影响到管理成效,甚至目标的实现。当图书馆要扩大服务面,增加阅览空间时,就存在几种方案:可以调整业务部门场地;也可以剔除陈旧藏书、缩小书库空间;还可以扩建阅览室等等。每种方案都要管理者进行权衡,一旦决定就要编制方案,组织实施,否则正确的决策也会失去价值。

1.决策的类型:

(1)组织决策与个人决策:这种决策类型是以决策者为区分标准的。馆长授权由管理部门制订计划、检查计划,称之为组织决策。若图书馆工作人员申请晋升职称,则属于个人决策,这个决策不能也不必授权由别人去做。

(2)基本决策和例行决策:基本决策是指关系到图书馆长远发展和重大利益的行动方案的选择。如图书馆决定采用现代化手段进行管理和检索,这就涉及图书馆技术手段、方法、经费、人员结构等方面,这种决策是图书馆基本决策。而图书馆藏书组织要不断地补充新文献,剔除不适用的藏书,要按规定原则进行选择,这种选择是例行决策。

(3)程序决策与非程序决策:图书馆的业务工作重复性大,有一定业务程序,每个工作人员可以按编制的程序进行工作,解决问题,这就属于程序决策。而非程序决策是指面临新的情况或比较复杂的问题,没有既定程序可以遵循,需要一种新的非结构型决策。例如:图书馆考虑增设缩微文献部,这是图书馆新问题,没有既定程序作依据。这种决策涉及面比较广,文献检索、书目参考、辅导研究等,各专题不同,难易程度不一,创造性劳动比重较大,也没有固定程序,其行动方案选择属于非程序决策。

2.决策的基本程序:为了达到目的,要从若干个行动方案中,选择可行的行动方案,这个选择过程就是决策程序。其程序包括:发现问题并挑选目标:按目标拟定方案;评价可行的方案以及挑选出可行方案。图书馆若确定降低拒借率为目标,围绕这个目标的实现可以拟定几种方案:扩大购书量、增加复本率、开架阅览、馆际互借……等方案,这就要从这些方案中进行分析评价,最后作出抉择。

3.决策的技术方法:包括边际效用分析法;费用和效益分析法;实验方法;研究与分析法;偏爱选择法等,对于图书馆管理者都是适用的。

第三节　图书馆管理体制和系统

图书馆管理体制,涉及图书馆组织机构的设置和各级管理权限的科学划分等。图书馆管理系统,是由相互作用和相互依赖的若干个部分组成的、具有特定功能的有机整体。图书馆管理体制和系统,从根本上来讲,是对图书馆实行科学管理的组织保证。

一、图书馆管理体制

(一)在一馆范围内,实行馆长负责制:建国以来,我国图书馆管理体制经历了一系列的演变,积累了正反两方面的丰富经验。

图书馆管理体制问题仍然需要在实践中发展、完善。多年来,由于管理体制不够完善、不够健全,在实际工作中没能正确处理党政关系问题、集体领导与个人负责的关系问题,因而影响了图书馆效能。可以这么说,解决好图书馆管理体制问题,是搞好图书馆现代管理的前提。

实践表明,在党的政治领导下,图书馆实行馆长负责制是图书馆行之有效的管理体制。实行馆长负责制是建设现代化图书馆的要求。在一场以信息为中心的新技术革命中,图书馆技术程度高、分工精细、业务活动复杂,因此,需要由馆长统一指挥,以适应经济、科学技术的发展对情报信息的需求。过去,图书馆的领导体制,事无大小都由党组织负责。党组织埋头于日常行政事务,既不能很好地研究党和政府的各项方针政策如何在图书馆落实,也不能把主要精力放在加强党组织和职工队伍的建设上,没有更多的时间做好思想政治工作,更没有精力研究图书馆业务的改革和图书馆的现代化问题,因而往往出现工作效率低和无人负责的现象。实行馆长负责制,图书馆的党组织可以从大量的行政事务堆里解放出来,从而能够去保证和监督党和政府的各项方针政策的贯彻执行,集中精力加强党的思想建设和组织建设、加强对图书馆工会、共青团的领导,进一步做好思想政治工作,这样并没有削弱党的领导,而是加强了党对图书馆的领导。

一馆之内,实行馆长负责制,馆长的职责是:1.贯彻执行党和政府及上级主管部门的方针政策、决议;2.规划本馆的发展;3.负责处理本馆的行政、业务、经费等方面的重大问题;4.聘用和任免下属人员;5.向上级主管部门请示汇报工作;6.向全馆大会与馆务委员会报告工作等。

(二)成立馆委会,实行民主管理:图书馆现代管理的一个重要特点,是依靠各种专业人员组成集体的参谋班子。当代科学技术发展趋势,要求图书馆管理在各学科知识的基础上,搞好学科间

278

协作,依靠一人单枪匹马、依靠一门专业知识已不能推行图书馆现代管理。办一个图书馆,不仅要求贮存丰富的文献信息,而且要求藏书数量与社会需求协调,以最低消耗来谋求最大的社会效益。要适应这一要求,各馆应在实行馆长负责制的同时,加强图书馆的民主管理,防止个人独断专行。为此,应建立由馆长、馆员代表、职工代表、党政工团代表、民主党派代表组成的馆务委员会,讨论图书馆的重大问题。馆务委员会的职责主要是提供及时、准确而充分的信息,在充分调查研究,综合各方面意见的基础上,制订出若干个方案进行比较,然后由馆长进行综合、比较、权衡利弊,做出决策。在采取重大措施前应做必要的科学论证,使馆长有选择余地,预见决策的后果。

二、图书馆管理系统

(一)图书馆管理机构:一个图书馆管理机构的设置,要以系统分析的理论和方法为依据。系统方法要求从系统的整体出发研究复杂的、多层次、动态的事物,把构成该事物的相互关联的诸因素按其本来面目视为一个整体,视为一定时间和空间范围内运动着的一个系统。推行现代管理,图书馆就要建立综合管理系统。该系统由垂直子系统结构和水平子系统结构组成,区分出管理层次和部门结构。可以根据管理活动的不同,按职能划分图书馆垂直子系统,包括有:业务子系统、财务子系统、人事子系统,后勤子系统。为了协调各子系统的相互关系,使各子系统围绕整体目标开展活动,还要建立横向水平子系统。它是对各职能子系统进行协调和管理的,从横向划分,包括有三个层次:最高管理层、中级管理层、基层管理层。如图所示:

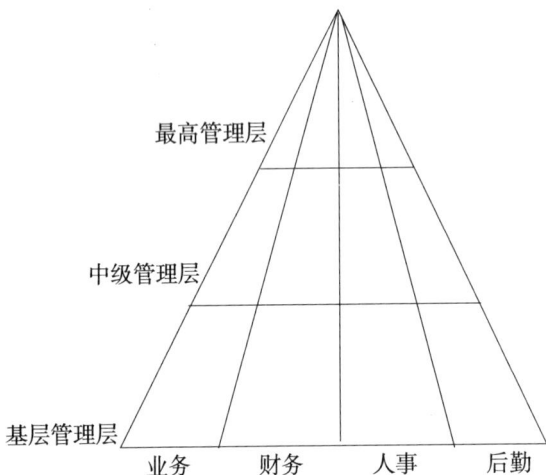

最高管理层

中级管理层

基层管理层　　业务　　财务　　人事　　后勤

1. 最高管理层即图书馆领导管理层,是图书馆最高决策层,围绕图书馆整体效益总目标统一指挥和综合管理,包括建立以馆长为中心配备若干副馆长以及馆长办公室人员组成的指挥机构。

2. 中级管理层即图书馆业务经营管理层,是管理系统的执行部门。包括图书馆财务、人事、后勤部门以及采访、分类编目、流通保管、阅览、参考咨询、研究辅导、技术服务等业务部门的管理者。以全馆的行政目标为基础,按照指挥机构制订的目标,拟定各部门具体目标,协调部门间关系,负责制定实现目标的任务、实施程序、评价成绩标准以及修正方案和拟采取的措施。图书馆在指挥机构作出决策后,工作质量、效果在很大程度上取决于图书馆中层管理的工作状态。它的目标是围绕提高图书馆工作效率和效益,把图书馆人、财、物等因素合理组织起来,使每个部门、每位工作者都有明确的职、权、责,充分发挥人、财、物作用,保证管理渠道畅通。图书馆综合效果是中层管理活动有效性评价标准,最终反映在读者服务质量、社会效益等环节上,它是衡量图书馆管理的最终指标。

3. 基层管理即图书馆的作业管理层,是图书馆管理系统中的基本单位。根据中级管理层下达的任务、工作程序来组织、指挥、实施作业，并在实施过程中及时反馈，控制所出现的偏离现象。

图书馆管理机构由垂直子系统和水平子系统构成纵横交错的综合管理机构。这种形式对于上下级之间信息交流，各职能部门之间信息沟通、反馈、控制，能起到强化作用，有利于图书馆整体效益的提高，有利于各子系统协调一致。

（二）图书馆专业队伍：图书馆的工作队伍由图书馆专业人员、技术人员、工人以及图书馆管理人员四部分组成。图书馆专业人员是这支队伍的重要组成部分，它是形成图书馆业务活动能力的决定因素。图书馆业务工作的成效，在很大程度上取决于这支队伍的能力。图书馆事业建设没有一支足够数量，具有一定素质的专业队伍是不行的。这支队伍的知识结构、人员素质、业务水平直接关系到图书馆总目标的实现。

1. 数量结构协调：图书馆业务活动是通过专业人员来实现的，他们肩负着完成图书馆职能的重任。图书馆社会效益高低、服务质量好坏，与专业人员密不可分。任何事物都存在质与量的规定性，图书馆专业人员也存在质与量两方面要求。没有一定数量的比例协调的专业人员，图书馆不可能实现最佳效益。例如，1981年10月15日原教育部颁发的《中华人民共和国高等学校图书馆工作条例》明确规定："各校可参考下述比例研究确定本校图书馆专业人员的编制：(1)学生一千人，藏书五万册配备十五名专业人员为基数；(2)在此基数上每增加一百名学生，五十名研究生各增加一名专业人员；每增加五万册藏书增加一名专业人员；年平均进书量一万册配备三名专业人员。"这个条例规定了高校图书馆专业人员的基数，专业人员比例及其与藏书数量、读者数量的关系。这种比例合理与否，要在实践中证明。但它反映出专业人员数量配比取决于图书馆工作量，工作量大小又与工作范围、馆藏数量、读者人数、服务深度密切相关。虽然还没有确切的人员配备计算公式,能够表述上述几方面与专业人员数量关系,而这些因素却给我们提供了配备专业人员的参考依据。

2. 知识结构科学:图书馆要实现高质量、高标准服务,首要的问题是建设一支德才兼备的专业队伍。当前社会各个领域都面临着新技术革命的冲击,现代科学技术迅速发展,新成果、新技术不断涌现,知识不断更新,知识信息数量膨胀,信息的开发与利用程度取决于文献揭示深度和广度,图书馆传统的加工手段和流通方式,已不能适应社会发展的潮流。新形势对图书馆专业人员提出了更高的要求,要有一支知识结构合理的专业队伍,才能适应新的形势,促进图书馆事业的发展。

图书馆专业人员知识结构要符合知识整体化的要求。当代科学技术发展综合化,学科之间彼此交叉渗透,专业人员要具备完整的知识构成。所谓完整,就是要符合科学技术发展特点,从科学的完整性出发,来配备专业人员的知识构成。图书馆专业人员知识结构包括:政治理论知识、专业知识、专门知识、语言知识等。这些方面的知识是相辅相成的,互为条件的。图书馆业务工作复杂,要求专业人员根据具体工作需要,具备必要知识。由于受图书馆工作特殊性制约,不可能对专业人员的知识结构作出统一规定。

3. 素质结构优化:图书馆以拥有的文献知识成为广大读者服务的社会机构,它不仅是知识宝库,而且具有鲜明的社会服务属性,以频繁的读者服务为业务核心,提高图书馆社会效益,必须使专业队伍具备一定的思想业务水平。除了具有坚定正确的政治方向、热爱图书馆事业、高度责任心、严谨的工作作风外,还应有以下素质:

敏感的政治嗅觉:对所处时代的政治形势,科学技术发展所带来经济、社会形态变化,要有敏锐的嗅觉和客观分析态度,用以指导行动。

活跃上进的思想:要符合面向现代化、面向世界、面向未来的要求。即立足于本专业,放眼世界,捕捉层出不穷的新学科、新理论,新思想,勤于思考,勇于进取,要有正确的思维方法,对反映客观世界的新理论进行分析、推理、归纳,指导专业理论研究。

坚韧不拔的毅力:对知识信息开发利用的深度和广度,要有坚韧的精神和耐心,并在此基础上发挥主动性和创造性。

广博扎实的知识:要具有宽厚的知识基础、扎实的专业知识以及专门的技术知识。

高尚的职业道德:这是专业人员应具备的主要素质,也是社会主义图书馆事业队伍的基本特征。表现在具有马克思主义世界观和共产主义道德,坚持四项基本原则,有全心全意为读者服务的极端负责精神;要以热情加科学的态度投入图书馆事业活动,甘做社会主义两个文明建设的后勤兵,具备"铺路石"和"人梯"的自我牺牲精神;在工作中尊重读者、尊重同志,树立集体主义精神;要热爱读者,有文明的服务语言和热情的服务态度。

4.智能结构多层次:1981 年由国务院颁布的《图书、档案、资料专业干部职称暂行条例》,将图书资料专业人员分为高(研究馆员、副研究馆员)、中(馆员)、初(助理馆员、管理员)三级,这符合图书馆多层次知识构成的工作性质。一定规模的图书馆,不能都是学者、专家,也不应全是中级人员,因为图书馆工作包含有学术性、技术性、事务性三种类型,既有复杂的脑力劳动,诸如参考咨询、文献检索、研究辅导、分类和主题标引,也有只经过大专、中专培训就能胜任的查重、编目等技术性工作,还有为数不少的初级人员承担的采购核对、个别登录、打卡排片、贴书标、盖章等工作。从繁到简的不同工作构成图书馆工作整体,不论那一层次的工作都是图书馆业务活动的组成部分,只是存在着复杂与简单劳动的差别。这就有必要按不同程度分层次配备业务人员,否则将造成人才浪费。

图书馆专业人员应按照脑力劳动、体力劳动,以劳动繁简程度所要求知识素质的差异组成分层次的专业人员结构。应将馆员、助理馆员、管理员承担的工作区分开来:馆员以上的专业人员一般尽可能地担任学术研究工作;助理馆员协助馆员并在其指导下从事业务工作;管理员承担专业技术工作;管理员以下担任事务性工作。高一级职称专业人员对下一级专业人员的工作有指导责任和权力,下一级职称专业人员应协助高一级职称人员的工作,从而形成一个级次、职责相对应的专业人员结构。

5.年龄结构合理:图书馆专业人员的年龄构成应有合理比例,各项专业性工作都应组成老、中、青三级梯队。一般来讲,老年人的工作经验丰富;青年人精力旺盛、思想敏捷、更具创新精神;中年人承上启下,是业务骨干。专业人员在部门构成、业务项目配比上,要注意年龄结构,不能单靠某一代,要符合客观实际,不能违背自然规律。要使各项业务都有老、中、青的协作,才不致出现青黄不接现象,专业队伍才能健康发展。

在图书馆专业人员结构中,知识结构科学化是关键。只有建立起一支拥有一定数量、最佳素质结构、最佳知识结构、最佳智能结构以及最合理的年龄结构的队伍,才能保证图书馆工作实现优质高效,使图书馆真正成为知识领域的开拓者、传递者,以适应新时代、新形势的需要。

(三)图书馆的领导活动:领导活动是指图书馆领导者为实现某种目标而进行组织、指挥、协调、控制的行为过程。图书馆的有效领导是取得管理成效的决定因素之一。管理是否有成效,取决于领导活动所获得的效果。领导活动的主体是领导者,领导活动成效的大小,直接影响管理效能,在某种意义上讲,领导者及其活动在管理中起主导作用。合格的领导者应当能组织、影响他的下属人员,使他们充分发挥自己的能力和积极性。图书馆管理系统中,也存在着各级管理者在其岗位上实行领导活动问题。

1.领导:

关于领导的概念有许多种解释,通常认为领导是一个人向别人或集团给予影响,使其朝着确定的目标努力的一种活动过程。有人把施加影响解释为权力或威信,包括下列几项:

(1)强制权:建立在下属要服从上级的基础上,违反者要受到惩处,诸如上班迟到、旷工等违反纪律行为。管理者要加以干涉和处置。

(2)奖励权:与强制相对应,工作人员服从管理者,可以获得精神或物质奖励、表扬,包括评比先进、奖状、奖金等形式。

(3)法定权:上级规定了管理者在其所管辖组织中的地位,馆长要比各部主任有更多的法定权限,管理者的地位与法定权力是一致的。

(4)专长权:具有某种专门知识和业务专长的人,可以获得同事及下属人员的敬重和服从。例如:熟悉善本书鉴别、裱修技能的专业人员,在古籍整理业务中,就拥有该技能的专长权。

(5)个人影响权:馆长、副馆长、部主任以及组长应具有好的作风和品德,积极影响全馆工作人员。管理者以身作则,使工作人员敬佩和拥护,并接受其影响。

2. 领导者的素养:

领导者的素养是指领导者的素质和修养。素质通常偏重于指先天的禀赋、资质,而修养一般指后天的知识积累和锻炼。实现图书馆有效领导,实质上是处理好各级管理者与下属工作者及环境等方面关系所取得的结果。从这点来看,领导也是一种相互关系的行为,是正确处理图书馆的人际关系,人与工作或人与工作目标关系的一种行为。所以图书馆各级管理者应具有政治思想素养、知识素养、组织管理素养、道德品格素养等。具体表现为:

(1)要有强烈的事业和政治责任感,热爱图书馆事业,是本馆工作人员的榜样。

(2)要有胜任领导工作的管理知识、业务知识和专业知识。

（3）要有较强的组织能力，熟悉政策、法令，能够通过各种渠道掌握信息，及时分析、并作出正确反应，指导全盘工作。

（4）要有领导艺术，善于集中群众意见，善于围绕全馆目标，切实有效地实现。

（5）要有密切联系群众，团结同事的民主作风，平易近人、作风朴实、关心他人、严于律己、尊重下属权力，不越级指挥。

图书馆各级管理者领导效能的表现：

（1）有效地利用时间：马克思指出："一切节约归根到底都是时间的节约。正像单个人必须正确地分配自己的时间，才能以适当的比例获得知识或满足对他的活动所提出的各种要求，社会必须合理地分配自己的时间，才能实现符合社会全部需要的生产。因此，时间的节约，以及劳动时间在不同的生产部门之间有计划的分配，在共同生产的基础上仍然是首要的经济规律。"①领导者的时间效能，表现在时间的使用和节约技能上，它直接影响到领导效能，最终影响到图书馆的整体贡献。时间是管理者的稀有资源，图书馆领导者要珍惜时间，科学利用，不把精力消耗在毫无贡献的工作上，要把时间、精力集中在组织最具成效的工作上。

（2）重视成效和贡献：图书馆领导者是管理中起主导作用的角色，他是权力、责任、服务的统一体现，要正确运用上级所授于的权力，履行职责，进行服务，才能获得效益。首先要注重与职责相应的事务，也就是注重直接的成效和贡献，着眼于图书馆的目标，以及图书馆和事业的发展、人才资源开发等。领导者重视图书馆成效和贡献，实质上是领导者的办事效能，它关系到图书馆的前途和事业的发展。

（3）知人善任：这是图书馆领导者的用人效能。领导者的领

---

① 中共中央马克思恩格斯列宁斯大林著作编译局译：《马克思恩格斯全集》，第46卷上册，人民出版社，1979年7月，第120页。

导活动是通过对部属的影响,由部属的活动表现出来的。图书馆人员的配备和使用,影响到图书馆每个工作人员的主动性、积极性、创造性的发挥,也影响到图书馆的整体效益。图书馆除了少数领导者、管理人员外,大部分是工作人员,对部属的选拔、配备、使用构成了图书馆领导者效能的一个重要内容。评定图书馆领导者用人效能,一是看用人适当量与用人总数之间比例关系。全馆用人总数中,适当用人数量越多,比率越高;反之就越低。二是看部属能力发挥状态与潜在能力之间的比例关系。部属蕴藏的潜力发挥得充分,比率就越高,反之比率越低。这两个比率都说明图书馆领导者是否知人善任。

第四节　图书馆的管理手段和方法

图书馆的管理手段和方法,由图书馆管理的根本目的所决定。对图书馆的管理手段和方法如何选择与运用,必将影响到图书馆管理目的的实现与否。这是因为,它们是实现对图书馆科学管理的必要措施和途径。

一、图书馆的管理手段

图书馆与工厂、企业不同,它的任务不是物质生产,而是通过物质条件为广大读者服务,为社会服务是它的基本出发点。最大限度地发挥图书馆人力资源、物质资源的积极作用,对图书馆的人、财、物的管理在图书馆管理活动中占主导地位,这就决定了图书馆既有管理职能,又有服务于社会的职能,这是图书馆管理的特殊性。单纯以行政命令难以调动全馆成员的积极性,也难以提高图书馆工作效率。图书馆管理活动要采用现代管理方法和手段遵循图书馆工作的基本规律才能实现图书馆的目的。

（一）机构

科学的机构体制是实现图书馆现代管理的手段,机构设置合乎图书馆活动规律,才能达到效率倍增的目的。图书馆机构设置要以系统分析理论和方法为依据。图书馆管理系统是一个人造系统,它是由人、文献、设备、资金、任务和信息六因素组成,它们在图书馆管理系统中形成"物流"和"信息流"。这两大流在系统中持续运行,不断转化。图书馆管理就要探索它们的流动条件,掌握它们的相互联系、相互作用的运动规律,促进流动畅通,才能实现最佳整体效益。要把图书馆系统中两大流合理协调起来,有赖于科学的机构设置,组成特定形式。机构设置合理与否,关系到两大流的运行、关系到图书馆效率倍增、关系到图书馆的整体贡献。

（二）人员

这里指的是图书馆管理人员,人是图书馆管理活动中最重要的因素,也是最活跃的因素。图书馆的组织机构由人组成,管理职能也由人来实现,作为管理手段的信息和方法也与人密不可分。管理效率仍然取决于管理人员的积极性、创造性、主动性以及管理水平。图书馆要有一支思想觉悟高、责任心强、业务过硬的管理人员,才能推行现代管理,并使图书馆的综合效益最佳化。因此,图书馆要重视这支队伍的建设和开发,进行科学技术、业务知识、管理科学的教育,提高管理人员的素质和水平。

（三）信息

随着科学技术发展,图书馆业务范围日益扩大,自动化水平不断提高,服务质量要求高标准,图书馆管理信息不断增加,及时收集、分析、处理、运用这些信息,对图书馆活动进行合理规划和有效控制,才能提高管理水平。

图书馆自身是一个信息系统,各项工作都离不开信息,管理工作要利用信息这个基本手段,为图书馆决策提供依据。

在图书馆管理系统中,存在着物质流动和信息流动,前者指图书馆输入文献,经过工作人员和利用设备进行加工,将非物质形态的知识产品投入知识产品信息交流中,在其流动过程中,伴随着信息流动,如计划、工作规程、标准、工作细则、岗位责任制等。信息流动是为物质流动服务的,它起着支配、组织、控制物质流动的作用。在流动过程中,通过信息及时反馈工作环节的故障并及时排除,以保证图书馆工作处于正常运转状态。在管理中正确运用信息,是提高管理水平的重要一环,也是实现图书馆现代管理的主要手段。

（四）法

提高图书馆管理效率,要使人、财、物、信息合理流动,需要有法,通过政策把规章制度固定下来,使图书馆管理制度化,管理才有依据和准则,下层机构和人员的工作避免盲目性、增强自觉性,保证管理活动正常有序,促进管理系统总效率的提高。

图书馆的规章制度使管理达到条文化,让各层次管理人员按章程行使各自的职权和职责,全体工作成员在实现总体规划和执行计划时有章可循,整个图书馆工作才能有序地进行。

图书馆的规章制度要解决每个岗位工作人员应该做什么以及怎么做的问题,用岗位责任制规定出各工作岗位的工作内容、范围和要求。同时,还要制定工作细则,把工作程序制度化,让每项工作都有衡量标准,全馆的各项工作、每个成员有可遵循的法规,图书馆工作才能走上条文化、规范化的管理轨道。

二、图书馆的管理方法

这是图书馆现代管理很重要的一个方面。只有掌握管理方法,才能使现代管理的理论具体落实到图书馆管理实践中,实现管理的目的。现代管理的方法很多,通常包括三大类:

一般管理方法:指管理中普遍适用的方法,包括系统方法、逻辑方法、数学方法、统计方法;

特殊管理方法:指运用于特殊部门、特殊对象的管理方法,包括库存控制方法、动时研究方法;

具体管理方法:指管理工作中要解决具体问题的技术和使用的各种物质手段,有许多类型,因事而异。

下面我们只介绍图书馆管理中常用的几种方法:

(一)系统方法:我国科学家钱学森指出:"系统工程是组织管理系统的规则、研究、设计、创造、试验和使用的科学方法,是一种对所有系统都具有普遍意义的科学方法"。[①] 系统工程是一种新型的组织管理技术。运用到图书馆管理中,主要是用系统思想、观点和定量化的系统方法来分析、处理图书馆管理实际工作中的问题,也就是从图书馆的全局系统的观点出发,运用信息论、控制论和运筹学等学科理论,研究系统内部的各种有机联系和矛盾,并通过简洁语言、数据、曲线、图表来表述,寻找几种可供选择的方案,提供分析、判断和决策的依据。

1.图书馆管理系统诸因素:

人是第一因素,是图书馆管理的主体。包括数量和质量两方面。随着科学技术发展,对人的知识、技能要求不断提高,调动人的积极性,增强人员素质,成为图书馆管理中的重要问题。

文献是图书馆活动的物质基础,在管理过程中要求及时收集,合理使用,制订出合理的采购量,控制库存。

设备包括馆舍、机电设备、仪器、工具等。管理中设备技术水平是衡量管理现代化的指标之一,要研究提高设备利用率以及积极采用先进技术装备。

资金包括各种费用和财力,合理安排和使用图书馆经费,加强财务管理和经济核算。

任务是指图书馆目标,更有明确性,要有数量和质量指标。

---

① 刘莉、金立顺编:《企业系统工程》,辽宁人民出版社,1984年11月,第9页。

信息包括图书馆计划、图表、数据、规章制度以及决策。信息是图书馆管理的枢纽,信息及时,准确,才能把各方面情况沟通起来。在图书馆管理中信息要求畅通、经济、及时反馈。每个岗位的管理者都有责任自觉反馈信息,信息滞留,会造成管理指挥失误,导致管理混乱。

上述六因素在图书馆管理系统中是在不断运动、变化着的,要实现图书馆总目标,完成总任务,就要使上述诸因素在管理系统中的流动畅行无阻,这是图书馆管理者的职责。

2. 系统工程方法:

本世纪六十年代以来,系统工程的研究引起了不少学者关注,它已运用到各个学科领域,跨越了自然科学和社会科学的界限,在长期研究中已形成一套科学的方法和步骤,成为一门跨越各个学科领域的方法性学科。系统工程是一门纵览全局、着眼整体、综合利用已有的各学科知识的思想和方法,处理系统各要素的配合与协调,应用数学方法和计算机工具,来规划、设计、组建、运行整个系统,使系统的技术、经济、社会效果达到最优的方法性学科。

系统工程在处理系统问题时,有一套工作方法和步骤。由于经验和专业不同,采用的方法也就不同。影响较大的是美国系统工程专家霍尔提出的系统工程三维结构,即逻辑维(解决问题的逻辑维)、时间维(工作阶段)、知识维(专业科学知识)。这里所谓三维,实质上是考虑问题的三个侧面。近几年来,在实际应用中表明三维结构在处理工程技术问题时较有效益,但涉及社会因素、心理因素时,就显得不足了。有人又提出多相分析方法,它包括技术分析、组织分析、个人分析,这样就全面地从各方面对问题加以研究了。

(二)计量方法:在图书馆管理中运用数学方法已有较长历史,但作为一般普遍的管理方法则始于五十年代。图书馆管理工作采用定量和定性分析相结合的方法。定量分析是指在图书馆工作中用数量表示指标的分析和统计。如：藏书流通量、上架率、呆滞率、阅览频率以及各项工作定额指标。定性分析是指不使用数量表述的指标分析，这些因素只能凭经验估计分析和主观判断来处理。如：服务质量、服务态度等，管理中计量方法是定量分析的具体方法，要以运筹学为基础。在图书馆管理方面，运用运筹学具体有：数学规划模式、库存控制、决策分析模式以及计划评审技术等。

(三)控制方法：

1.一般控制方法：

(1)预算控制：用数字表示图书馆预期结果，是反馈信息、检查计划的依据，常采用图书馆收支预算、现金预算、经费支出预算和平衡预算等。

(2)亲身观察：管理者到现场了解情况，及时进行控制。虽然不是一种完全的控制方法，但在图书馆管理中采用这种方法能收到好效果。深入到现场，可以了解从表报中无法反映的信息，如：读者要求、读者反映、馆员工作作风、文明办馆甚至借阅排队现象产生原因等，通过现场观察进行控制是有效的方法。

2.专门控制方法：

(1)资料设计方法：图书馆采购、流通工作的各种报表，藏书借阅统计表等，是根据管理工作人员需要而设计的报表。预先把要求的资料归类分档，进行设计，从填报表中获取所需资料。借助这些资料可以改善工作，如：藏书借阅频率统计，可以提供制订藏书剔旧方案的依据。

(2)时间文件分析方法：协助图书馆管理者掌握计划中各项目进展情况，发现问题，采取措施，保证计划如期完成。常采用"甘特图"，以某项工作完成时间为横轴，纵轴表示工作项目名称，以线条长短记入表中，反映出项目中各工序起止时间，将工序和时间关系用图表示出来，但不能反映出各工序间相互关系。如图：

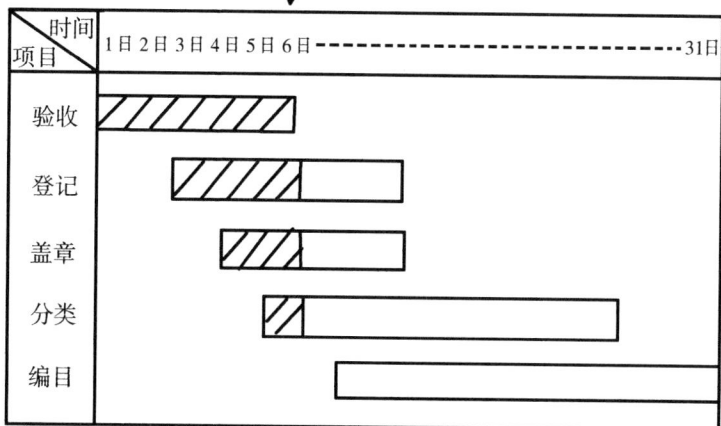

项目 \ 时间	1日 2日 3日 4日 5日 6日 - - - - - - - - - - - - - - - - - - 31日
验收	
登记	
盖章	
分类	
编目	

▲ 现在完成计划时间

除上述几种方法外,图书馆管理还要配合运用社会方法和心理方法。图书馆工作人员对工作的态度,以及工作接触产生的人际关系,要处理好这些问题,应运用社会方法:

1.管理群体法:图书馆管理者要使每个成员相互配合,同心协力实现共同目标,运用民主集中制的管理方式,既有民主一面,也要有一定的强制性。

2.管理群体内部法:群体生活的内容十分丰富,在管理中可采用传统教育,宣传教育以及沟通思想的工作方法。

3.管理个人行为法:采用说服教育方法提高工作人员的觉悟,使个人行为符合社会和图书馆法规的要求。同时还要配合物质、精神、法制为基础的制度,进行个人行为管理。对于工作人员的工作态度,要运用心理方法。因为人的实践活动,都是以人的心理作用(思维、想象力、注意力、自我推动)来实现的。西方管理学中的"行为科学"学派,注重研究人在生产活动中的作用,注重发挥人的主观能动作用。我们是社会主义图书馆,在管理中运用这种方法与西方有质的区别。工作人员是事业的主人,事实证明,在我们图书馆管理中,工作人员的心理状态好坏会影响工作效率。当某位工作人员心情处于不佳状态,要求他用最佳服务接待读者是比较困难的。图书馆先进工作者即使没有物质奖励,仍起模范作用。这种事例在长期图书馆实际工作中屡见不鲜,就是很好的例证。所以图书馆管理者要研究工作人员心理因素,除了政治思想工作以外,要运用心理学、社会学、行为科学的理论、原则、方法,充分调动工作人员的积极性。在管理中实行民主管理,让馆员们参与管理活动中的重大问题的决策,使每位馆员看到自己在图书馆活动中的作用,置身于与馆长、各个管理者同心协力的民主管理气氛中。

本章小结

本章分四节介绍图书馆的现代管理,从总体上概括地说明图书馆管理概念、图书馆管理的必要性,图书馆管理的原则、职能、手段、方法以及图书馆管理体制、管理系统。

第一节简述管理、图书馆管理的含义以及在图书馆活动中推行现代管理的必要性。管理是从人们共同劳动中出现协作和分工开始的,它是为实现最佳目标,根据一定方针、政策而进行的一种决策、计划、指挥、控制、协调的综合活动。图书馆管理还没有一个统一的定义,从几个比较典型的含义可以看出,图书馆管理是指应用现代科学技术的原理和方法,合理组织图书馆活动,有效地利用图书馆的人力资源和物质资源,发挥其最大作用达到预定目标的过程,并在此过程中不断审查改进,最终获得满意结果。

在图书馆活动中推行现代管理的必要性:科学技术发展的必然结果;提高图书馆工作的效率的重要机理;提高图书馆效益的有力措施;图书馆现代化的重要标志。

第二节概括地阐述图书馆管理原则和职能。图书馆管理活动要在管理原则指导下进行。当前对于图书馆管理原则看法不一致,我们认为图书馆管理原则主要有:民主集中制原则;系统原则;分合原则;反馈原则;动力原则等。

图书馆管理职能也可称为功能,存在于图书馆管理活动过程中。在这节中概述图书馆管理职能,包括计划职能,组织职能,控制职能,决策职能。

第三节关于图书馆管理体制和管理系统。根据建国三十多年来在图书馆实践中积累的正反两方面的经验,提出在一个图书馆范围内,应实行馆长负责制的管理体制,它是搞好图书馆现代管理,提高管理效能的前提。同时还提出配合馆长负责制应实行馆长领导下的馆务委员会制,以及馆务委员会的职责,并简述馆长负责制和馆务委员会制的关系。

图书馆管理系统问题,从三方面进行了阐述:图书馆管理机构、图书馆专业队伍以及图书馆领导素养。首先提出要从图书馆系统的整体出发,建立纵横交错的综合管理系统。它是由垂直子系统和水平子系统结构组成。垂直子系统是按职能划分的,包括业务、财务、人事、后勤四个主要子系统。水平子系统是为了协调各职能子系统,从横向划分为高层、中层、基层三个管理层次。

其次,关于图书馆工作队伍,重点介绍图书馆专业队伍与图书馆建设的现实意义,以及专业队伍建设要达到数量结构协调、知识结构科学、素质结构优化、智能结构多层次、年龄结构合理。

最后从领导活动的产生入手简述领导者在领导活动中的作用。领导者及其活动在管理中占主要地位,图书馆的有效领导取决于领导活动效果以及领导者的素养。提出图书馆领导应具备有政治思想素养、知识素养、组织管理素养以及道德品格素养。初步提出图书馆管理者领导效能的表现,包括有:时间效能、办事效能以及用人效能。

第四节扼要介绍图书馆管理手段和方法。提出图书馆管理手段是指图书馆机构、人员、信息和法。同时简述图书馆管理方法，除运用系统方法、计量方法、控制方法以外，还指出应配合运用社会方法和心理方法。可以采用管理群体法、管理群体内部法、管理个人行为法。

图书馆管理是在长期实践经验积累的基础上，运用管理学的基本理论和方法，从图书馆这特定的专业实体出发，照抄照搬国外管理理论是行不通的，要结合图书馆实际加以运用。这项任务是艰巨的，需要图书馆管理人员、专业人员、技术人员同心协力，在管理活动中不断探索、不断总结，逐步完善图书馆管理。

本章思考题

1.怎么理解管理和图书馆管理的概念？图书馆实行现代管理的重要性是什么？

2.图书馆管理的原则是什么？如何在实践中运用？

3.如何理解计划职能是图书馆管理的基本职能？

4.图书馆管理的组织原则内容是什么？有哪几种组织结构模式？分析比较各种模式优缺点。

5.图书馆管理的控制职能含义是什么？控制程序包括哪几个步骤？

6.什么是决策职能？决策有哪几种类型？举例说明。

7.领导的含义是什么？图书馆领导者应具备什么素养？

8.图书馆管理手段有哪几个方面？它们之间关系如何？

9.图书馆经常采用哪几种管理方法？

10.举例说明图书馆管理中对人的心理因素研究的必要性

本章主要参考文献

1.罗伯特·D·斯图亚特　约翰·泰勒·伊斯特利克合著　石渤译：

《图书馆管理》 书目文献出版社　1984年8月

2.小詹姆斯·H·唐纳利等著　李柱流等译:《管理学基础——职能·行为·模型》　中国人民大学出版社　1982年1月

3.王众托　张军编著:《系统管理》　辽宁人民出版社　1985年4月

4.彼得·F·杜拉克著　许是祥译:《有效的管理者》　中华企业管理发展中心　1978年3月　第三版

5.北京大学图书馆学系　武汉大学图书馆学系合编:《图书馆学基础》商务印书馆　1983年2月

6.朱镕基主编:《管理现代化》　科学普及出版社　1983年12月

7.刘德元:《谈谈图书馆的管理工作》《图书馆工作与研究》　1982年第1期

8.黄宗忠:《试论现代图书馆管理》《武汉大学学报　社会科学版》1981年第6期

9.黎盛荣:《图书馆管理学初探》《图书馆工作与研究》　1984年第3期

10.汪恩来　张德芳:《关于图书馆管理的意义、目的、内容和方法》《四川图书馆学报》　1980年第3期

11.张晓林:《图书馆的效益问题》《图书馆学通讯》　1984年第2期

12.刘新华:《图书馆系统工程初探》《图书馆学通讯》　1981年第3期

13.谢俊贵:《信息反馈与图书馆决策》《图书馆学研究》　1984年第2期

14.唐作新:《试论我国高校图书馆馆长人才素质》《图书情报工作》1984年第2期

15.蔡迪申:《论图书馆工作者的知识结构及核心知识》《图书馆学刊》1983年第3期

16.田特平:《图书馆精神文明建设探微——漫谈图书馆员的职业责任》《图书馆学通讯》　1984年第1期

17.钱振新:《论情报资料人员的素质要求》《图书情报工作》　1984年第2期

18.侯廉实:《图书馆职业道德实现的途径》《湖北高校图书馆》　1984年第2期

第九章　比较图书馆学

图书馆学成为独立学科以来，随着学科领域中知识信息量的不断增长、研究范围逐渐拓宽，导致图书馆学分化成若干分支体系以及新的研究领域。与此同时，出现了学科的交叉、综合，逐渐形成新的知识门类，比较图书馆学就是图书馆学中的一个分支学科。

比较图书馆学是一门新兴学科，它在我国至迟问世于本世纪三十年代。近几十年来，比较图书馆学研究在国际上已引起学术界的广泛注视。比较图书馆学的研究范畴是相当广泛的，它不仅探讨各国图书馆事业的发展规律，而且还将图书馆学与其他学科的联系作比较研究，从而揭示其内在规律，促进图书馆事业及其理论研究的发展。

第一节　比较图书馆学的研究对象与目的

当前很多国家对比较图书馆学研究日益重视，纷纷著书立说，但对比较图书馆学的定义、研究对象及范围尚未形成共同的意见，作为一门新兴学科，这是不可避免的过程，我们有必要先从基本概念入手，弄清什么是比较图书馆学。

一、什么是比较图书馆学

比较图书馆学是图书馆学的一门分支学科,有它独自的萌芽、形成、发展过程,也有它自身的研究对象、范畴和目的。作为一门新学科,它为图书馆学研究开辟了一个新的研究领域。在图书馆界传统的作法往往局限于一国范围内的图书馆学研究,或局限于按时间序列对两国或两国以上的图书馆活动进行不相关联的描述。而比较图书馆学则更深入一步,运用比较研究方法,突破时间与空间界限,对不同国家、不同民族、不同社会环境的图书馆实践与理论进行阐述、分析、综合。强调纵横方向的比较与对照,从而达到从总体上认识图书馆活动规律的目的。所谓突破空间界限,即跨越国家、民族、语言界限;而突破时间界限,即跨越时代。在学术界对这个问题众说纷纭,观点殊异。

1935 年程伯群先生在《比较图书馆学》一书中提到:"中西各有所长,取名比较图书馆学,所以示其纲领而作综合之比较,以为研究图书馆学之门径".[①] 顾名思义,比较图书馆学就是对不同国家的图书馆事业和图书馆学,比较其异同、追溯其渊源、探究其原因,以为借鉴。比较图书馆学从某种意义上来说实际上是研究图书馆事业和理论的方法。

1954 年蔡斯·戴恩(Chase Dane)提出一个观点,他认为比较图书馆学"是对许多国家图书馆发展情况的研究,以发现哪些发展是成功的,可以供别国模仿。它是以国际范围对图书馆原理和方针所作的考察,以确定长远的趋势,鉴定其缺陷,揭示实践与理论之间的矛盾和脱节。而最重要的是,它是对全世界图书馆发展

---

① 程伯群编著:《比较图书馆学》,1935 年 7 月,世界书局初版,书中"自序"。

原因和效果的研究。"①戴恩的论点是强调"多国度"的研究。

1971年《图书馆与情报百科全书》对比较图书馆学的定义表述为："比较图书馆学可以定义为对不同环境中(通常是不同国度中)的图书馆发展、实践或问题的系统分析,这种分析是与存在于那些环境之中的历史的、地理的、政治的、经济的、社会的、文化的及其他决定性背景因素相联系的。从本质上说,它是探讨图书馆发展的原因和作用,了解图书馆问题的一个重要途径。"②这与戴恩的观点基本一致,但它强调"不同环境"的比较。

《比较图书馆学概论》的著者丹顿(J. Periam Danton)在此专著中强调:"同一国家中不同形势下的研究不可能是'多国的'研究"。他还认为:"要是我们把仅仅限于某一特定国家或特定文化背景的著作和研究项目都纳入比较研究的范围并加以认可的话,那么,整个比较研究的概念就将违反逻辑、常识和字义,也违反其他学科的发现、经验和发展得出的结论。"③

还有持另一种观点的学者,如西尔维亚·西姆索娅(Sylvia Simsova),她征引比较解剖学的定义:"整个躯体与其所有主要构成部分之比较,即整体与其部分之相互关系。"她建议将这个定义应用到比较图书馆学,使这定义得以包括那些不须超越国界的研究,例如,一国之内农村和城市图书馆服务的比较。④另一位学者肖尔斯(Louis Shores)也指出:"这个定义暗含着(只是强调得还不够)这样一个意思,即一国之内的比较跟各

---

① J. 珀利阿姆·丹顿著,龚厚泽译:《比较图书馆学概论》,书目文献出版社,1980年12月,第11页。

② J. 珀利阿姆·丹顿著,龚厚泽译:《比较图书馆学概论》,书目文献出版社,1980年12月,第20页。

③ 同②第21页。

④ J. 珀利阿姆·丹顿著,龚厚泽译:《比较图书馆学概论》,书目文献出版社,1980年12月,第19页。

国之间的比较一样重要"。①

显然，这些问题的争论，还涉及比较图书馆学研究的界限、范围，要得出一致的见解，还有一定距离。就定义而言，我们认为它是对一种事物的本质特征或一个概念、一门学科的内涵和外延给出界限。对一门学科下定义的目的则是限定研究范围和研究内容，比较图书馆学也不例外。难点则在于要对这门尚未得到普遍认可的原则基础上，并且是还处于不断发展变化的新兴学科作出确切的界说，不免要引起不同的争议。多少年来，各国学者确定比较图书馆学的研究对象不同，方法不同，侧重点不同，因而所得出的结论也不同。尽管定义繁多、论证各异，但探索没有终止。

综上所述，我们认为比较图书馆学指超越国界、民族、文化、社会环境界限以及超越时代界限的图书馆实践和理论的比较研究。

二、比较图书馆学的研究对象与范围

（一）比较图书馆学的研究对象

人类在长期科学研究过程中早就认识到的客观真理之一，是有比较才有鉴别，有鉴别才能探索出符合客观规律的科学结论。比较是"比较事物之间的差异和同一，是反映事物本质的开始。""有怎样的差异，便有怎样的比较；有怎样的矛盾，便有怎样的比较。"②比较研究方法是比较图书馆学的"核心"，比较事物本质属性反映在比较图书馆研究中，正是学科的研究对象。毛泽东同志在《矛盾论》中指出："科学研究的区分，就是根据科学对象所具有的特殊的矛盾性。因此，对于某一现象的领域所特有的某一种

---

① J. 珀利阿姆·丹顿著，龚厚泽译：《比较图书馆学概论》，书目文献出版社，1980 年 12 月，第 17 页。

② 李廉著：《辩证逻辑》，安徽人民出版社，1982 年 7 月，第 105 页。

矛盾的研究,就构成某一门科学的对象。"①

比较图书馆学的研究对象,应符合于"比较有空间的比较,也有时间比较。"②从广义上理解,比较图书馆学研究包括纵向和横向的比较研究。纵向是指超越国度、民族、区域,在时间上相继的图书馆事业与理论所存在的差异与同一性比较;横向是指跨越空间界限相同时期的图书馆实践与理论所存在差异与同一性的比较研究。例如,对美国、苏联图书馆计算机应用过程的比较研究,这种以时间顺序的纵向比较,对我们也存在借鉴的意义。横向研究实质上是指比较图书馆学研究的空间界限、地理范围。它不仅研究不同国度、文化、民族,还包容一国之内不同地区、在同一时期内图书馆事业异同点的比较。例如,对同一时期美、日、苏、加拿大等国家图书馆建筑的比较,探索它们之间可能存在的相互联系和影响,探寻各自差异与同一性。而对我国汉族与少数民族文献著录标准的比较研究,两者同样对我国图书馆事业都有应用价值。在实际运用中,往往是时间、空间比较结合起来的,从而获得较完整的分析、判断。广义理解比较图书馆学研究对象,应该是比较研究超越时间或空间界限图书馆事业的异同性,从而达到从总体上,揭示其发展规律的目的。

从狭义上理解,比较研究对象只限于比较不同国家,跨越国度的不同文化特征的图书馆事业差异与共同点,从而阐明制约这些不同国度图书馆事业的相同与特殊规律。它不包括同一国家内不同民族、区域间的比较研究。尽管研究同一国家或一国内不同地区图书馆事业的比较研究是十分必要的,但从研究对象狭义概念来说,还是不把它列入比较图书馆学研究范畴。

(二)比较图书馆学的研究范围:

---

① 毛泽东著:《毛泽东选集》横排版,第 1 卷,第 284 页。
② 李廉著:《辩证逻辑》,安徽人民出版社,1982 年 7 月,第 105 页。

比较图书馆学的研究范围取决于它的研究对象。上面我们已阐明其研究对象,不外是纵向和横向两类比较,其中纵向比较是判断继承、吸取其经验和教训;横向比较是从各国、各民族、各区域的相互影响中,接受什么,学习什么。纵向的吸取和横向的影响都是其研究范围。一个国家的图书馆活动总是处于纵的连续的历史传统的相互续连之中,而同时又处在横的与其他国家、地区、民族图书馆活动交流、影响之中。图书馆学应作为一个总体,纵向历史性研究和横向的共时性探讨,都属于这门学科研究范围之内。这里涉及它与图书馆事业史、国际图书馆学的界线问题。

(1)比较图书馆学与图书馆事业史:有人认为,研究世界各国图书馆事业的历史过程,是反映图书馆活动现象的纵向时间序列,隶属于图书馆事业史范畴。这里应该说明的是,图书馆事业史是运用历史研究方法来分析图书馆事业的进程,是关于图书馆事业的历史发展规律的科学,是研究图书馆事业发展与演变的历史,分析具体的图书馆实践在历史进程中的形成、地位、意义,并给于恰如其分的历史评价。从研究对象来看,比较图书馆学从广义角度理解,它和图书馆事业史都有跨越时间界限,这是共同点。但也存在着差异,比较图书馆学是从各个历史时期或阶段对某特定图书馆活动进行分析、综合、比较,而图书馆事业史仅限于对一般现象的描述和分析。

从研究方法来看,尽管图书馆事业史也运用对比的方法,但不是主要手段;而比较图书馆学研究方法的精髓则在于比较方法。

从研究的目的分析,只有比较图书馆学是从总体上探索不同国家、民族、文化范畴的图书馆的客观规律。应该看到,由于研究的内容都离不开图书馆实践和理论,其基础是相同的,两者存在着千丝万缕的联系。

(2)比较图书馆学与国际图书馆学:"国际的"和"比较的"这两个概念,常常被混同起来,而被视为同义词。这两个词的概念在其他学科领域也存在混淆使用的现象,例如,比较教育学与国际教育学常被人当作同一概念而混用。实际上国际图书馆学的含义是指图书馆实践和理论的跨国度、跨民族范围内的活动,通常指两个或两个以上国家中个人和团体间的各种联系,是指国际合作、交流的各种方式。涉及援助不发达国家,交换学者、学生,讲授外国图书馆体制以及不同国家内图书馆系统的研究等,显然,这里不存在比较的特性。

丹顿曾指出,不应把这两个概念混淆起来"从而模糊我们的术语。'国际图书馆学'另有其相当的作用和地位"①。同时他还征引了卡特·V·古德(Carter. V. Good)的《教育学辞典》(1959)关于国际教育学的论点:"国际教育学意味着两个或更多国家中个人和团体间各种各样的联系——知识上的、文化上的、教育上的。它涉及跨越国界的运动,不论是人员也好,书籍的也好,思想的也好,就这点而言它是个动态的概念。国际教育学指的是国际合作,了解和交流的各种方式。因此,交换教员和学生,援助不发达国家,讲授关于外国教育制度,都属于这个字眼的范畴之内。"丹顿接着指出:"如果用'图书馆学'和'图书馆的'来代替这段引文中的'教育学'和'教育上'的,我们就得到一个十分恰当的'国际图书馆学'的定义了。"②

三、比较图书馆学研究的特点

比较图书馆学是指跨越国界,分属不同民族、不同文化的图书馆事业所进行的比较研究,因而它具有与之相适应的研究特性,概

---

① J. 珀利阿姆·丹顿著,龚厚泽译:《比较图书馆学概论》,书目文献出版社,1980 年 12 月,第 31 页。

② J. 珀利阿姆·丹顿著,龚厚泽译:《比较图书馆学概论》,书目文献出版社,1980 年 12 月,第 32 页。

括起来有如下几方面:

(一)以比较研究法作为主要研究方法:图书馆学的研究方法很多,包括有哲学研究法、历史研究法、社会学研究法、统计法以及自然科学研究方法。对于比较图书馆学,上述这些方法只是比较图书馆学研究的辅助方法。比较方法才是这门学科的基本研究方法。应当注意到,比较虽然是一切学科研究的普遍运用的方法,但它在比较图书馆学的各种研究方法中占有特殊的地位。虽然它不是这门学科的唯一研究方法,然而它毕竟是比较图书馆学的主要研究方法。这门学科的最大特点也就在于此。因而有人认为比较图书馆学是一门将比较研究方法运用于图书馆学的学科。

(二)从比较图书馆学比较研究的"空间坐标"来看,超越空间界限是它的第二特点。这种横向研究包括两层含义,广义地讲,它不仅指不同国家的图书馆实践与理论的比较研究,而且还指跨越民族、文化、社会环境,甚至于包括一国内不同地区的比较研究。而从狭义的观点来看,它仅指以国为单元所作跨越国度的图书馆实践与理论的比较研究。当然这里所指的"以国为单元作跨越国度"的研究,并非严格以两国或两国以上的整个图书馆实践与理论作比较研究,还包括跨越国度界限的某一类型图书馆事业的比较,以及跨越国度的不同地区的比较研究;既可以对跨越国度的某项图书馆具体工作的比较研究,也可以就各国主要文献分类法、文献编目法等作比较研究。

(三)从比较图书馆学比较研究的时间界限来看,即从纵向关系进行比较,也存在两种含义。从宏观上来考察,它包括对当代以及历史上不同时期的图书馆实践与理论作垂直比较研究;从微观上分析,它只指对当代的图书馆实践与理论作比较研究。各国的图书馆活动都有它的过去、现在和未来,其中"现在"是它的中心环节。因为"现在"是"过去"的延续,"未来"则是"现在"的延伸。只有以"现在"作为基点,才有可能更好地承上启下,促进图书馆事业的发展。

（四）从比较图书馆学的研究领域来看，它有广阔的内涵，并以跨学科性突出了它的广泛性特点。它不仅运用比较方法研究图书馆事业，而且还涉及图书馆学理论、图书馆学教育、图书馆管理体制，甚至它包括运用比较方法研究图书馆学与其他学科的关系。

四、比较图书馆学的研究任务和作用

（一）进一步掌握本国图书馆事业的特点：古罗马的历史学家塔西佗曾说过，要想认识自己，就要把自己同别人进行比较。歌德在诗剧《塔索》中也曾写道："如果你认为自己已失去价值，就把你同别人进行比较。"[①]作为个人的自我认识，把自己和别人进行比较，是一种可行而又有效的方法。对于整个社会现象的认识，仍然可以通过比较的方法来实现。正是由于这个道理，比较方法的运用才有广阔的天地。比较图书馆学试图通过跨越国度的比较研究，来了解、掌握本国的图书馆事业特性。"比较"，是认识本国图书馆事业的重要手段。比较研究过程要求调查研究国外的图书馆事业，决非是为了单纯了解他国情况，更主要的是将本国图书馆事业置于世界各国图书馆事业之中，通过对比加深对本国图书馆事业状况的理解，从而找出差距，提出建设性意见。仅仅满足于传统的纵向研究是不够的，只有在纵向研究的同时，深入展开横向的比较研究，才会使我们在前进中始终保持清醒的头脑，以锐意进取的精神去探索、创新。正如在我们把我国和美国的图书馆工作者的培养与教育进行比较时，是在了解本国状况的前提下与美国进行对比研究的，从而看到图书馆服务效果与人员学识水平的关系，从而认识到加强我国图书馆学教育的迫切感。

---

① 冲原丰著，刘树范、李永连译：《比较教育学》，吉林人民出版社，1984年2月，第5页。

（二）促进图书馆事业的改革：认识自己是改革的起步。比较图书馆学是把各国图书馆状况、图书馆学理论研究、图书馆学教育的实际水平，以及与之相应的各国社会、文化、经济等的发展状况对照起来加以考查、研究的。要求对他国图书馆事业进行调查研究，从中判断他国的经验与长处，来推动本国图书馆事业的改革。这种"借鉴"的方法，可以消除"偏见"，以实事求是的对比，来认识自身的不足，促进事业的改革。

1954 年戴恩曾提出，比较图书馆学的目的在于通过对多国图书馆的研究去发现"哪些发展是成功的、可以供别国模仿。"①图书馆学研究同其他学科一样，不能把它的研究局限于本学科范围之内，也不可单纯从本国角度来分析图书馆活动，才不至于把图书馆学理论研究局限于狭窄的天地，而无法适应急剧变化的信息化时代。

比较图书馆学研究不仅对本国图书馆事业改革和决定政策发挥作用，同时在世界范围内对各国图书馆活动的改进，制订国际性长期图书馆协作、文献信息交流计划作出有益的贡献。它以独特的熟知他国图书馆事业的各种数据，以及总览各国状况的广阔视野，对本国及世界性图书馆活动趋势进行"预测"，指明方向，在决策中发挥其应用价值。

当我们将美国现代的图书馆技术服务手段、图书馆学教育内容与我国比较时，我们从中可以了解到图书馆现代化手段，现代化课程设置的必要性，对于修订图书馆学教学内容、教学计划、课程设置都是有益的。我们就不至于局限于以我国传统操作方式在图书馆工作中占主导地位的现状，作为图书馆学教育内容的主体。

（三）不断拓宽图书馆学研究领域：比较图书馆学作为一门新

---

① J. 珀利阿姆·丹顿著，龚厚泽译：《比较图书馆学概论》，书目文献出版社，1980 年 12 月，第 41 页。

兴学科,大大拓宽了图书馆学研究领域。比较图书馆学的研究,是以贯彻"面向世界、面向未来、面向四化"为方针的,而其研究的每项成果,又必将反转过来促进图书馆实践和理论更好地逐步实现三个面向。

比较图书馆学拓宽学科研究领域表现在如下几方面:

(1)扩大了图书馆学研究范围,从对一国图书馆实践和理论的研究,延展到同时对多国、甚至于世界各国、各地区的图书馆事业比较研究。这种研究决不是各自独立呈纵向、静态的描述,而往往是纵向与横向,静态与动态,综合与专项相结合的比较研究。

(2)增加了图书馆学研究的深度,从一个"点"上的图书馆事业出发,到联系一个"面"上的实际,进而从"立体"甚至从"N维空间"的宏观上加深图书馆学研究。

(3)使图书馆学研究另辟蹊径,不仅在研究方法上更加充实完善,而且在研究方向上也展示了更加广阔的前景。

(四)揭示图书馆事业的发展规律:上面几点虽具有现实性和实践性,但比较图书馆学研究的意义不限于此。丹顿在《比较图书馆学概论》里谈到:"必须强调,最高目的,或最终目标,是去认识我们观察到的各种现象的联系,而不是罗列或描述这些现象,不论这种罗列或描述对于别的目的可能会多么有用"。① 比较图书馆学研究不能只满足于对现象描述、对比、分析,也不能把它看成某部分、某方面或彼此孤立的图书馆学分支学科。而应以这些事实为依据,更全面地把图书馆学作为一个超越时空界限的整体来理解。只有这样才能有助于我们从总体上认识图书馆活动现象,探索其发展规律。

---

① J. 珀利阿姆·丹顿著,龚厚泽译:《比较图书馆学概论》,书目文献出版社,1980 年 12 月,第 49 页。

第二节　比较图书馆学的研究方法

　　我国图书馆学研究是以马列主义为指导的,因此,它的方法论是建立在辩证唯物主义和历史唯物主义的基础上的。马列主义哲学是关于自然、社会和人类思维发展最一般规律的科学,是科学的世界观和方法论的统一,是唯物论和辩证法的统一,又是理论与实践的统一,它为科学研究提供了正确的方法论。

　　辩证唯物主义和历史唯物主义作为方法论,对于比较图书馆学以及其他学科,都具有普遍指导意义,但比较图书馆学或其他学科又都有自身的方法论。在实际研究中,比较图书馆学也不排除运用其他相关学科所用的研究方法,这里包括社会学法、历史学法、分析研究法、描述法、统计法、比较方法等等。而比较方法则是比较图书馆学研究方法的核心方法,也是颇具特色的研究方法。比较图书馆学主要是从事跨越时空界限图书馆实践和理论中同类现象的比较研究,它的研究对象具有可比性条件。

一、图书馆学比较研究的可行性

　　在学术研究范畴内,进行比较研究要具备三个条件,即必须存在两种以上的事物;这些事物还应具有共同的基础;这些事物还必须有各自不同的特性。以上述条件为基点来衡量图书馆学,我们认为它符合要求。

　　首先,世界各国都有各自的图书馆实践和理论,这是第一个条件的要求。

　　其次,图书馆实践和理论基础具有普遍性,各国都有文献分类、文献编目、文献采集、图书馆技术服务、图书馆建筑、图书馆事业史、图书馆管理、图书馆学教育等等。这些并不因为国家、地区的差异而有所偏废,而是各国、各地区只要有图书馆活动就都具有的共同性,这是比较研究的共同基础。

第三,正因为图书馆的活动是与社会紧密联系,受各国、民族、社会环境的政治、经济、文化、技术等因素的制约,使各国、地区、民族的图书馆实践和理论增添了差异色彩,也就清晰地反映出各自的特性。

显然,上述三个条件,图书馆的实践和理论都是具备了的。换言之,比较研究运用在图书馆学领域有充分可行性。

二、比较图书馆学研究的基本方法

任何科学发现都是通过比较、分析、综合、概括、类比、想象、抽象等等来实现。而比较可以识别研究对象之间的相同与差异,通过比较揭示事物的矛盾与统一的辩证关系。马克思和恩格斯在《德意志意识形态》一书中对比较方法给予高度的评价,并强调比较科学的必要性:"比较解剖学、比较植物学、比较语言学等等科学……正是由于比较和确定了被比较对象之间的差别而获得巨大成就,在这些科学中比较具有普遍意义。"①

比较方法横贯于比较图书馆学的研究过程中,它是比较图书馆学研究的基本方法。在比较图书馆学所运用的归纳、演绎、分析、统计等方法中,比较法占主导地位,否则这门学科就不能称其为"比较图书馆学"了。

比较方法包括下列几种类型:

(一)按比较对象的相互关系区分

(1)简单比较方法:这是指同一对象在两种不同环境下进行比较,比较对象之间是一种简单的对应关系(如图)。

A ●————————● B

---

① 马克思恩格斯著:《马克思恩格斯全集》,第 3 卷,第 518 页。

例如,对中国和苏联高等学校图书馆的比较研究,这是一种简单的比较研究。当然它还包括对高等学校图书馆藏书或咨询服务等某一专题的两国之间的比较研究。这种比较,由于环境不同、经济、文化、社会等差异,在比较过程中就可以发现不同因素对被比较对象产生影响的程度。

(2)复杂比较方法:这是一种具有平面网状和立体网状关系的比较对象之间的比较(如图)。

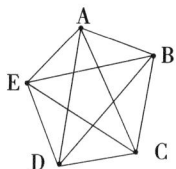

这种比较可以对不同的比较对象进行综合分析,揭示其规律或预测某一方面的发展趋向,也是决策的方法之一。例如,对美、英、德、加、日、苏六国图书馆事业管理体制的调查、分析、比较,寻求六国间共同点和差异点。

(二)按比较对象所处的等级关系区分

(1)同级次比较:这是对其所处的经济状况、文化水平、社会制度等方面相似,而空间或时间却不相同的对象所进行的比较研究。例如,对发展中国家之间图书馆实践与理论的比较,仍然可以达到比较图书馆学研究目的。

(2)不同级次比较:这是对在经济状况、文化水平、社会制度中处于不同级次的对象进行的比较研究。尽管被比较对象所处条件不同,仍然有借鉴的价值。例如,我国与美国、日本图书馆自动化的比较,这种比较要考虑国情,从中总结经验、吸取教训,预测其发展趋势。

(一)按比较对象所处方位和时间区分:包括横向比较和纵向比较,这是比较方法的两个基本类型。无论是简单比较或复杂比较,或者是同级次比较与不同级次比较,都存在纵向与横向比较这两种形式。在进行上述几种比较研究过程中,都必须对比较对象进行纵横方向的比较。

(四)按比较对象影响与否区分:可分为"影响研究"和"平行研究"。"影响研究"主要是研究两个或两个以上比较对象之间实际相互交流,相互影响的关系,包括交流、渊源、媒介等。"平行研究"系指非实际直接影响的对象的比较研究,一般是图书馆实践与理论的特点即其对象所属标准。"影响研究"与"平行研究"两者的主要区别就在于:影响比较研究的是有实际的直接关系的比较对象,平行比较的是并无直接关系的比较对象;影响比较研究的目的在于探源求本,平行比较研究主要目的在于探索共同规律、寻求借鉴。

三、比较图书馆学研究的辅助方法

比较方法是比较图书馆学研究运用的主要方法,在研究过程中,还配合使用其它相关学科所采用的研究方法,单纯依靠比较方法要获得任何本质性结论是不可能的。"任何比较只是拿所比较的事物或概念的一个方面或几个方面来相比,而暂时地和有条件地撇开其它方面。我们提醒读者注意一下这个大家都知道的但是常常被人忘掉的真理。"①

比较图书馆学研究除了以比较方法为基本方法外,还常运用这样一些方法:描述法、统计法、历史法、社会学法、归纳演绎法等。在研究过程中上述这些方法相互作用,并交织在一起。

(一)描述法:描述跨越时空界限的图书馆活动现象的外部特征,为进一步分析、比较和综合而积累基本资料,力求资料准确、可靠、客观。

---

① 列宁著:《列宁全集》,第8卷,第423页。

（二）统计法：与描述法密切配合使用，不仅要求有统计数据，还要进一步分析、解释、评价有关数字图表和资料。

（三）历史法：历史方法是研究人类社会发展历史的方法，寻求历史发展线索，描述历史发展规律。任何事物都有其产生、发展过程，对研究对象进行历史考查是科学研究方法之一。我们有必要从历史上考查图书馆实践与理论的发展，主要是考查它与政治、经济、文化、教育等各种条件相互作用的历史，是在唯物史观的基础上进行历史的考查。

（四）社会学法：唯物主义的根本原则是从实际出发，脱离实际的图书馆学研究是毫无价值的。问题在于如何了解实际情况，对于研究工作者这是至关重要的。比较图书馆学研究要拥有广泛而可利用的统计数据和资料，研究者除了从文献获得外，还需要直接进行调查、了解，通过各种渠道搜集研究图书馆实践和理论在历史上的或当时当地与社会现实的关系和影响。

（五）分析法：在比较图书馆学研究中最常运用的是分析、综合和概括的方法。在研究中对依据描述、统计、历史和社会调查方法所收集到的资料进行分析综合，可以获得一般性的评价，以及进行比较所需要的概括。

比较图书馆学研究的范围和内容相当广泛，涉及图书馆实践和理论的各个领域，以及其它有关的学科。只靠单一的研究方法是不能透彻的，社会学法的分析若不同历史的研究相结合，就会形成静止的研究。而且为了研究事物的本质，还要运用哲学的研究方法。比较研究法尽管是这门学科的精髓，但不能停留在"比较"阶段，比较要达到最终目的，必须预想到综合、总结。以此为前提，运用综合、总结所归纳出来的典型去识别个别事物，揭示事物规律，这点是比较图书馆学研究的出发点和归宿。

四、比较研究方法的一般程序

要实现比较图书馆学的研究目的,首先要掌握科学的比较研究方法,因而导致了对这种方法的科学研究。探讨这个问题,我们征引了比较教育学的论点。希尔克在他的著作《比较教育学——它的历史、理论和实际》(1962)中给"比较"下的定义是:"比较"是"表示两个或两个以上的同种现象间的同一性、相似性和异质性的关系概念","是观察、分析、整理等活动交织在一起的智力劳动"。① 丹顿在《比较图书馆学概论》中也提到:"事实上,几乎每一个社会科学的比较学者都论述过这两点:作为比较研究的第一步,精确搜集,仔细描述和分析事实是绝对必须的;这种搜集和描述自身并不构成比较","只有对事实的分析和处理,以及这种分析使人们得以抽取出来的结论和解释,才能使人名正言顺地称某件作品是研究。"②从上面论述中,我们可以把比较研究方法的过程总括为准备阶段、比较研究阶段,这两个阶段又可分为收集、解释、类分、比较四个程序:

(一)收集:它是比较研究的第一程序,首先要求从事比较研究者了解不同国别、不同文化区域的图书馆事业、图书馆学原理、图书馆学教育的特点和状况,并对被比较对象论述其有关资料,尽可能周密地而又全面地收集各种有关资料,并对其事实作出详细、客观的记述。

在收集资料和记述情况时,要了解这些文献的级次,区分第一手、第二手资料或辅助性材料。"第一手资料"包括正式报告、会议记录、统计图表等原始资料。这级资料尚未经过分析加工。

---

① J. 珀利阿姆·丹顿著,龚厚泽译;《比较图书馆学概论》,书目文献出版社,1980年12月,第86~87页。

② 同①第107,109页。

"第二手资料"是指各种有关专著、论文等。这级资料有作者的分析、解释、意见和建议材料,使用时要识别,因为这些资料往往还夹杂着"第一手资料"。辅助性材料则指书目、索引、文摘,以及一般性的文献,从表面看可能与比较对象毫无关系,但在某种情况下又有关联。

（二）解释:要求在收集资料的基础上,对所记述的事实进行充分研究,这就要对现象的差异和相似提出"为什么"和"怎么样"的问题,从而产生了从理论上解释这些问题的需要,解释是从第一手资料引申出来的。

（三）类分:收集和解释是比较的初步阶段,在完成记述解释各种事实后,要进行归纳,即按可能比较的形式类分和整理,设定一些可能进行分析比较的类目,再把各种事实材料归纳在一起,加以详细说明,以供比较分析。

（四）比较:这是最后步骤,包括提出假说、量化、验证假说等环节。"假说"的提出是科学研究程序的关键之一,是科学发展的形式。尽管"假说"是用来说明未经实践证实的论题,但假说的提出是在占有大量资料,进行解释、分析的前提下产生的,是有其根据的。量化则要求用数字与符号来表示现象,量化在比较图书馆学的实际研究工作中,既不容易做到,又有一定的局限性。但量化可以使很多现象更易于比较,数据能够提供各种客观的实证,使比较更符合于客观性、准确性的要求。在比较阶段要运用分析比较方法对图书馆实践和理论的某种现象追源溯流、求同辨异,要对作为比较对象的异同点在理论上和实践上作比较,在对其差异点解释的基础上进行分析、综合、评价。

第三节 比较图书馆学的研究原则与要求

比较图书馆学研究实质上是为了确定不同国度图书馆实践和理论中的同异关系而运用的一种相对独特思维和方法。根据一定的标准把彼此有某种联系的上述内容加以对照,从而确定相同与相异之处,便可以对其进行初步的归纳、分类、评述。然而,只有在对各个上述事物的内部矛盾的各个方面进行比较研究后,才有可能把握上述事物间内在联系,进而认识其本质。在其研究进程中,对比较对象的选择要遵循一定的原则。从事比较图书馆学研究工作,也应具备相应条件。

一、比较图书馆学的研究原则

比较图书馆学的研究范围是十分广泛的,但并不意味着图书馆活动中任何现象都可以成为比较对象,对其选择和确定应符合以下几个原则:

(一)可比性原则:选择比较图书馆学研究的比较对象,首先要确定其可比性。所谓可比性主要有两层含义:

第一是确定比较前提,它包括两方面:一方面是作为比较对象必须是同类。如果基本属性相同,或者某种重要属性达到基本相似程度,这种比较是有必要的。将小学和儿童图书馆进行比较,尽管和"教育"有关,都是文化教育机构范畴,但这种比较不符合可比性原则。倘若将中国的儿童图书馆与美国的儿童图书馆在藏书问题、服务方式、管理等方面进行比较研究,这个比较对象的选择和确定符合可比性原则。当然,将图书分类法中 DC(杜威十进分类法)、LC(美国国会图书馆图书分类法)、UDC(国际十进分类法)、CC(阮冈纳赞冒号制图书分类法)、ЬЬК(苏联图书书目分类法)与中国图书馆图书分类法、中国科学院图书馆图书分类法进行比较,不仅是可行的,而且是有价值的。另一方面是提出一个特定标准,使不同类的现象之间具有某种比较的可能性,如图书馆学与情报学的比较研究。

第二是确定比较对象的领域,包括两个含义:一方面是表现为相似与相异的事物或现象,是寻求可比性的重要领域。要求研究者具有"同中求异,异中求同"的能力。要获得科学发现,关键在于比较不同现象而求其相同点,或比较相同现象而求其不同点,才能有所发现,有所创新。这方面的研究如图所示:

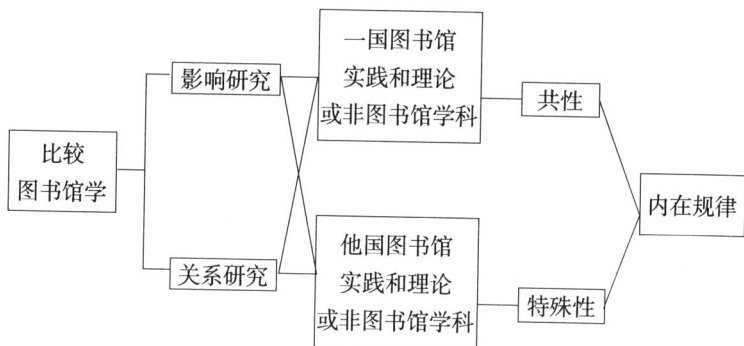

另一方面表现为影响或关系,也应列入可比性范畴。倘若把"发行机构"与"图书馆"相比较,虽然是不同类型的文化机构,也不同属于图书馆学科,如果考察其文献交流在人民群众中所取得的教育效果,和对精神文明建设的积极作用,还是可以从知识信息交流的角度进行比较研究的。再如,印度佛经传入我国,出现了译本,导致目录中译者项的产生,这种影响关系是客观存在的,追根寻源是影响研究范畴。这方面的研究如图所示:

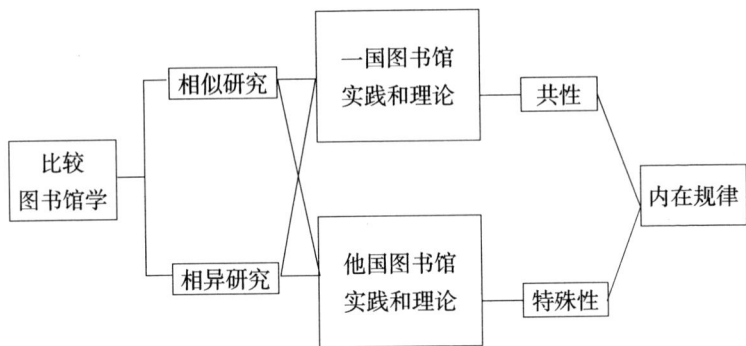

（二）客观性原则：这个原则贯穿于比较研究的全过程。比较研究的基础是搜集大量的数据资料，在搜集时要坚持实事求是，清除失实材料，才不至于影响比较结果的客观性。即使在比较研究的解释、分析阶段，也要求准确、客观。作为比较对象在任何情况下都要受到所处时代、社会、政治、文化、经济、地理等各种因素的影响，如果带有偏见或框框来分析问题，就不可能实事求是地描述、解释，最终影响了结论的准确程度。

（三）关联性原则：图书馆活动是一种社会现象，它与社会、政治、经济、文化、历史、地理环境密切联系。图书馆实践和理论是处于连续的历史传统的前后联系之中，同时又处于与别国、别地区、别民族不间断交流中，图书馆学又与其他学科交融。这些因素影响着图书馆实践和理论。比较图书馆学要通过这些相关联的因素来研究现实。1968年图书馆学者纳瑟·萨里费提到："为了有助于国际了解，在揭示图书馆或情报中心与创造了它们而又受其服务的社会之间的关系时，比较的过程是必要的。但是，为了能够比较，必须发展一套比较的方式方法，建立可靠的资料。研究别国图书馆的发展，必然对本国图书馆的发展大有启发。图书馆发展与社会、文化、经济和教育发展之间的紧密联系，只有把这些发展放到各种文化结构中去研究时,才能彻底认识。"①我们在进行比较研究中,不论是纵向或横向的比较研究,都不能仅仅满足于得到比较研究对象的同一性与差异性,而应进一步揭示、剖析产生这些同一与差异的原因,从而达到比较研究的最终目标。比较图书馆学研究的关联性原则的必要性也在于此。

(四)动态原则:这个原则的本质是辩证唯物主义关于事物是运动发展的学说在比较图书馆学研究中的运用。比较图书馆学对同一时期或阶段上不同环境中的比较对象,或者是对于不同环境的不同时期或阶段的比较对象,不仅要作静态分析,更主要的是进行动态研究。在掌握、收集、记述资料的基础上对不同环境的图书馆活动进行分析,这是静态分析阶段。比较研究不能停留于这一阶段,更主要的是以此为比较基础,进行对比、综合,揭示其发展趋势,从静态研究进入动态研究阶段。

二、从事比较图书馆学研究的要求

(一)以马克思列宁主义、毛泽东思想为指导,科学地分析、综合、比较研究中出现的各种复杂问题。马克思列宁主义、毛泽东思想为各门学科研究提供了正确的世界观和科学的方法论,比较图书馆学也不例外。它是一门新兴学科,只有运用马克思列宁主义、毛泽东思想,才能使我们透过变化万千、错综复杂的表象去不断探索其本质,掌握其规律。

(二)要有广阔的文化视野:图书馆学不仅在社会科学范畴内与其他学科有所交叉、相互渗透,而且与某些自然科学,应用技术也出现交融。从事比较图书馆学研究,所涉及的知识范围就更为广泛,不仅要熟悉图书馆与社会,还要对作为比较对象所处的环

---

① J. 珀利阿姆·丹顿著,龚厚泽译:《比较图书馆学概论》,书目文献出版社,1980 年 12 月,第 45 页。

境、时代背景都有所了解。进行图书馆建筑比较,没有建筑学知识,不了解比较对象所处地理气候等条件,显然是作不好这项研究的。

(三)掌握多种外语,至少要懂得一至二门外语。由于比较图书馆学研究对象是跨越国界、民族的图书馆实践和理论,因而要求从事研究者要懂得外语才能直接阅读有关比较对象的第一手资料。否则虽然也可以使用各种翻译材料,但译本毕竟是有限的,内容和数据往往是陈旧的,有的甚至不确切。原文与译本在质和量上都存在差距,所以作研究工作不能立足于依靠他人翻译的第二手资料。

(四)力求避免失误:从事比较研究,应力求避免那些研究过程中容易出现的某些失误现象。例如,认真检查比较研究中所依据的各种资料的可靠性,包括鉴别资料来源的可信度,内容的真实、完整情况,资料的时间性,适用范围等;要坚持比较标准前后一致性,统一某些名词术语的内涵,决不能望文生义、想当然;消除隐蔽性的失误,不能将表象误为本质、将偶然当作必然、以特殊性替代共性;还要摒弃各种偏见,包括摆脱政治情感投射上的差异、先入为主的成见与其他某些因素形成的局限。避免科学研究工作者长期以来习惯于孤立研究、孤立学习的思维习惯。要改变这种思维方式,从宏观角度去比较研究图书馆活动,打破时空界限,把图书馆学研究置于世界范围,按照比较图书馆学研究原则,寻求各种图书馆活动的可比现象,培养比较思维能力。

第四节　比较图书馆学发展述略

比较图书馆学作为图书馆学的一门分支学科,产生于图书馆学形成以后,而不可能先于图书馆学的诞生而出现。然而,由于比较图书馆学是对跨越国界的图书馆实践和理论进行比较研究,以及开展图书馆学与其他学科关系的研究。因而它一经问世便逐渐开拓着许多诱人的领域与课题,激励与鞭策人们致力于探索。

一、国外比较图书馆学发展述略

比较图书馆学在西方虽然大约直到本世纪上半叶才形成独立的分支学科,但其渊源可以追溯到遥远的古代。随着不同国家、不同民族间经济、文化的交往,彼此之间有关文献收集、整理和利用等方面知识的交流,对比评述也就随之而出现。由于古代对文献收集、整理和利用的知识是广义的,比较图书馆学的渊源也大都混杂或附属于其它学科之中。而且其记录是自发的、简单的、分散的、片断的、琐碎的经验描述,既无完整科学的理论和方法而言,也无明确的目的。

考察西方比较图书馆学的渊源特点,基本上是属于同一文化系统内的图书馆事业、图书馆学理论、图书馆学教育的比较研究。这种特点导致后来西方比较图书馆学的探源理流,"认祖归宗"时,必然打上了"欧洲中心"论的印记。正因为如此,后来西方比较图书馆学的研究范畴大都限于"欧美"的圈圈之中,即"欧"为源,"美"为流之说。至于处于东方的日本图书馆学,一般带有明显的兼容中国与西方图书馆学的特色。从传统来看,日本图书馆学显示出更多的东方中国式色彩。从发展来看,日本图书馆学则表现出更多的西方欧美式某些特征。所谓日本比较图书馆学的东学,归根结底乃属于"西学"范畴。

西方图书馆学界在论证什么是比较图书馆学时,较为严格。西方多数图书馆学家认为,诸如威廉·曼思(Wilhelm Munthe)的《从欧洲角度看美国图书馆学》、阿仑德尔·埃斯代尔(Arundell Esdaile)的《世界的国家图书馆》等,都不能算作真正意义上的比较图书馆学著作。其缘由在于他们对"比较"的真正含义的理解有别。他们认为"比较"是对不同国度图书馆事业、图书馆学的各种差异点和相似点必须逐一置于直接的对照之下,对各种差异点必须联系社会环境中各种有关因素,并加以探索阐释。即令对不同国度的图书馆实践和理论只作出简单的描述与分析,仍然不能构成比较图书馆学,至少不能作为一部好的比较图书馆学著作来看待。

普遍公认的比较图书馆学著作有莫里斯·佩利森(Maurice Pellisson)的《法国和外国的公共图书馆》、欧仁·莫勒尔(Eugene Morel)的《图书馆:关于两个社会的公共图书馆及出版业的发展的论文集》、恩里克·斯帕恩(Enrigue Sparn)的《藏书五万册以上的图书馆及其在世界上的分布》、希雅里·拉马立塔·阮冈纳赞(Shiyali Ramarita Ranganathan)的《标目与格式:五种编目规则的比较研究》和《图书馆图书分类法绪论》等书,以及一些有关论文。随着各国有关图书馆学教育事业的发展,各种不同层次的学位论文中有关比较图书馆学的论述逐渐增多,质量也较高。然而,迄今为止,为什么比较图书馆学论著的相对文献数量也依然为数不多呢?这主要是由于深入进行比较图书馆学的研究,研究者必须具备有多种语言阅读能力,最好有条件到国外进行有关的考察。舍此,仅凭别人发表的文献来进行综合、述评是难以成功的。特别是对于不同社会制度国家的图书馆实践和理论,进行比较研究更为艰巨。

二、中国比较图书馆学发展述略

追溯中国比较图书馆学研究渊源时,首先需要简略考查一下中国图书馆学理论发展的某些特点。在中国古代的漫长岁月里,图书馆学始终处在一个萌芽时期。当时图书管理知识有如下一些特征:一是具体经验总结多于理论概括;二是论述多散见于其他类型的学术著作(如目录学等)之中;三是尚未形成完整独立体系;

322

四是萌发于古代文献整理与"图书管理事业"之中;五是图书管理知识虽然也有许多惊人的成就,但就其总体来看,发展却十分缓慢。中国古代是个高度发展的自给自足的农业性社会,有关图书管理知识不重理论体系的完整,不重逻辑分析,而重直观经验,多随机评议、点滴描述,形成间歇式若干条式记录。尽管它也曾与外域展开一些经济、文化方面的交往,但中国古代有关古籍文献的整理知识较为完整、系统,而且当时又在这一方面处于领先地位。因而几乎没有就图书收集、整理与交流等方面同外域展开规模较大的横向比较研究。诚然这种横向的比较研究虽不能说一点也没有,但毕竟是相当薄弱的。

中国比较图书馆学的形成与发展,是与中国古代、现代图书馆事业的发展需要分不开的,特别是与图书馆学的形成以及取得一定发展有着直接的关系。早期中国比较图书馆学专著、论文以及介绍东西方外域图书馆事业有着不可分割的联系。早期某些图书馆学翻译著作往往在其序言、后记中,保留着译者对中外图书馆学界交流的记载,以及对中外图书馆事业和理论的零星对比评述。甚至在一些早期称为"专著",实际属于"编译"性质的论著中,有的保留了许多有关比较图书馆学研究的成果。自杜威十进分类法传入中国以后,相继出现的"增杜派"、"仿杜派"、"改杜派"等图书分类法,在一定意义上来讲,这些图书分类法虽不能算作比较图书馆学的理论"专著",但都可以作为比较图书馆学中影响研究的具体成果来看待。还有些图书馆学专著,虽未题为"比较图书馆学",但实际上也进行了这方面的研究,也可看作属于比较图书馆学范畴。例如,李小缘先生的《图学馆学》①,全书分为图书之意义、现代图书馆特色、现代图书馆种类、图书馆之组织、图书馆经

---

① 李小缘著:《图书馆学》,1927 年 9 月至 1928 年春第四中山大学(后改名江苏大学,即今南京大学)陆续出版,280 页。

费、图书馆职员、图书馆之对外问题——流通、图书馆建筑、图书选择法、图书鉴别法、图书购置法、分类法等十二章，每章都进行国内与美国对照比较研究。

最早直接以"比较图书馆学"作为书名的，系由程伯群编著、杜定友校定的《比较图书馆学》，1935年由世界书局出版。全书分为：图书馆行政、图书馆技术、分类编目学、书志目录学四编，共廿五章。程伯群对于开展比较图书馆学研究，颇有独到之处。概括起来有如下几个特点：

（一）对中外图书馆事业的比较研究，既有宏观的比较研究（如图书馆立法问题），又有微观的比较研究（如图书馆技术）。

（二）对比较图书馆学研究，由中外图书馆事业比较，延伸到对中外图书馆学教育的比较研究。对图书馆学教育简史、德国图书馆专科学校、美国图书馆学教育（包括学制、课程设置等）逐一作出初步比较研究。作者还指出，施莱廷格（M. W. Schre－ttinger）著有《图书馆学教本》，并在其1829年出版的论文中"对于图书馆学之学校，亦有略言及之"。并指出"一八六一年德国已有正式的图书馆课程。一八六四年奥国政府规定在国家图书馆服务者，须受图书馆学之训练。一八七四年时，图书馆学及分类法已在Ecole des Charles实地教授。维也纳大学亦有图书馆学。法国在一八七四年于Freiburg设图书馆学的研究，教授者为F. Pullman。"

（三）将比较图书馆学的研究，展开到对相关学科的研究（如目录学）。杜定友在该书序言中也谈到，"按目录学（Bibliogra－phy），其源甚古，与图书馆学（Library Science）虽有密切之关系，实为二种科学。各有其独立性，研求目录学者固无需知图书馆学；而研求图书馆学者确不能不知目录之门径"。足见当时他们已经将目录学作为图书馆学的相关学科来加以比较研究了。

本世纪六十年代，刘国钧所著《现代西方主要图书分类法评述》，由于种种原因直到1980年10月才由吉林人民出版社作为

《社会科学战线丛书》出版。这部著作的问世,也可以作为我国解放后的比较图书馆学研究的一项重要成果。因为在这部著作中,不仅分别评述了 DC(杜威十进分类法,又称 DDC)、EC(克特展开制图书分类法)、LC(美国国会图书馆图书分类法)、UDC(国际十进分类法)、SC(布朗主题图书分类法)、CC(阮冈纳赞冒号制图书分类法)、BC(布立斯书目用图书分类法)七种图书分类法,而且还在"导言"、"最近的趋势"、"结束语"等有关的三章内,都作出了横向的比较研究。即使在分别评述时,在其各部的"简短的评论"中,也同样提出某些经过比较研究的结论。况且从全书来看,作者本人早年编纂过《中国图书分类法》,解放后又参加过《中小型图书馆图书分类法》和 1964 年出版的《中国图书馆图书分类法》的编纂工作,因而作者在评述国外图书分类法时,实际上都运用了跨国的比较研究法。然而,这部书成书于"以阶级斗争为纲"的岁月里,故某些左的影响、左的结论比较明显。

值得指出的是中国有关比较图书馆学的研究成果,大都缺乏严谨的对照比较研究原则,特别是缺少真正"量化"的对比研究。确切地讲,比较图书馆学系统的理论著作,以及运用比较图书馆学理论实现跨国比较研究目的的科研成果,在中国图书馆学界迄今为数极少,甚至可以说是"基本空白",这正有待我们去填补与发展。

本章小结

比较图书馆学是图书馆学的一门分支学科,它形成于本世纪上半叶。比较图书馆学作为新兴学科,有它自己的发展史以及独特的研究对象和范畴。比较图书馆学首先致力于超越国界、民族、文化、社会环境界限以及超越时代界限的图书馆实践和理论的比较研究,揭示其发展规律。

比较图书馆学的研究对象及其范围,广义理解是指比较研究超越时间或空间图书馆事业的异同性;狭义理解,只限于比较跨越国度的不同文化特征的图书馆事业差异与共同点,从而阐明制约这些不同国度图书馆事业的相同与特殊规律。比较图书馆学需要有纵向比较,判断继承,吸取经验和教训;还要有横向比较研究不同国度、民族、区域间的相互影响,纵向的吸取和横向的影响研究都是它的研究范围。

比较图书馆学的研究特点,概括说来有如下几个方面:主要采用比较研究方法;比较研究"空间坐标"系指以超越空间界限的横向研究,包括广义和狭义两层含义;比较研究的时间界限,可从宏观与微观两方面进行纵向比较研究;其研究领域有着广阔内涵,研究范围涉及图书馆实践与理论,以及图书馆学与其他学科的比较研究。

比较图书馆学的研究任务和作用是:进一步掌握本国图书馆事业的特点;促进图书馆事业改革;不断拓宽图书馆学研究领域,揭示图书馆事业的发展规律。

比较图书馆学的研究是以比较研究方法作为基本方法,同时还运用其它学科的研究方法,包括描述法、历史法、社会学法、分析法等为辅助方法。比较图书馆学的比较研究方法一般包括收集、解释、类分和比较四个程序。

比较图书馆学的研究原则,即可比性原则、客观性原则、关联性原则和动态性原则。从事比较研究要求以马列主义、毛泽东思想为指导;要有广泛的文化视野;掌握多种外语,至少掌握一至两门外国语言;在研究过程中,要做到科学的比较,应力求避免比较研究中容易出现的某些失误现象。

本章思考题

1. 什么是比较图书馆学?
2. 比较图书馆学的研究特征有哪些?
3. 为什么要开展比较图书馆学的研究?
4. 比较图书馆学的研究方法有哪几种?
5. 比较研究方法的一般程序是什么?
6. 试分析比较图书馆学研究发展缓慢的原因。

本章主要参考文献

1. 程伯群编著、杜定友校订:《比较图书馆学》,世界书局 1935 年 7 月

2.（美）J. 珀利阿姆·丹顿著 龚厚泽译:《比较图书馆学概论》 书目文献出版社 1980 年 12 月

3.（日）冲原丰著 刘树范 李永连译:《比较教育学》 吉林人民出版社 1984 年 2 月

4. 朱勃、王孟宪编译:《比较教育的研究方法》 教育科学出版社 1984 年 7 月

第十章 信息时代的图书馆

当代科学技术正以突飞猛进的速度发展,并广泛应用到生产和社会生活的各个方面,使物质生产和精神生活都发生了深刻的变化。现代社会的重要特点之一是信息交流的空前发展。在新技术革命浪潮的冲击下,信息热在人类社会兴起,社会的发展走向了一个新的阶段,人们往往把这新的阶段叫做信息社会,或称信息时代。随着信息时代的到来,人们对信息的重要性将会有一个新的认识,信息,能源和材料已成为当今世界的三大技术支柱。作为搜集、汇编、处理、传播文献信息的图书馆,在新的形势之下,必须适时地实现变革,以适应信息时代的要求,这样,才能切实履行自己的社会职能。

第一节 信息时代的特征

进入八十年代以来,国外一些学者在开展对社会经济研究的基础上,出版了一批谈论信息化社会和新的世界产业革命的著作,有托夫勒(Alvin Toffler)的《第三次浪潮》、《预测与前提》,奈斯比特(John Naisbitt)的《大趋势——改变我们生活的十个方面的问题》,松田米津的《信息社会》及稍后一些时间的美国甘哈曼的《第四次浪潮》等。这些著作对新产业革命发展的趋势作了种种论述。关于新产业革命,有的叫第四次工业革命,有的称作第三次浪潮,认为:西方国家在二十世纪五十年代、六十年代达到高度工业化后,将从工业社会转入到信息社会,或叫做知识、智力社会,即信息时代(Information Society)。当然,应该指出,仅仅把科学技术作为划分时代的标志的做法是不科学的,不过,我们借以了解国外谈论的"信息化社会","信息化时代"的主要特征,研究信息化的发展对图书馆的影响,这将有助于我们考虑问题,制订出迎头赶上的对策。

人类进入信息社会,经历过漫长的历史过程。我们知道,人类社会产生以来,就有信息的传递和利用,按照国外的关于"新产业革命论",它的产生和演进,是从第十八世纪中期开始的第一次产业革命为起点,这是以蒸汽机的广泛应用作为标志的;第二次产业革命是在十九世纪后半期,以电机、电力的应用作为标志;第三次产业革命是在第二次世界大战以后,以原子能的应用,电子计算机的问世与发展、外层空间的探索与开发等作为标志。这三次革命的特点都是在某一群生产技术的变革的推动下,导致了一系列的从生产资料到生产组织及管理方式的连锁革命。美国学者图拉克认为人类迄今有四次工业革命:第一次以纺织、冶金工业为主体;第二次是以蒸汽机、铁路运输为主体;第三次以化工、电力为主体;第四次是以电子计算机为主体。《第三次浪潮》则把农业给社会带来的变革看作是第一次浪潮;工业革命给人类社会带来第二次冲击,即第二次浪潮;当前以电子技术、生物技术,新能源,新材料为主要内容的新产业革命,将导致第三次浪潮。美国社会学家丹尼尔·贝尔在《后工业社会的到来——社会预测尝试》一书中说:"在后工业社会,知识的积累与传播,已成为革新与变革的直接力量"。美国未来学家甘哈曼《第四次浪潮》预测在二十一世纪,经济活动将是特种的服务经济,即后工业经济。国外不少学者认为转入信息社会后,知识的生产力成为决定生产力、竞争力、经济成就的关键因素,信息社会就是大量生产知识的社会。松田米津认为信息社会是与目前工业社会截然不同的人类新社会,说信息社会发展的最高阶段,是大量生产知识等等。这些论点,反映了资本主义国家在工业化后经济和社会变化的某些动向,这就是:在本世纪末,下世纪初,将会有这么一个新情况:现在已经突破和将要突破的新技术,运用于生产,运用于社会,将带来社会生产力的新的飞跃,相应地会给社会生活带来新的变化。

目前,对于信息社会产生前的发展阶段,一般还认为有这么几个历史时期:

第一个历史时期从人类创造语言、使用语言时算起。语言的产生,为生产、生活提供了交流信息的工具。有了语言,才能把知识、经验积累、传播、流传下来。

第二个历史时期从文字的产生算起。文字的出现,产生了文献,纸的发明,为传播知识提供了较为廉价的载体。

第三个历史时期是从印刷术的发明算起。印刷术的使用,加快了书刊文献的生产速度,也促进了知识产品的数量的激增。

第四个历史时期是无线电通讯技术的发明和应用。电报、电话、广播、电视、通讯卫星的使用,使人类传播信息的能力大增。短短的时间内,一份电报,一条消息可以传到千里万里之外,普天之下,几乎是联成了一体。

第五个历史阶段,是以电子计算机应用为标志的。从1945年世界上第一台电子计算机诞生起,计算机的发展已经历了四代更新,目前向超大规模集成电路的第五代过渡。由计算机向人工智能机发展,对信息革命影响是深远的。

信息技术的飞速发展,也给人类社会带来深远的影响。一些国家信息化的趋势,意味着信息时代的到来。在欧美,谈到信息时代,大体是以50%以上的劳动力从事信息工作为标志的。在我国,从事信息工作的职业,属于第三产业。根据国家统计局规定,除第一产业即农业（包括林业、牧业、渔业等）第二产业即工业（包括采掘业、制造业、自来水、电力、蒸汽、热水、煤气）和建筑业之外，其它各业为第三产业。中国的第三产业又分为流通部门和服务部门两大部分，具体又可分为四个层次：第一层次是流通部门，如交通运输业、邮电、通讯业等是；第二层次是为生产和生活服务的部门，如金融、保险业、公用事业，咨询信息服务业等；第三层次是为提高科学文化水平和居民素质服务的部门，如教育、文化、广播电视业，科研事业等是；第四个层次是为社会公共需要的部门，如国家机关，社团等。①

美国社会预测学家约翰·奈斯比特在 1982 年发表的《大趋势——改变我们生活的十个方面的问题》一书中认为，美国社会正处在新的交替时期，并说美国从 1956 年起已走上"信息社会"。据统计，目前美国从事计算机程序编制的人员，教员，职员，秘书，会计，经理，保险行业人员，官员，律师，技术员等信息方面从业人员超过整个从业人员 60%，现时美国只有 13% 的劳动力在从事制造业。日本未来学家增田认为，在信息时代，起作用的是信息技术和计算机技术，这个时代还可分为四个阶段：第一阶段，从 1945 年—1970 年，计算机技术用来解决个别国家范围内的科学任务；第二阶段，从 1955 年—1980 年，用计算机解决管理任务；第三个阶段，1970 年—1990 年，解决整个社会问题，改善社会条件；第四个阶段，1980 年—2000 年，解决个人问题阶段，即个人通过信息网络，象利用水和电一样自由地利用信息，并说，这将导致全球性的"普遍幸福"。法国有的学者把信息社会看成是"形成世界一体化"的社会。日本人还宣称，日本已初步进入信息社会，到本世纪末，日本社会将高度信息化，到达"成熟"的信息时代。

什么是信息时代？信息时代就是以信息的生产为中心，使社

---

① 参看《综合运输》1985 年第 8 期。

会和经济都发展起来的时代。就是智力密集型结构的社会,是一个知识化的时代。在信息时代,信息成为比物质或能源更为重要的资源,对信息的生产、储存、加工、传递、处理将成为重要的产业。在信息时代,科学技术很快更新,大多数人从事信息收集处理和传播工作,成为社会的主要劳动者。

关于信息时代的主要特征,和信息化的发展对社会影响的主要标志,近年国外学者多有论及。

信息时代的特征,据陈树楷、孙延军编的《信息与社会》一书中的综述,有五个主要特征:

1. 信息社会起决定作用的不是资本,而是信息、知识。

在工业社会里,战略资本是资源。例如在一百多年前,很多人可能就已经知道怎样建造一座钢铁工厂,但是拥有建厂资本的人并不多。因此,进入这种经济社会就要受到限制。但是,哈佛大学的社会学家丹尼尔·贝尔(Daniel Bell)首先指出:在当前的信息社会中,战略资本是信息,它虽不是唯一的资源,但却是最重要的资源,信息成为战略资源之后,进入经济社会就要容易得多。享有盛名的美国英特尔公司(Intel Corporation),其创办过程就是一个范例。1968 年,该公司以 250 万美元资本起家。借助于财金资源背后的智力,取得了技术上的突破。到 1980 年,该公司的年销售额已达 8.5 亿美元。创办人诺斯成为集成电路的发明人之一,而该公司亦以发明微型计算机著称。诺斯说:"这个行业一开始就是智力密集工业,而不是资本密集工业。"正因为战略资源是信息,美国小型企业的数字在爆炸性发展。1950 年,创立新企业的速度是每年 9.3 万家,而现在美国创立新公司的速度大约是每年 60 万家。

经济转型的过渡时期正是创业精神最旺盛的时期。现在正处于这样一个时期。

微电子技术出现后,电路集成度大为提高,大规模集成电路成品率和集成度的提高带来了电子计算机的革新。电子计算机与通信的结合,产生了计算机电信工业,扩大了信息储存量,大大加快了信息传播。通信卫星网络的建立又把世界联成一个整体。在信息社会里,社会变化的源泉是知识和信息。因此,扩大知识,有系统地大量产生知识,不断扩大人们的智力已成为决定生产力、竞争力、经济增长的关键因素。美国著名企业管理学者彼得·德鲁克说:知识已成为最重要的工业,这个工业向经济提供生产所需要的重要核心资源。

2. 信息社会是智力密集的社会。

在信息社会里,使知识生产系统化,并强化人们的脑力。而这种知识是经济社会的驱动力。新的权力来源不是少数人手中的金钱,而是多数人手中的信息。在信息方面最重要的是协作,亦即整体之值要大于各部分之和。基于这个原因,美国新的企业大幅度增加,而新企业发展的同时也创造了工作机会。在 1976 年以前的七年间,有 900 万新工人走上新的劳动岗位,其中有 600 万人是为小企业工作,近 300 万人到州及地方政府工作。而《幸福》杂志介绍的 1000 家大公司中却一个新工人也没有增加。

3. 价值的增长是通过知识实现的。

在信息社会里必须创造一种知识价值理论代替劳动价值理论。"劳动价值论"(Labor Theory of Value),诞生于工业经济的初期,必将被新的"知识价值论"(Knowledge Theory of Value)所取代。信息社会价值的增长是通过知识实现的。因为智力劳动是以知识为基础的一种完全不同类型的劳动。在当前美国国外市场日益缩小的情况下,美国公司却毫无困难地大量出售其工业技术、专业知识和管理技术。

麻省理工学院的大卫·伯契证明,七十年代美国新创的 1900 万新工作职位中,大约 90%,亦即 1700 万个新就业机会不属于商品生产部门。他说:"我们正走出产业行业而进入思想行业"。

4. 注意和关心的是未来。

美国由工业社会向信息社会的转变,其对社会影响的深刻程度,可以用从农业社会向工业社会转变的影响来比拟。两者之间的不同之处在于,农业社会向工业社会过渡用了100年,而现在由工业社会向信息社会的结构改革只用了20年。其变化发生得如此之快,促使人们不得不考虑将来要发生什么。

随着新的信息社会的来临,时间观念亦将有所改变。在农业社会阶段,人们习惯于向过去看,农民根据过去的经验从事春耕夏耘,秋收冬藏。在工业社会,人们的时间倾向性是注意现在。而信息社会人们的时间倾向性是将来。因此,必须注意现在,预测未来。如果能够做到这一点,就会了解趋势,主动进取。

时间倾向性在变化,人们对未来产生了兴趣,1960年美国只有两所大学提供与未来有关的课程的学位,1979年增加到45所大学。美国未来协会的会员从1967年的200人增加到1979年的49000人。而有关对未来的了解与研究的刊物,从1965年的12种增加到1978年的122种。

5. 多样化、分散化、小型化。

以新兴技术的突破为标志的社会生产力的高度发展将使经济结构发生变化,并带来人们生活方式和社会面貌的变化。

由于工厂和办公室自动化,人们可分散地在家中办公,减少了交通的拥挤,也减少了办公设施。视频终端的电子通信,也减少了人们的直接接触和外出公差。同时,信息源和通信手段的增多,人们闲暇时间的增多,将扩大家庭生活内容,家庭将成为居住和其它多种智力活动的基础。多样化代替标准化,大规模生产转为分散生产,同时向小型化发展。电子数字积分计算机,是第一台也是名副其实的大电子计算机,当1946年制造出来的时候,像房子一样大,装有18000个真空管,耗资300万美元。而今天同类的计算机只有一台打字机那么大,并且只值300美元。

信息时代的标志是什么，我们认为，应从以下三个方面来看：

1. 从劳动力结构来看，在信息社会里，劳动主要是以智力和知识为基础，而不是靠体力。有很多论点说美国信息社会始于1956年和1957年，其根据在于：1956年在美国历史上出现了从事技术、管理和事务工作的白领工人人数超过了蓝领工人，即从事信息工作的人数超过了从事体力劳动工人的人数。他们认为，这预示着一个新技术时代的诞生，因为从这时起，大多数人从事处理信息工作，而不是生产产品。信息社会的价值不是随劳动的增加而增加，而是随着知识的增加而增加。

2. 知识和技术作为劳动产品，在国民经济总产值中所占的比例愈来愈大。知识工业也称信息经济，是国外出现的一个新兴生产部门。有人认为，教育部门、宣传部门、图书情报部门及各种研究机构都属于知识工业的范畴。随着知识工业的出现，一门崭新的边缘学科——知识工程也就应运而生。知识工程，顾名思义就是生产和提供知识的工程，它是在电子计算机迅速发展和普及的过程中逐步形成的。以往人们只有在掌握知识以后才有可能去利用知识，然而在电子计算机发展与普及之后，情况就会有所不同。知识只要被制成"智能软件"，不甚熟悉这门知识的人，往往也可以利用这门知识。例如，电子计算机一旦配上相应的软件，一个并不太了解工程技术的人，也可以利用电子计算机来解决工程问题。

美国弗里兹·哈普将知识工程分为五类：（一）教育工程；（二）研究开发；（三）通讯媒介；（四）信息工程；（五）信息服务。在当今世界上，"知识爆炸"已成为人们所关注的课题，知识的空前丰富与激增，正是科学技术高度发展的反映。怎样才能以最快的速度广泛地、全面地交流和传播科学情报，是知识工程的主要研究课题之一。丹尼尔·贝尔在《信息社会的社会结构》一书中说：美国"科学情报是国家每年在研究开发领域投资350亿美元的成果，而且广义的信息几乎占国民生产总值的一半。"

3. 从技术开发来看,信息化社会就是"三 C"、"四 A"社会。所谓"三 C",系指通信化(Communication)、计算机化(Computerization)和自动控制化(Control)。所谓"四 A",系指工厂自动化(Factory Automation)、农业自动化(Agriculture Automation)、办公自动化(Office Automation 缩写为 OA)、家庭自动化(House Automation 缩写为 HA)。"四 A"是信息能量的延伸。例如,工厂自动化,主要是在工厂中推行以微电子技术为中心的柔性加工系统;农业自动化,将是以电子技术和新材料为标志的理化技术革命,从而使农业成为一个知识高度密集型产业;办公自动化,将使文件的起草、定稿、审核、分发、归档等各项琐细工作,由各种电子设备来代替;家庭自动化,将使购货、清洁、炊事、洗衣等项家庭劳动,由电子设备和机器人来代替。在社会生活中广泛应用现代化信息技术,把整个社会连成一个整体,使社会产业结构发生重大变化,极大地提高各种系统的效能,推动社会生产力迅速地发展。

第二节　信息时代对图书馆的影响

信息化的时代里,信息量是庞大的,绝大多数的信息必须经过信息工作机构的加工处理才能传送给人们。作为文献信息的搜集、整理、存贮、开发利用的信息工作机构的图书馆,信息时代的到来,对图书馆自身和图书馆工作都产生深远的影响,无论是从藏书结构,技术方法,服务手段,人员知识结构,管理手段,建筑等方面均提出了更高的要求。

一、图书馆情报职能将得到加强

图书馆在信息时代,首先面临的是自身的适应性的问题。当前,图书馆界对信息社会中图书馆的趋向有着种种的预测,归纳起来,基本上有两种看法:一种是认为目前的图书馆不能适应信息时代的社会需求,没有能力去完成信息时代中人们对信息贮存、处理、传播的较高水平的要求,因此,必然由新型的信息工作机构来代替,图书馆趋向消亡。另一种看法是认为图书馆不一定会消亡,但存在着"危机",如果不进行重大的改革,目前的图书馆将会被前进中的时代洪流所抛弃。图书馆要继续存在,必须加强情报职能。

实际上,很多图书馆现在已初步地开展了一些情报服务活动,如文献检索,情报咨询,定题服务等被列为图书馆的业务项目,我国的不少高校图书馆及其它类型图书馆还设立了情报服务部,作为职能机构,按读者对文献的需求状况来安排情报服务工作。面对着"情报爆炸"的前景,在浩如烟海的文献中给读者筛选、提供所需的情报资料,及时、准确地传递信息,有效地开展情报服务,已提上图书馆的议事日程。信息时代,图书馆的情报工作将是大量的。电子计算机的广泛使用,使得图书馆的情报功能更加显著,情报处理和传递程度更加灵敏、准确。情报服务水平代表图书馆的服务水平,图书馆在适应信息社会人们对情报存贮、提供以及情报再生产方面,将发挥显著作用。

图书馆的情报职能不仅包括对文献信息的搜集、存贮、加工,传递的职能,同时也包括对情报研究的职能。为了控制现代科学中的情报过程,必须善于预见科学工作人员的情报需求变化的方向与性质、把握住图书馆情报搜集、传播的方向和性质。由于信息社会中人们对文献信息工作水平的要求愈来愈高,往往不再满足于一般的文献提供,而希望了解某一学科领域的发展水平或对某一科学技术的未来发展趋势进行分析、综合、加工、预测,情报研究成为图书馆工作各个环节中重要的一环。

二、图书馆的地位和作用将受到社会的更多的重视和关注

图书馆作为文献信息的交流机构，不仅受政治、经济、科学文化以及社会各方面的影响和制约，而且通过自己存贮和喷发信息，产生新的知识信息，并反馈于社会，对社会政治、经济、文化等有着巨大的反作用。未来信息社会的主导产业是知识产业，信息和知识的生产在社会经济的发展中起着决定性作用。图书馆作为交流文献信息，传递知识的重要阵地，将深入社会生活的各个领域，与各行各业息息相关，作用会越来越大，社会地位会越来越高，图书馆事业将会更加受到人们的重视和关心，图书馆将成为信息公用事业的一个组成部分。

在信息社会里，信息部门在整个产业结构中所占的比例将大大地提高，并占有绝对优势。约翰·奈斯比特的《大趋势——改变我们生活的十个方面的问题》以大量的数据为基础，分析当前美国社会出现的从"工业社会"转向"信息社会"时认为，律师、教师、工程师、计算机程序编制员、系统分析员、医生、建筑师、会计、图书馆员、新闻记者、社会工作者、护士等几乎都是信息工作人员。信息专家马克·波拉特把职员、图书管理员、系统分析员等从属的行业称之为第一信息部门。图书馆在信息行业中的地位，已显而易见。另外，由于愈来愈多的大量文献信息需要由图书馆来处理和开发利用，让原来散乱无序的文献信息发挥作用，让知识增值。由于今后作为社会中的个人"富有"不再是用物质拥有量来衡量，而主要是以其知识的拥有量来判定的，而且，信息时代，生产工人的劳动方式已由体力劳动为主转到以脑力劳动为主，任何人都必须不断扩充和积累知识，这必然会导致人们强烈的求知欲。图书馆将是人们获取知识的主要场所之一，也将被人们当作终身教育的一种社会大学。

从提高整个人类的科学文化水平来看,图书馆将和其他信息工作机构,如新闻出版业、图书发行部门、档案馆、情报所、博物馆等协同配合,它们的地位和作用都是为人们所瞩目的。

三、图书馆的馆藏内容和馆藏形式将发生显著的变化

随着社会的进步,科学文化的发展,图书馆作为一个不断生长的有机体,它的藏书内容和馆藏形式也将不断地发生变化,这样,才能适应日新月异的新时代的需要。

(一)在馆藏内容方面。表现为收藏范围广,内容新。由于科学技术迅猛发展,技术创新步伐加快,基础研究和技术发展的结构发生变化,传统的学科界限正在消失,科学技术正在交叉渗透,一个领域的发展,可能会对其它完全不同的学科领域产生重大影响。例如,物理学和化学的进步,导致生物学迅速的发展,分子生物学渗入生物学各个领域,又产生了分子遗传学,分子细胞学,分子分类学等一批新学科。新学科、新知识的产生,导致记载这些知识的文献的产生,为图书馆的馆藏增添无穷无尽的新的内容和来源。

(二)在馆藏形式方面,表现为纸张的印刷型和非纸印刷品,图书资料与非书资料,缩微型,声像型,机读型,光盘等多种形式兼收并蓄的格局。历史上被当作图书馆收藏品的,曾有纸草材料的文献,甲骨材料的文献,竹简材料的,木片材料的书等。纸发明以后,尤其是印刷术发明以后,图书馆收藏物转向纸质印刷物,在以往相当长的一个历史时期,图书馆的概念单纯是指收藏"书"的场所。而今,图书馆除了拥有大量印刷型的图书和杂志之外,还收藏有缩微平片,录音带,录像带,电影胶片等新型的信息载体,还有一种叫做电子出版(Electronic

Publishing)①的形式,也将成为图书馆馆藏的一种,从一定意义讲,图书馆其实已可称作"文献馆",或"文献信息中心"。据国外有人预测,到下一个五十年,人们所习惯阅读的书刊,可能会逐渐地被影像磁盘所代替。并说,到了那时,在图书馆已看不到排在书架上的书,看不到书架,见到的是各式各样的多功能的收视机。学者们通过收视机或其它工具,从事阅读、研究和写作。美国伊利诺斯大学图书情报学家兰卡斯特(F. W. Lancaste)认为,未来图书馆中的图书资料将全部缩微化和视听化,图书馆工作的操作,管理由机器人代替,卡片目录要全部取消,因而提出了"三无"图书馆的设想。"三无"即无人管理、无纸文献、无卡片目录。这种设想提出后,美国图书馆界对此赞同的并不很多。事实上,"三无"图书馆设想不大现实,象现时美国国会图书馆视听资料和缩微资料只占馆藏的一半,而另外一半仍是印刷型的文献资料。至于机器人管理等也只能代替人的部分的劳动,而不能取代人的智能,因此,对于当前一些关于未来图书馆馆藏的某些说法,我们应有分析地对待。

四、图书馆工作手段逐步实现现代化

由于信息量的增大,造成了所谓"信息污染"的状态。1963年,德里克·德索勒·普赖斯在《小科学·大科学》一书中首次用统计的方法描绘了情报爆炸的历史图像。十七世纪中叶,出现两种科学期刊,十八世纪中叶有十来种科学期刊;十九世纪初有一百种左右,十九世纪中叶约有一千种,今天已多得难以统计。据英国

---

① 电子出版有三种形式:1.通过诸如 PRESTEL 之类的系统和其它视频数据系统"出版"文献;2.在诸如磁带、软盘上、光盘上以数字形式"出版"资料;3.通过各种文字处理、文学编辑和照相排版系统建立信息,然后将这些信息打印输出或通过电子方法直接检索。

科学家詹姆斯·马丁推测,人类的科学知识在十九世纪是每五十年增长一倍,二十世纪中叶每十年增长一倍,七十年代每五年增长一倍。目前,有的专家估计是每三年增加一倍。全世界每年出版的图书达70万种,现期期刊15万种,其它文献资料400万件,并且,文献的增长还在继续。面对着这样的日益膨胀的文献量,单靠传统的图书馆工作方式已应付不了,出路在哪里? 人们发现,文献处理计算机化是一个出路:一台计算机,可以保存人类全部的知识。在分类编目作业方面,用电脑帮助,可大大简化分类、编目的程序,加快分编速度,提高工效。美国国会图书馆从1968年开始用电脑编目①,七十年代,美国便有机读目录发行。机读目录可用作文献集中编目,也可用于采购、期刊登记、流通等环节。英国、日本等许多国家的图书馆也陆续应用了电脑编目这一技术。我国部分图书馆,如清华大学图书馆,中国科学院武汉图书馆等也开展了试验与研制活动。又据1985年9月30日《新华日报》报道:南京工学院图书馆在紫金Ⅱ型微型计算机上研究完成了"图书流通管理系统",用来存贮读者借书的信息,并对该信息进行管理。系统具有借书,还书,续借,借书证挂失,解挂,统计,打印催还单,过期罚款等功能。这样,代替了过去手工管理图书的方式。图书馆在处理内部工作时采用新的技术手段,能更好地促进其服务方式的变化。

五、图书馆服务方式的变化

同传统的图书馆相比,信息时代的图书馆将从人们习惯称呼

---

① 据美国《华盛顿邮报》1984年11月13日报道,美国国会图书馆现已全部实现电脑编目。

的"知识宝库"向"知识喷泉"①的方向转化。长期以来,人们看一个图书馆往往以其藏书多少来判定它的作用和价值,认为图书馆仅仅是借书还书而已。图书馆本身一般又是按部就班地在"等"读者上门的被动性服务方式。新的形势要求工作人员改变以往那种图书馆"看门人"的形象,服务工作要具有紧迫感、责任感和使命感。图书馆不仅是知识的宝库,而且是知识的喷泉,它对知识和信息资源的开发、传递和交流应起着主动、积极的作用。

过去图书馆服务的概念,不仅表现为重"藏"轻"用"和坐馆等"客"的封闭式的被动性局面,而且还表现在它的服务面狭窄,服务方式较为单一等方面。例如,不少图书馆主要服务还停留在提供文献资料上,对于情报服务、科学预测、综述、述评等做得不多或尚未顾及;一些公共图书馆藏书量与它的读者相比,服务面不够广。新的时期要求图书馆工作由"内向型"朝"外向型"转化,要求面向社会并要求图书馆内以图书、杂志为主的简单提供向多种形式服务转变,不断开拓新的服务方式。在读者服务方式方面,不少图书馆过去以闭架为主,读者到馆来借一本书,常常要花上好多时间。美国西蒙斯大学图书情报学院陈钦智教授1980年在美国曾作过一次关于读者对情报需求的调查,结果发现,虽然美国为图书馆投资不少,但只有18%的人有问题需要解决时想到找图书馆帮忙,其余82%的人根本就没想到图书馆。陈先生说,为什么这么多人不到图书馆去呢? 因为图书馆的资料传递不快、不完整、不适合他们的胃口和需要,所以他们去向其它方面求援②。从这事例可以看出,图书馆若不改进服务方式,不提高效率,不讲速度、不探

---

① 见(印)J. S. 夏尔马著、姜继译:《演变中的图书馆服务概念——从"知识宝库"到"知识喷泉"》,载《国外图书情报工作》,1982年试刊号,第8—12页。

② 见陈钦智《信息社会对图书情报工作的挑战》,载《图书情报工作》,1985年第2期,第20—23页。

索新的领域,势必有被读者淘汰的危险。新的时代要求图书馆增强时间观念,提高工作效率,深入了解社会需要,及时传递信息,提供智力服务,达到变知识、信息为生产力的目的。

新技术在图书馆工作中的应用,为服务水平和效率的提高提供了技术上的可能性。新出现的信息处理能力对所服务的学科中新的富有成效的研究方向具有启发和催化作用,因而导致劳动方式的巨大变革。由于信息量的剧增,知识信息交流的节奏大大加快,图书馆的读者成分及其知识结构产生变化,读者对文献的需求产生变化,对信息的可靠性,以及获取信息的速度、方法的要求也和以往不同,他们对知识的需求将会更加迫切、更加广泛。计算机技术,复制技术,缩微技术,光盘技术及通讯等技术的应用,大大加快了文献信息传递速度,也大大提高了文献信息获取的准确性和可靠性。在服务内容方面,不仅有借、阅、参考工作,还有文献信息研究工作、情报跟踪服务、文摘、预测、定题服务、计算机检索服务等,以满足各种不同成分、不同知识结构的读者的多样化要求。新技术用于服务工作后,有的读者甚至可以在自己的家里,通过图书馆的计算机文献信息网络终端获得所需信息。电子计算机应用于图书馆,增长了它的服务功能,把图书馆服务推向新的阶段。

六、图书馆工作人员知识结构的变化

从单个图书馆来看,由于新技术的采用,使得图书馆内务工作和服务活动实现自动化,图书馆工作人员数目相对地会减少。计算机的使用,信息技术的发展对图书馆从业人员知识结构变化有明显的影响,新形势下的图书馆需要有不同水平、不同类型、不同层次的工作人员,要有懂不同语言的、不同学科的人员,要求这些人员能掌握新技术、接受新知识,把过去忽视了的或未掌握的知识补充起来,及时地调整自己的知识结构,以适应形势的不断变化。

在信息时代,大多数人的工作是从事处理、生产信息,图书馆工作人员属于信息行业专业人员,因而,图书馆员从事工作的技能应以智力和知识为基础,而不是主要以体力为基础。图书馆工作人员要能有效地去开发、利用文献信息资源,使文献信息源成为国家和社会的一种重要的资源财富,因此,图书馆工作人员应具备信息科学方面的知识和技能,应学习和掌握现代化的科学知识。在信息时代,人们的时间观念是向着未来的,因此,要求图书馆工作人员能学会从现在预测未来,放眼未来,既要有严谨求实的作风,又要富有开拓精神。

信息时代的到来,也给工作人员扩大了改造图书馆,建设图书馆实践活动的时间观念和空间范围,更加密切了工作人员之间,工作人员与读者之间,工作人员与社会各阶层的联系,从而使图书馆工作成为社会多因素参与的活动。

七、图书馆管理的变化

管理对于人类社会来说无所不在,无时不有,但不同的社会,有不同的管理方式。新技术革命使传统的图书馆结构及工作环节产生了较大的变化。为适应信息时代新的要求,图书馆的管理也要跟上时代的步伐。同时,由于信息技术的广泛使用,给图书馆在管理的对象、范围、目的、方法、手段等方面赋于新的内容。

就图书馆事业管理而论,为了发展图书馆事业,并有效地开发、利用图书馆的文献信息资源,国家必须实行对图书馆事业管理领导的集中统一化。由于文献信息爆炸性增长,使得任何一个馆都不可能把文献资料搜集齐全,因此,图书馆必须统一规划、布局,进行分工协作,建立起社会性的图书馆网络。这种网络与过去被人们称为图书馆网在概念上已不尽相同。如,资源共享,分布数据库,计算机终端及通讯网等,都是新的图书馆网络的构成成分。新技术的应用为实现网络化目标提供了技术条件和物质基础。在图书馆与图书馆之间的联系方面,原来那种纵向的"上下级"层次间的联系将有所减弱,而冲破所属部门体系行政领导约束的横向网状联系将会加强。新时期图书馆网络化的重要标志是实现计算机网络化和计算机联机检索。对于一个单位、一个地区、一个国家乃至多国或全世界网络的管理与控制,也涉及国家或社会对文献信息资源政策的确定,体现出管理机构对图书馆事业所担负的责任。

就单一图书馆而论,管理活动贯穿于整个图书馆工作流程。

计算机在图书馆管理中的应用,可以代替人在数字上和逻辑上的某些形式思维,减轻人的一部分劳动,计算机可用于人事管理,安全管理,各种统计,以及文献信息业务工作管理等,而且有助于现有工作程序效率的提高。

为适应图书馆管理新的变化,必须善于把知识、信息及管理目标结合起来。新的管理要求对人员结构、工作效率给予控制,要求对技术变化给予关注,要求有计划、有组织协调地合理使用人力,物力和技术力量,以达到图书馆预期目标。

八、图书馆建筑与设备方面的变化

用计算机存贮、检索文献,磁带目录的使用,图书馆服务功能和内部工作方式的变化,使得传统观念的藏书、书库、目录厅、借书处、阅览室发生相应的变化,图书馆建筑和设备也会出现新的格局。如,书库不会像过去那样臃肿庞大,分布的图书馆网络和新型材料的馆藏形式以及复印、读者个人收视终端的采用都可大大减小图书馆用房面积。新技术应用为图书馆提供各种各样的先进设备。更加开放式的新的服务,要求图书馆在建筑,设备上给予保障。例如,电源管道铺设,通信管道安置,空调设施,新的文献载体材料的保护设备等。时代不同了,图书馆建筑也要适应时代的潮流,从内部结构到外貌风格上都将有新的形式出现

第三节　我国图书馆的对策

新技术革命的兴起,加速了社会信息化的趋向。我们必须确立新的发展水平参照标准,不仅要跟过去比,更要向未来比,跟世界先进水平比,并根据我国的实际情况,确定我们的对策。钱学森教授在谈到中国面临的产业革命时提出,今后几十年内应抓三个方面工作,其中第一件事就是信息情报事业的建设[①],图书馆是信息、情报事业的一个组成部分,新技术革命对我们向四化进军途中的图书馆来说,既是一个机会,也是一个挑战。为迎接挑战,我们应从实际出发,分析现状,研究利用新技术革命成果,吸取国外好的经验,在搞好现有工作的基础上,放眼未来,找出差距,研究对策,迎头赶上。

一、提高认识,面向未来,宣传、介绍信息革命,变更传统的观念意识,使人们的思想适应向信息时代迈进的要求

尽管我国目前经济发展状况还未走上信息社会,但信息时代的到来势在必然。图书馆要适应信息时代的要求,首先必须认识信息时代,以及信息时代图书馆的职能和任务。要努力宣传、推广和介绍,使图书馆工作者以及社会各阶层,各行业的人员都认识到,作为信息机构的图书馆对社会、经济和科学技术发展的重要性。图书馆自身也要进行变革,以跟上滚滚向前的时代潮流。在观念上要来一个转变:放开思想和视野,把办好图书馆事业的基点由着眼于过去和现在而转向着眼于未来。

我们要认识我国的有利条件,悠久的图书馆的历史,丰富的图

---

① 见钱学森《新技术革命与系统工程》,载《世界经济》,1985 年第 4 期。

书馆工作经验,特别是近三十多年来的图书馆事业建设的经验与教训,为图书馆今后发展打下了基础。我们有优越的社会主义制度,有中国共产党的领导加上从八十年代以来,中央及地方对新技术革命的重视,这些都是我们的有利条件。当然,我们也应认识到我们的不足之处:信息系统,是我国最薄弱的环节,表现在图书馆方面,是文献收藏分散,不协调,而且利用率低,图书馆工作效率不高,应用计算机等先进技术的工作进展缓慢等。之所以如此,根本问题是过去对信息的重要性缺乏认识。我国的财力,物力,科学水平,教育水平,按人口平均的图书馆数量等,与先进国家相比,有着较大的差距。这表现在图书馆数量不足,文献信息处理速度不快,满足需求的比率低,馆舍紧缺,设备陈旧,技术手段落后,管理工作较差,工作人员素质偏低等方面。我国图书馆事业的发展与四化建设的要求不相适应,同国外的先进水平相比,显得比较落后,信息资源还有待于大力开发。对于这些,应有一个清醒的认识,要破除一些落后的传统观念,依据我国经济实力和科学文化水平现状,参照国际发展动向,把图书馆的未来发展当作当前决策的组成部分对待。

图书馆只有面向现代化,面向世界,面向未来,才能顺应时代的潮流,符合信息社会的需求。

二、统筹安排、加强管理、协调发展,制定新的战略,逐步建立、发展、统一图书馆网络

早在 1957 年,国务院全体会议第 57 次会议就批准了"全国图书协调方案",决定在国务院科学规划委员会下设图书小组,负责全国为科学研究服务的图书工作的全面规划,统筹安排,并着手建立中心图书馆和编制图书联合目录两项工作,可惜这样的工作后来中断了若干年。七十年代后期以来,馆际合作有所恢复,但我国的馆际合作与资源共享还有不少问题;至今,图书馆界还存在着体制分割、各自为政的现象。统管各个系统的跨部门的全国性职能机构还没有建立,公共图书馆系统,高校图书馆系统,科学院图书馆系统,国防科工委图书馆系统,工会图书馆系统以及其它各系统图书馆之间虽有某些联系和合作,但关系不是紧密的,未能形成有机的整体,未能形成统一网络,图书馆事业的集中管理,统筹安排问题,没得到解决。一些图书馆的藏书搞小而全或大而全,人员使用,技术和设备的引进,只考虑单位或部门,缺乏全局观念。这样,往往造成人力、物力的重复浪费。面对现存的问题,我们应从实际出发,根据图书馆的社会地位与作用,进一步阐明图书馆事业是国家各项建设事业中必不可少的一环,把图书馆工作列入国民经济和社会发展规划,当作国家发展的一个长期的战略问题来对待,制定出一个比较适合国情的规划和目标。从全国来说,应对未来发展进行预测研究。订出协调一致的图书资源的信息政策,并应建立起一个跨部门的有权威性的职能机构,统管各系统图书馆,组织图书馆界的合作,逐步建立起统一的图书馆网络,联合各方力量,形成完整体系。从各个图书馆来讲,应加强馆与馆之间的横向联系,要打破那种系统与系统之间,馆与馆之间的分割状态,合理进行藏书布局与业务合作。统一图书馆网络的建立、健全与发展,对促进图书馆间的协作与协调,对扩大全国性的文献信息传播网的覆盖面有着积极的意义。

三、在进一步搞好手工操作及基础工作的同时,积极研制、引进新技术、新设备,建立具有中国特色的现代化体系结构

实现自动化操作是形势对图书馆工作的客观要求,但是,要实现自动化,必须首先搞好手工操作和基础工作。一个图书馆若采用计算机编制目录、输入计算机的有关信息需用人工预先准备,采用计算机检索文献,书库收藏、文献的排列必须首先做到井井有条。传统的手段在文献工作中仍是不可忽视的。手工操作和基础

工作做得好,就能为采用新技术创造有利条件。

引进新设备、新技术时,应有计划、有分工协作、有步骤地进行。借鉴外国的经验,可以跨越某些图书馆的常规的发展阶段。电子计算机的应用,对图书馆操作技术及管理手段的改造能起很大的作用,使图书馆工作发生深刻的变革;复印技术,声像技术,缩微技术的采用,也大大方便了图书馆工作人员和读者。类似这样的新技术的引进和应用、对提高工作效率大为有益。图书馆采用新技术时,要结合实际,把本国文化与外来技术相结合,彼此取长补短,再研究出我国图书馆的文献收集、加工整理,传递等方面问题的解决办法,以创新的精神,搞出自己的东西,研制自己的新设备用于武装我们的图书馆。

我国图书馆的现代化体系结构,必须将以计算机为基础的自动化技术作为先导。根据国外图书馆自动化的模式和发展动向,我们的现代化体系可考虑采用集中与分散相结合的网络式结构。从全国范围来说,可以采用以计算机为基础的自动化技术集中处理信息,并实现文献信息传播网络化,文献利用社会化。同时,随着微型计算机的广泛应用,光盘等技术的开发,又会形成分布式的、功能灵活的局部性网络结构。这种集中网络与分布式的局部网络相辅相成,为我国图书馆未来体系结构描绘出了比较合理的模式。

四、做好业务准备工作,为实现图书馆现代化打下坚实的基础

图书馆的现代化不是空中楼阁,而是建立在一系列的业务准备工作基础之上的。所谓业务准备工作,大致有以下几种:

(一)研究工作。包括理论研究,方法研究,决策性研究,也包括模拟试验。对于信息时代我国图书馆对策问题,应从理论、方法、决策上给予充分的探讨。不仅研究图书馆的过去和现在。而且着眼研究图书馆的未来;不仅研究图书馆自身的产生和发展,而

且要研究图书馆同社会的关系及其演变。还要研究当代科学发展的现状，特别是新技术革命的现状，研究图书馆学与各学科间的关系。图书馆学的内容、对象、范围正在发生着变化，研究方法也有改进，如，数学方法、系统论方法的应用等。图书馆学在采用新的方法，同时也在吸收新技术革命成果，加速自身学科的完善和发展。要了解国内外同业的行情，比较分析国外的经验与教训，并把图书馆现代化这一课题结合我国政治、经济、文化以及社会的需求等进行综合探讨，根据实际情况作某些可行性试验和模拟，进行定性定量分析，在此基础上制定切实可行的对策与方案。

（二）标准化工作。实现自动化和现代化，没有标准化是办不到的。没有标准化，谈不上应用计算机，谈不上网络化，长期以来，我国图书馆工作中的标准化工作十分薄弱，造成文献著录等工作很不统一。1979年，全国文献工作标准化技术委员会成立以后，标准化工作有所起色，发展较快。我们要大力推行标准化，加强对标准化的宣传和推广应用，并要为实现国际标准化积极创造条件。

（三）用户教育。为了对付信息时代的知识化的挑战，必须大力加强用户的智力开发。对读者进行辅导，开展多样化教育。培养他们掌握计算机等新技术，教会他们怎样利用图书馆，交给用户打开文献信息宝库大门的钥匙，培养他们学习、进取、创新的能力。八十年代以来，在许多高等学校图书馆或情报室，纷纷给在校大学生开设了《文献检索》或科技情报工作常识课程或讲座，对大学生进行《怎样利用图书馆》的入馆教育，引导学生利用图书馆、利用文献，让学生具有掌握知识情报的意识和获取文献的技能，收到了较好的效果。《文献检索》课的开设，也是图书馆培养用户，面向未来的一个组成部分。目前在校大学生是潜在用户，他们走上工作岗位以后，就能更加得心应手地借助于图书馆，不断吸收新知识，改善知识结构，对提高研究能力，发挥创造才能都具有不可估量的价值。

五、加强图书馆专业人才的培养,努力提高在职人员的业务水平

实现现代化,关键是科学技术要上去。发展科学技术,必须有知识、有人才。现代化建设需要人才开发先行,迎接信息时代的对策,人是主要因素,掌握现代化技术的人才是最宝贵的财富,因此,必须加强图书馆专业人才的培养和教育,使图书馆工作人员本身达到信息化,这也是实现图书馆信息化的首要条件。

新时代对图书馆工作人员知识结构要求产生了变化。为了适应需求,应积极采取措施改变图书馆现有人员的知识结构,让在职人员不断接受新知识、掌握新技术,从而使他们的思维能力和工作能力逐步达到现代化,跟上知识密集的信息时代的步伐。在正规教育方面,应大力发展图书馆学教育事业,培养中专、大专、大学本科、研究生等不同层次的专业人员。在教学内容、教学方式上也要进行改革,更新传统的教学内容,增加新知识的课程,加强方法论教育,严格培养新一代的具有高度政治觉悟的、掌握现代图书馆学科学理论、方法、技术的专业队伍。

国外在新时期对图书馆人员的培养也提出更高的要求。二十世纪七十年代以来,美国图书馆学院的课程设置,一般是根据"图书馆与社会"、"图书馆服务和资料"、"图书情报学研究方法"以及"图书馆管理"等内容计划安排的,在传统课程的基础上。增加大量的情报学和现代化技术课程;日本的图书馆学教育也注重加强情报学的教研工作;为适应信息化的发展,苏联图书馆界曾设想培养博学的所谓"百科全书派"的高级馆员,对于在校大学生则按照学科范围实行专门化教育,对这些学生进行有关图书馆工作过程的各种基本技能的专门化教育。对于刚刚踏进图书馆工作人员行列的年轻人,苏联有的图书馆组织他们进修,由馆内抽出若干有水平的专家组成教师指导委员会,承担对新进馆的大学生的职业培

训，为他们掌握新的工作方式方法给予实际帮助①。国外培养图书馆专门人才的经验与方法，我们可以借鉴，并结合我国图书馆干部状况，大力发展专业教育和在职培训、进修，采取多种形式、多种途径，培养具有一定的科学、文化知识和语文水平，具有新时代观念和思想的专业队伍。

综上所述，图书馆是一种社会现象，是社会生活的一个组成部分。社会在前进，图书馆也在前进。社会发展到信息化时代，前进的浪潮必然冲击社会的每一组成部分，从而也推动图书馆的变革和发展。新的时代"冲击着一切领域，思想和生产……它改变着人们看问题的方法、观点和心理"。② 当前，新技术革命促进着物质文明和精神文明的建设，冲击着一切传统的旧观念，使图书馆的功能机制走上社会化，从而使图书馆成为信息行业的一个重要组成部分。信息时代将给图书馆带来深远的影响，带来生机和希望。为迎接信息时代，我们应抓住时机，制定对策，既要有创新精神，又要有科学态度，采取扎扎实实措施，向信息化过渡。

未来，信息科学技术还将再向前发展，信息社会将进入成熟阶段，更加崭新的时代仍在前面，更加崭薪的图书馆也会应运而生，社会发展永无止境，图书馆的变化和发展也永无止境。

本章小结

信息时代的来临，必然导致图书馆的变革。信息时代就是以

---

① 见 Н. М. Комиссарчик：《Работа с молодым сотрудник в вузовскойбиблиотеке》，载《Научные И технческие библиотеке СССР》1985．7．第 7－9 页。

② （法）米歇尔·波尼亚托夫《变幻莫测的未来世界》，世界知识出版社，1981 年出版，第 20 页。

信息的生产为中心,使社会和经济都发展起来的时代。信息成为比物资或能源更为重要的资源,对信息的生产、储存、加工、传递、处理将成为重要的产业。从事信息工作的人员,将是主要的劳动者。这就是说,信息社会的主要特征是:信息社会起决定作用的不是资本,而是信息知识;信息社会是智力密集的社会;价值的增长是通过知识实现的;人们注意和关心的是未来;生活消费多样化、生产方式分散化、小型化。在信息社会里,劳动主要是以智力和知识为基础,而不是靠体力;知识和技术作为劳动产品,在国民经济总产值中所占的比例愈来愈大;从技术开发来看,信息化社会就是"三 C"(系指通信化、计算机化和自动控制化)、"四 A"(系指工厂自动化、农业自动化、办公自动化、家庭自动化)的社会。

信息时代对图书馆的影响是深远的、多方面的,主要表现在:图书馆情报职能将得到加强,图书馆的地位和作用将受到社会的更多的重视和关注,图书馆的馆藏内容和馆藏形式将发生显著的变化,图书馆工作手段趋于现代化,图书馆服务方式由"内向型"向"外向型"转化,图书馆工作人员知识结构趋于合理,图书馆管理呈现最佳状态,图书馆建筑与设备不断更新和完备。

新技术革命的兴起,加速了社会信息化的趋向。我国图书馆应采取的对策是:提高认识、面向未来。宣传、介绍信息革命,变更传统的观念意识,使人们的思想适应向信息时代迈进的要求;统筹安排,加强管理,协调发展,制定新的战略部署,逐步建立与发展统一图书馆网络;在进一步搞好手工操作及基础工作的同时,积极研制、引进新技术、新设备,建立具有中国特色的现代化体系结构;做好业务准备工作,为实现图书馆现代化打下坚实的基础;加强图书馆专业人才的培养,努力提高在职人员的业务水平。

本章思考题

1. 简述信息时代产生的背景条件。

2. 信息时代特征是什么?

3. 试述图书馆在信息时代的地位和作用。

4. 信息时代对图书馆有哪些要求?

5. 为迎接信息时代的到来,我国图书馆应采取哪些对策?

6. 简述未来图书馆发展趋势。

本章主要参考文献

1. 杨沛霆著:《新技术革命与图书馆事业——在中国图书馆学会迎春座谈会上的发言》 载《图书馆学通讯》 1984 年第 2 期第 28—37 页

2. 吴慰慈著:《我国图书馆事业的现状》 载《2000 年的中国研究资料第18 集:我国图书馆事业的发展及与国外的差距》 中国图书馆学会编,中国科协 2000 年的中国研究办公室 1984 年 7 月 第 1—11 页

3. 陈树楷、孙廷军编:《信息与社会》 科学出版社 1984 年 7 月出版

4. 温元凯著:《中国的大趋势》 上海人民出版社 1984 年 8 月

5. 谭祥金著:《新的技术革命与图书馆现代化》 载《图书馆学通讯》1984 年第 1 期第 72—76 页

6. 约翰·奈斯比特著:《大趋势——改变我们生活的十个方面的问题》中国社会科学出版社 1984 年

7. 陈誉著:《从英国图书馆的发展看信息时代的图书馆》 载《江苏图书馆学报》 1985 年第 2 期第 1—4 页

8. Daniel Bell 著 李耕耕译:《信息社会的社会结构》 科学技术文献出版社 1984 年 12 月

9. 黎盛荣 于雄著:《信息革命与图书馆》 载《四川图书馆学报》1985 年第 1 期

10. Klaus Lenk 著:《信息技术和社会》 科学技术文献出版社 1985 年

11. 白凌著:《新技术革命与我国高校图书馆》 载《四川图书馆学报》1985 年第 1 期

12. 林自新著:《现代化建设中若干社会因素的探讨》 见《迎接新的技术革命——新技术革命知识讲座》 湖南科学技术出版社 1984 年 9 月

13. 郑章飞著:《新技术革命的挑战和图书馆界面临的任务》载《图书与情报》 1984 年第一、二期合刊第 8—9 页

14. 辛希孟著:《未雨而绸缪,勿临渴而掘井——对于图书馆界迎接新的技术革命的挑战的一些感想与建议》 载《图书馆工作与研究》 1984 年第 2 期第 39—42 页

15. 周旭洲著:《图书馆与社会——问题、结构、基本原理》 载《湖北高校图书馆》 1985 年第 3 期第 48—56 页

16. Комиссарчик, Н. М. Работаи с Молодыми сотрудниками в вузовской Библитеке.《Научныеи технические библиотеки СССР》Сер, 1985. 7. С. 9—12.

17. Редакция《Советская Библиография》Важные задачи библиотек,《Советская библиография》Сер, 1985. 4. С. 3—7

18. Серсов, В. В. библиотеки на этапе совершенствования развитого социализма《Советское библиотековедение》Сер. 1984. 6.

19. P. Herbert Poole:《Academic Libraries by The year2000》essays honoring Jerrold Orne, New York, Bowker1977

20. L. A. Tedd:《An. Introduction to Computerbased Library Systems》, 2nd ed New York, Wiley, 1984

后　　记

　　《理论图书馆学教程》系由南开大学、山西大学、中山大学、兰州大学、北京大学一分校、杭州大学、南京工学院、南京大学、黑龙江大学、湘潭大学、湖北高校图工委等十一所高校及单位的有关图书馆学专业教师集体编写而成,试图作为高等学校图书馆学专业本科教材。

　　随着我国图书馆学专业教育的发展与图书馆学基础理论研究的深入,更新大学本科教材内容是大家的共同愿望。于是一些新建专业就全国第一次图书馆学基础理论讨论会之便,共同商定,采取集体编写的办法编一本基础理论教材。以后大家同心协力,拟定大纲,分头执笔,集体讨论,几经修改,成了现在的样子。本书计分十章:第一章信息、知识与文献,由倪波同志执笔编写。第二章图书馆学研究对象和学科性质,由荀昌荣同志执笔编写。第三章图书馆学体系结构,第一节由柴作梓、荀昌荣同志执笔编写;第二节、第三节初稿由柴作梓、马华同志执笔编写,并由荀昌荣同志编写定稿。第四章图书馆学的形成和发展,由杨建东、罗德运同志执笔编写。第五章图书馆的性质与职能,由潘寅生、胡小雪同志执笔编写。第六章图书馆事业的组织原理,由谭迪昭同志执笔编写。第七章图书馆类型的研究,第一、四、五节由黄建国、杨汴生同志执笔编写;第二、三节由饶伟红同志执笔编写;第六节由孟雪梅同志执笔编写;全章由谭迪昭同志负责修改。第八章图书馆管理,由钟

356

守真同志执笔编写。第九章比较图书馆学,由钟守真、倪波同志执笔编写。第十章信息时代的图书馆,由张厚生同志执笔编写。各章均由倪波同志负责统稿工作,全书由倪波、荀昌荣同志主编。本书实际上是各位编写人员的一项集体科研成果。在图书馆学专业教材建设中,如此众多的单位参加,也许是第一次,我们希望这种合作,能继续保持下去。

本书编写过程中,曾得到各参加单位的领导,特别是湖北高校图工委、兰州大学图书馆学系、甘肃省图书馆、甘肃省高校图工委、广东省高教局、广东省高校图工委、中山大学图书馆学系等单位负责同志的大力支持,沈继武同志参加了大纲的讨论,况能富同志参加初稿的讨论,在此一并致谢!我们在编写过程中,参考了国内外许多专家、学者、同行的大量论著,吸取了有关研究成果,在此谨向这些专著、论文的作者致谢!由于本书系教材,各章后所列参考文献,主要用作学生学习本课时参考之用,因而,不可能将我们在编写过程中所参阅的全部文献一一列出,特此向有关作者和广大读者说明。

由于时间仓促,更重要的是由于我们水平有限,缺点和错误在所难免。殷切希望专家、学者、读者批评指正,以便再版时修订。

倪　波　荀昌荣
一九八六年三月二十日